기독교문서선교회 (Christian Literature Center: 약칭 CLC)는 1941년 영국 콜체스터에서 켄 아담스에 의해 시작되었으며 국제 본부는 미국 필라델피아에 있습니다.
국제 CLC는 59개 나라에서 180개의 본부를 두고, 약 650여 명의 선교사들이 이동 도서차량 40대를 이용하여 문서 보급에 힘쓰고 있으며 이메일 주문을 통해 130여 국으로 책을 공급하고 있습니다. 한국 CLC는 청교도적 복음주의 신학과 신앙서적을 출판하는 문서선교기관으로서, 한 영혼이라도 구원되길 소망하면서 주님이 오시는 그날까지 최선을 다할 것입니다.

추천사

정홍호 박사
아세아연합신학대학교 총장

금세기 들어 전쟁과 핍박을 피해 난민이 급속도로 늘어났다. 그중에 특별히 중동 지역에서 많은 숫자의 난민이 발생하였다. 이는 선교적 관점에서 좋은 기회가 되고 있음이 분명하다. 본서는 선교와 디아스포라의 관점에서 다양한 접근 전략을 제시하고 있어서 현대선교의 흐름을 이해하는데 많은 통찰력을 제시해 주고 있다.

김요한 목사
파리제일장로교회 A-PEN 이사장

현대는 안락하고 더 행복한 공간을 찾아 자유롭게 이동하는 시대이다. 이러한 이동은 발전하는 모빌리티(Mobility), 즉 각종 교통수단 및 인터넷 발전에 따라 가속화되고 있다. 동시에 정치적 종교적 극단의 테러와 폭력과 전쟁 등의 행태에 몰린 집단 난민 이동도 모빌리티 사회로 인해 빨라지고 있는 상황이다.

2015년 시리아 내전으로 자국을 탈출하는 난민이 발생하였고, 예멘 난민 5백여 명도 한국 제주도에 입국한 상태이다. 그러나 한국의 난민 수용과 거부로 인한 난민 문제는 그리 만만치 않아 보인다. 국제이주기구(OM)는 난민들이 국가법의 적용을 받도록 권장하고, 유엔난민기구(UNHCR)는 난민 관련 국제법상의 권리 및 보호를 받도록 하지만, 백의민족으로서의 한국은 아직 중동 무슬림 난민 수용에 대하여 소극적 자세를 취할 수밖에 없는 입장인 것 같다.

따라서 우리는 이미 난민을 수용한 중동 국가(레바논, 터키, 요르단, 이집트) 및 유럽(독일, 스웨덴, 오스트리아) 등의 난민 사례 연구를 통해 국제난민법상의 보호와 권리를 받아야 하는 난민들에게 어떻게 실제적인 실천과 정책을 세울 것인가를 고민해야 한다. 그런 맥락에서 본서는 인류애적 접근도 잘 제시해 주고 있다.

소윤정 교수의 책 『21세기 이슬람 선교 : 무슬림 난민과 디아스포라』는 2016년부터 에

이 펜(Arab , Persia , Europe , Network: A-PEN: 아랍페르시아유럽 난민포럼)에서 발표한 총 결과물이기도 하며, 소윤정 교수는 시리아 사태 이후, 중동과 유럽 난민촌을 수시로 방문하여 이슬람 선교의 큰 틀에서 현 난민 상황과 난민 발생 원인과 그에 따른 난민들의 삶의 개선을 위해 모범적 사례들을 각 국가별, 지역별로 분석 소개하고 있다. 난민 선교에 아직 이렇다 할 만한 난민학 교과서가 없어 목말라 하던 참에, 본서는 중동페르시아유럽 난민 선교의 길잡이가 될 것이며, 앞으로도 계속 발생할 수많은 이슬람 난민들을 통한 중동 이슬람 선교의 기회를 엿볼 수 있는 예리한 선교적 통찰력을 갖게 될 것을 확신한다. 심혈을 기울여 발간된 것을 축하한다.

고 성 준 목사
수원하나교회

21세기. 하나님께서 역사의 무대에 올리시는 민족이 있다. 2001년 911을 시작으로, 아프가니스탄 전쟁, 걸프 전쟁, 오사마 빈라덴과 탈레반, 재스민 혁명, IS의 등장, 시리아 내전과 난민 사태, 그로 인해 촉발된 영국의 브렉시트, 셰일가스의 등장과 유가 하락, 그리고 빈 살만을 중심으로 한 사우디아라비아의 변화에 이르기까지. 모두 동일한 사람들이 등장한다. 아랍의 무슬림들이다. 하나님은 21세기 역사의 무대에 아랍 무슬림들을 올리고 계신다. 그리고 그 중심에 난민들이 있다.

2011년 시리아 내전 이후 인근 국가들로 흩어진 난민들 가운데 일어나는 추수의 소식은 놀랍다. 이슬람 역사 1,400년 동안 한 번도 보고된 적 없는 추수가 일어나고 있는 것은 분명해 보인다. 하나님께서 중동에서 움직이고 계신다. 그리고 이 '하나님의 움직이심' 속에 한국교회를 향한 부르심이 있다.

"테러와의 전쟁"으로 불리는 서양과 아랍의 20년 갈등으로 인해 중동에서 서양 선교사들의 역할은 현격하게 제한되었다. 한편 중국, 인도네시아, 몽골 등 아시아에서 새롭게 일어나는 선교운동은 아직 무르익지 못했다. 바로 여기에 한국교회의 특별한 소명이 있다. 하나님께서는 한국교회를 난민 사역의 위대한 섬김과 선교의 사명으로 부르신다. 위축된 '선교'라는 단어에 '난민'이라는 새로운 옷을 입히시고, 한국 사회 속에서 교회가 하나님의 사랑과 긍휼에 대한 자긍심으로 일어날 수 있게 하셨다. 한 세대에 걸쳐 위대한 선교의 경주를 달려온 한국교회에게 하나님께서 다시 한번 달릴 수 있는 기회를 주신다.

소윤정 교수의 새로운 책 『21세기 이슬람 선교 : 무슬림 난민과 디아스포라』는, 난민들을 섬김으로 다시 달려야 하는 한국교회와 선교계에 흥미롭고 신선한 도전과 격려를 준다. 소윤정 교수의 저서는 현장을 오가며, 현장 선교사들과 함께 수집한 자료들을 학자적인 통찰력과 해석으로 집필한 소중한 자료다. 본서는 새로운 소명을 감당해야 하는 한국교회와 선교사들에게 큰 도움이 될 것을 확신한다.

※ 이 연구 저서는 아세아연합신학대학교 학술 저서 연구비에 의하여 지원된 저서임

21세기 이슬람 선교

무슬림 난민과 디아스포라

21st. Century Christian Mission for Muslim : Muslim Refugee and Diaspora
Written by Youn Jung So
All rights reserved.
Korean Edition Copyright ⓒ 2020 by Christian Literature Center, Seoul, Korea

21세기 이슬람 선교 : 무슬림 난민과 디아스포라

2020년 3월 31일 초판 1쇄 발행

지은이		소윤정
편집		고윤석
디자인		전지혜, 김진영
펴낸곳		(사)기독교문서선교회
등록		제16-25호(1980.1.18.)
주소		서울특별시 서초구 방배로 68
전화		02-586-8761~3(본사) 031-942-8761(영업부)
팩스		02-523-0131(본사) 031-942-8763(영업부)
이메일		clckor@gmail.com
홈페이지		www.clcbook.com
송금계좌		기업은행 073-000308-04-020 (사)기독교문서선교회

ISBN 978-89-341-2116-9(93230)

이 도서의 국립중앙도서관 출판예정도서목록(CIP)은 서지정보유통지원시스템 홈페이지 (http://seoji.nl.go.kr)와 국가자료공동목록시스템(http://www.nl.go.kr/kolisnet)에서 이용하실 수 있습니다. (CIP제어번호: 2020008850)

이 책의 저작권은 저자와 (사)기독교문서선교회가 소유합니다. 신저작권법에 의하여 한국 내에서 보호받는 저작물이므로 무단 전재와 무단 복제를 금합니다.

이슬람 연구 시리즈 28

21세기 이슬람 선교

무슬림 난민과 디아스포라

소윤정 지음

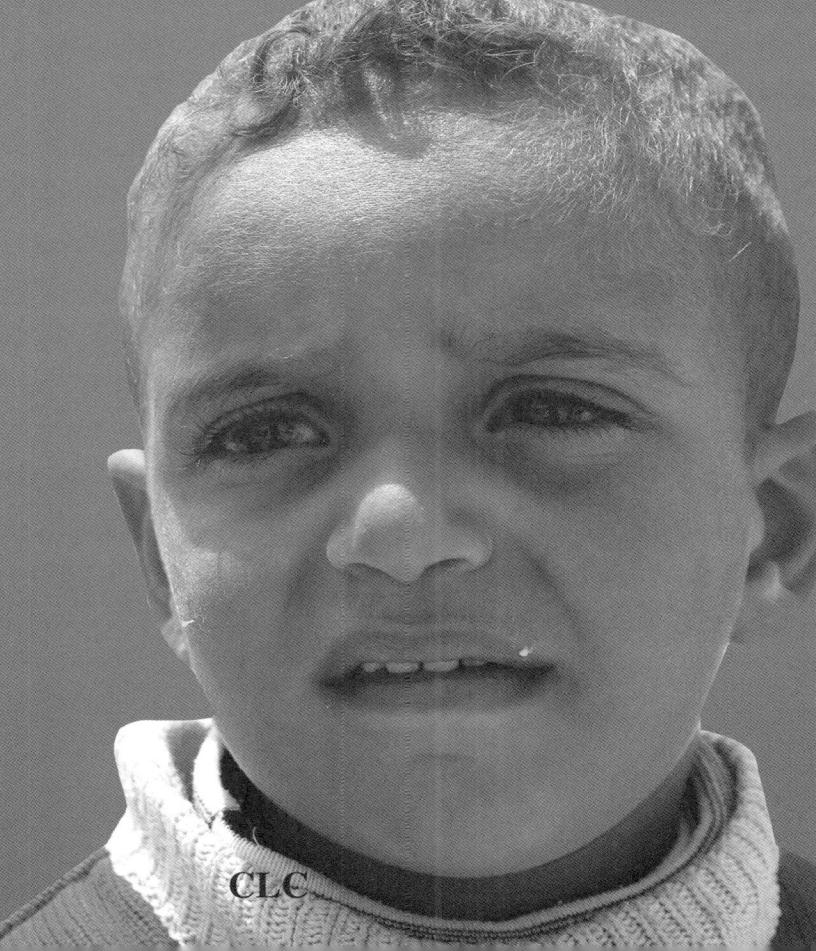

CLC

목차

추천사 ... 1
정 홍 호 박사_ 아세아연합신학대학교 총장
김 요 한 목사_ 파리제일장로교회 A-PEN 이사장
고 성 준 목사_ 수원하나교회

저자 서문 ... 10

제1부   무슬림 난민 현황 ——————————— 14
제1장 세계 무슬림 난민 이슈   15
  1. 터키, 레바논, 요르단의 시리아 난민 현황과 선교   15
  2. 유럽연합(EU) 2008년-2019년 난민 동향과 선교   57
  3. 레바논의 한인 선교사 시리아 난민 사역 현황과 선교적 전망   70
제2장 한국 무슬림 난민 이슈: 한국교회와 국내 난민 선교   115
  1. 한국의 난민 제도 및 현황   118
  2. 난민 선교 동원을 위한 선교 교육의 중요성   142

제2부   무슬림 난민 선교 ——————————— 152
제1장 이집트 허드슨   153
  1. 난민 학교를 통한 접근 방법   153
  2. 이집트교회 미션 플랜팅 사역   158
제2장 레바논 정바울, 이민정   161
  1. 사랑의하우스 사역 소개   161
  2. 앞으로 난민 사역 방향   164
제3장 독일 이중덕   165

제3부　무슬림 이주민 선교 — 175

제1장 디아스포라 무슬림 이해　176
　1. 이슬람과 디아스포라　178
　2. 디아스포라에 대하여　183

제2장 미국 디아스포라 무슬림　203
　1. 이슬람의 도시적 특징: 지역 교회를 위한 배경 지식　207
　2. 신학 이론적 기초: 도시 무슬림들에 대한 선교를 위한 가이드　210
　3. 역사적 관점: 변화의 과도기에 있는 West Rogers Park 지역　214
　4. 문화 분석: 현현적 선교 활동　216
　5. 선교를 위한 전략 개발　221

제3장 프랑스 디아스포라 무슬림　227
　1. 프랑스의 이등 시민　234
　2. 이주민 선교 : 선교적 제언　257

참고 문헌　266
부록　276
　1. 내가 본 난민 – 서정복(요르단 자타리 캠프, 2013)　276
　2. 내가 본 난민 – 이신영 (터키, 2016)　278
　3. 내가 본 난민 – 임동우(독일 쾰른 난민 보호소, 2017)　281
　4. 내가 본 난민 – 박동신(터키·독일·요르단, 2017)　283
　5. 내가 본 난민 – 이예찬(그리스 아테네 난민 센터, 2017)　285
　6. 내가 본 난민 – 구약의 관점에서 바라본 – 이윤선(요르단 나우르센터, 2018)　287
　7. 내가 본 난민 – 조슬기(요르단 나우르센터, 2018)　290
　8. 내가 본 난민 – 강민정(레바논 베카 난민촌, 2018)　292
　9. 내가 본 난민 – 황진희(레바논 베카 난민촌, 2018)　294
　10. 내가 본 난민 – 전해엽(그리스 레스포스섬, 2019)　296
　11. 내가 본 난민 – 이수영(레바논 베카 난민촌, 2019)　299
　12. 내가 본 난민 – 박요섭(레바논 베카 난민촌, 사랑의하우스, 2020년 1월)　303
　13. 내가 본 난민 – 이에스더(레바논 베카 난민촌, 사랑의하우스, 2020년 1월)　307
　14. 내가 본 난민 – 정지혜(터키 한국문화센터, 안디옥 개신교회, 2020년)　309

저자 서문

2020년 2월 17일 현재 UN난민기구(UNHCR)의 통계에 의하면, 전 세계적으로 7,080만 명의 사람들이 본인의 의지와 상관없는 강제 이주민으로, 이들 중 2,590만 명의 사람들이 내전과 박해로 본국을 떠나야만 했던 난민들로 집계되었다. 또한, 난민 발생국 중 가장 많은 난민을 발생시킨 국가는 1위가 시리아로 시리아 난민은 UN난민기구 통계만 해도 670만이고 그다음 2위가 아프가니스탄으로 270만, 3위가 남수단 230만으로 집계되었다.[1] 사실 시리아 난민의 경우 필자가 방문했던 레바논 같은 경우는 난민등록이 되지 않은 경우들도 발견되므로 실제로 그 숫자는 270만 명을 훨씬 넘을 것으로 판단된다. 2018년 6월 20일자 조선일보 기사에 의하면 전 세계적으로 강제 이주민 수는 6,850만 명 2018년 6월과 2020년 2월 통계를 비교해보면 1년 8개월 만에 230만 명의 난민이 추가로 발생하였음을 알 수 있다.

이는 제2차 세계대전 난민보다 많은 수를 기록하고 있는 것으로 통계상 평균 매일 44,400명의 난민이 발생하고 있는 것으로 집계되고 있다. 이는 참으로 놀라운 사회 현상이며 21세기 간과할 수 없는 민족 대 이동으로 선

---

[1] https://www.unhcr.org/figures-at-a-glance.html. <UN 난민기구> 2020년 2월 17일 접속.

교적 관점에서 직시하고 전략적으로 대처해야 할 상황임이 분명하다. 이러한 현상은 21세기 전쟁 현상으로 전 세계가 제2차 세계대전을 직면한 것과 같은 인류 역사적 위기에 처해 있음을 말해준다. 21세기 유형의 각양각색 이기주의와 정치, 종교적 갈등이 인간 죄의 근성을 여실히 보여주고 있는 현상이다. 첨단 과학 기술 개발과 과학·기술 문명을 자랑하고 있는 21세기 인류의 비극적 현실이며, 인류 구원의 유일한 길은 과학 기술 문명의 발전과 유토피아건설이 아닌 타락한 인간의 죄를 직면하고 회개하여 하나님 자녀로서 하나님 형상을 회복하는 것임을 말해주는 증거이다.

이에 본서 『21세기 이슬람 선교: 무슬림 난민과 디아스포라』로 눈에 보이는 것을 추구하는 극단적 이기주의가 수많은 난민을 발생시키고 있는 현상 가운데 눈에 보이지 않더라도 하나님께만 소망을 두고 행하게 하시는 난민 선교 사역자들을 통해, 오늘도 난민이 되어 방황하고 소외된, 하나님의 사랑하시는 잃어버린 영혼들에게 하나님 아버지의 사랑이 증거되는 현장을 담았다. A-PEN(Arab-Persian Europe Network, '에이펜')은 아랍 난민들과 페르시아 난민들(이란, 아프카니스탄) 그리고 유럽 내 다언어권 난민, 이주민 사역을 위해서 모인 한인 사역자 네트워크이다.

2016년 2월 파리에서 시작된 A-PEN은 세계적으로도 유일한 난민 사역 선교사들의 네트워크다. 난민 현장들을 다니다 보면 서구 유럽의 사역자들도 많이 만날 수 있는데 다른 서구 유럽의 사역자들과 달리 한인 사역자들이 연합과 협력 사역을 위하여 A-PEN을 발족하여 정기적 포럼에서 실제적 전략을 나누고 효과적인 난민 사역을 도모하는 것은 참으로 자랑스러운 일이다.

필자는 2016년 2월 A-PEN 발족부터 총 4회에 걸쳐 포럼에 참여하고 자문위원으로 활동하고 있으며 매년 학생들과 다양한 난민 현장들을 방문하고 있다. 그리고 실제로 난민 현장을 방문하고 선교 현장에서 봉사하고 온 학생들의 선교적 패러다임이 바뀌고 구체적 선교 헌신이 이어지고 있음에 감사하다. 이제는 난민이 난민을 선교하는 상황에 이르러 어떻게 하면 난민 사역자들을 일으켜 그들로 하여금 자국민 난민들에게 복음을 전하게 하고 교회를 세울 것인가가 A-PEN의 최근 관심사이며 연구 과제이다.

이에 필자는 본서에서 국가별 난민 정책과 현황에 관하여 기술하였으며 실제적인 선교사역 사례들을 A-PEN 포럼 발제자들로부터 동의를 얻어 수록하였고 국가별 디아스포라 무슬림에 대하여 미국의 사례를 집중적으로 다루었다. 이는 2018년 Assembly of God Islamic Studies(미국 하나님의 성회 교단이슬람연구소)에서 주최한 집중 코스에서 다루어진 강의 내용을 강사로부터 받아서 발췌하여 번역한 내용이다. 특별히 미국 시카고에서 도시에 정착한 무슬림 난민과 이주민 문제를 실제로 다루고 있는 내용이 한국과 전 세계에 흩어져서 사역하고 있는 한인 사역자들에게 도움이 될 것이라고 기대한다. 또한, 다음 세대 선교 지도자들과 선교사들을 동원하고 난민 선교를 도전하기 위하여 2013년부터 필자와 함께 난민 지역을 방문하고 선교 봉사를 해왔던 학생들의 대표적 수기들을 부록으로 수록하였다. 그러므로 본서는 필자가 그동안 연구해 온 난민 정책에 대한 이론적 배경과 더불어 중동과 유럽의 난민 선교 사례와 미국의 디아스포라 무슬림 사역과 학생들의 실제적 체험담으로 구성된 21세기 이슬람권 선교에 있어서 핵심적인 무슬림 난민 문제와 디아스포라 무슬림 관련 내용을 실제로 다룬 책이다.

본서의 집필을 위해서 함께 난민 사역지를 방문하고 비전을 나누어준 아세아연합신학대학교 AMIR(ACTS MISSION for REFUGEE) 팀원들과 학생들이 귀한 체험을 할 수 있도록 활동비를 후원해준 많은 분께 감사하고, 이론적으로 연구를 도와 함께해 준 아세아연합신학대학교 선교대학원 아랍지역학과 정은배 연구원과 최영조 연구원에게도 감사의 인사를 전한다. 또한, 해외에서 난민들과 함께하며 보이지 않는 열매를 위하여 자신의 삶을 드려 하나님 아버지의 사랑을 나누고 있는 A-PEN 사역자들에게도 감사하고, 특별히 본서의 출판을 위하여 귀한 사진으로 헌신해주신 독일의 이중덕 포토저널리스트와 이집트의 허드슨, 레바논의 정바울, 이민정 부부, 그리고 독일의 나승필 선교사님께도 특별히 감사의 인사를 전한다. 또한, 아세아연합신학대학교, <ACTS 세계지역연구소 아랍문화연구원> 조교로 행정을 도와 협력하고 있는 황진희 연구원에게도 감사의 인사를 전한다.

하나님의 사랑으로 새롭게 된, 예수 그리스도의 몸 된 공동체인 우리가 마땅히 난민에게 전해야 할 복음은 온전한 예수 그리스도의 사랑 가운데 하나 된 우리를 통해 증거될 줄 믿으며 본서의 출판을 위하여 힘써주신 기독교문서선교회(CLC) 편집팀에게도 깊이 감사드리고 본서를 통하여 난민 선교를 위하여 더 많은 사역자가 일어나 협력할 수 있기를 기도하는 바이다.

우리가 선을 행하되 낙심하지 말찌니 피곤하지 아니하면 때가 이르매 거두리라(갈 6:9).

2020년 2월 17일
양평 연구실에서
저자 소윤정

제1부

무슬림 난민 현황

제1장

세계 무슬림 난민 이슈

1. 터키, 레바논, 요르단의 시리아 난민 현황과 선교[1]

필자는 2013년 아세아연합신학대학교 선교대학원 아랍지역학과와 아랍문화연구원을 맡아 사역하게 됨에 따라 당해 6월 말 요르단의 시리아 난민촌으로 형성된 자타리 캠프와 마프락의 얼라이언스교회를 방문하고 관련 한국인 사역자들과 '시리아 난민'을 주제로 포럼을 개최하였다.[2]

중동의 '아랍의 봄' 영향으로 2011년 3월 15일 시리아의 대통령 '바샤르 알아사드'와 바트당 정권의 퇴진을 요구하는 시위로 시작된 시리아 내전은 시아파 종주국인 이란의 영향권 아래 집권당인 바트당이 초기부터 반정부 시위대를 강경 진압하였으나 수니파 종주국인 사우디아라비아의 지원하에 반정부 시민들이 정부 집권당의 강경 진압에 굴하지 않고 심화 양상을 보이던 중, 이라크와 레반트 지역에 흩어져 있던 IS가 시리아 동부

---

[1] 본 내용은 2018년 6월 「영산 신학 저널」 44집에 게재된 저자의 글임을 밝혀둔다.
[2] 자세한 포럼 자료는 2015년 『ACTS 이슬람 포럼』이라는 제목으로 출간되었다. 2013년은 요르단에 거주하고 있었던 한국인 사역자들이 시리아 난민 사역을 시작한 지 오래지 않아 급변하는 중동 정세와 시리아 난민 유입에 따른 전략적 필요 때문에 상호 사역 방향성을 구체화 시킬 수 있는 계기가 되었다. 아세아연합신학대학교 세계지역연구소 아랍문화연구원 편, 『ACTS 이슬람 포럼』 (파주: 올리브나무, 2015), 1-240. <2013 요르단 편>

지역을 점령함에 따라, 수많은 사상자를 비롯하여 40만 명의 난민들을 발생시켰다.[3] 40만 명이 넘는 시리아 국민들은 내전을 피하여 인접 국가로 난민이 되어 시리아를 떠나게 되었고 인접 국가인 터키, 레바논, 요르단에는 난민촌이 형성되었다. 한편으로는 터키를 거쳐 그리스와 발칸반도 그리고 유럽에 이르기까지 세계 전역으로 시리아 난민들이 흩어지게 되었는데 이와 같은 시리아 디아스포라를 위한 선교의 시급성이 강조되어 오고 있다.

2013년 8월 말 유엔난민기구는 공식적인 시리아 난민 수가 200만을 돌파하였다고 발표하였다.[4] 이어서 2017년 자료에 의하면 시리아 난민 수는 더욱 급증하여 2017년 3월 30일 연합뉴스의 보도 자료에 의하면 유엔난민기구는 시리아 난민 수가 500만을 돌파하였다고 한다.[5] 500만은 공식적인 통계로 국외로 흩어진 디아스포라 시리아 난민 수이고 시리아 국내에 잔존민은 현재까지 터키로 200만 가량이 유입되었다고 하고 레바논에는 150만 가량 유입되었다고 한다.[6] 이와 같은 시리아 난민 증가 추세는 시리아에서 IS 주둔 기지가 격파되고 IS가 물러갔다지만 강대국과 이스라엘과

---

[3] https://ko.wikipedia.org/wiki/%EC%8B%9C%EB%A6%AC%EC%95%84_%EB%82%B4%EC%A0%84%EC%9D%98_%EB%82%9C%EB%AF%BC, 2018년 2월 10일 접속.

[4] "200만 명의 통계는 난민 등록을 마쳤거나, 등록을 대기 중인 시리아인의 수를 집계한 것이다. 이는 8월 말 기준으로 볼 때, 이집트 110,000명, 이라크 168,000명, 요르단 515,000명, 레바논 716,000명, 터키 460,000명을 포함한 것이다. 이중 약 52퍼센트가 17세 미만 아동이다. 유엔난민기구는 지난 8월 23일 시리아 난민 아동이 100만 명을 돌파했다고 발표한 바 있다."
http://www.unhcr.or.kr/unhcr/program/board/detail.jsp?mode=detail&boardTypeID=10&boardID=3238&boardTypeDivision=0&menuID=0010060010003&boardCategory=%EB%B3%B4%EB%8F%84%EC%9E%90%EB%A3%8C, 2018년 2월 10일 접속.

[5] http://m.yna.co.kr/kr/contents/?cid=AKR20170330190700088&mobile, 연합뉴스 2017.03.30, 2017년 11월 19일 접속.

[6] 소윤정, 정병훈, '레바논의 한인 선교사 시리아 난민 사역 현황과 선교적 전망,' 「복음과 선교」, 제40집 (2017), 96.

의 이권 다툼과 터키와 쿠르드족의 갈등 국면에서 내전 종식이 아닌 더 심각한 분쟁 국면으로 접어들고 있다.[7]

2009년 2월 필자가 방문했던 시리아 다마스쿠스는 사회주의 체제와 시아파 정권의 장기 집권으로 경직되어 있었으나 정작 국민들과 소통하면 인근 이슬람 국가들보다 국민들이 순수하고 소박한 행복을 누리며 살고 있었다. 복음 전도의 기회가 매우 희박했던 시리아가 기나긴 내전과 분쟁으로 인하여 디아스포라로 흩어지고 있다. 시리아는 더 이상 국지적인 시리아가 아니다. 디아스포라로 흩어지고 있는 시리아가 회복되고 진정한 평화가 임하기를 기도하면서, 필자는 시리아 주변 국가들의 시리아 난민 실태 조사와 난민 정책과 더불어 시리아난민교회 개척을 위한 선교 전략에 대하여 신본주의적 복음주의 신학에 근거하여 논하고자 한다. 지면 관계상 터키, 레바논, 요르단을 중심으로 연구하고자 한다.

이는 2013년 6월 요르단에서의 '시리아 난민' 주제 포럼과 요르단 자타리 캠프와 마프락 현지 교회인 얼라이언스교회 방문 이후 계속해서 2014년 여름 튀니지에서의 포럼, 2016년 터키와 독일 쾰른 지역 난민 센터 방문, 2017년 1월, 2018년 1월, 2019년 1월 그리고 2020년 1월에 학생들을 인솔하고 시리아 난민들의 복음화를 위하여 시리아 난민들을 대상으로 한 해외 봉사 단기 사역을 위하여 요르단과 그리스, 레바논을 방문하고 경험한 것을 토대로 향후 선교적 교회론을 근거로 시리아난민교회가 개척되고 재생산 가능한 자립 교회로 발돋움할 수 있도록 이론적으로 살펴보고 교

---

7   http://www.hankookilbo.com/v/42d616205a98456295ac1a8e0af3be65, 한국일보 2018년 2월 11일 자, 2018년 2월 11일 접속. "무장 단체 이슬람국가(IS)가 물러난 시리아에 내전 종식은커녕 더 심각한 분쟁 징후가 피어나고 있다. 시리아 북부 쿠르드족과 터키 간 갈등이 고조되는 한편, IS 격퇴전에 참여한 국제 열강의 각축전도 격화하고 있다. 뉴욕타임스 등 외신은 10일(현지 시각) 이스라엘이 자국 전투기 격추로 시리아 친이란 무장 세력을 겨냥한 대대적인 공습을 단행한 것과 관련해 시리아 내전이 심각한 양상으로 번질 수 있다고 전망했다."

회 개척을 위한 선교 전략에 대하여 생각해보고자 한다.

1) 시리아 주변 국가들과 시리아 난민

(1) 터키

가장 많은 수의 시리아 난민이 유입되고 있는 것으로 집계된 터키의 현재 시리아 난민에 관한 정치적 지위 문제는 역내 패권과 맞물려 있는 민감한 상황으로 시리아 난민들의 최종 정착지와 관련하여 상호 국가 간 이해 측면에 있어서 합일점을 찾지 못하고 있는 실정이다. 더불어 중동 역내 정치적 변동 및 이 지역을 둘러싼 주요 패권의 변화에 관하여서 관심이 고조되고 있다.

전쟁과 폭력으로 인하여 주거지를 떠나 전 세계로 흩어지고 있는 시리아 난민[8] 문제는 터키를 비롯하여 EU 전체 국가 간 상호 이해관계가 상충하는 상황으로, 영국의 경우 난민 관련 정책 불일치를 사유로 결국 2016년 6월 EU 탈퇴를 선언하기까지 하였다. 그러므로 EU 전체 국가 간의 상호 이해관계와 유럽 국가들의 난민 정책 수립에 있어서 현실적 측면을 고려할 때 시리아 난민 문제는 최초로 난민 등록을 하게 되는 터키의 난민 정책이 중요한 의미가 있다. 유럽으로 가는 길목에서 시리아 난민들의 1차 목적지, 터키에서의 난민 수요증가와 이로 인한 터키 내 실업률 증가 등은 터키 국민 경제 기반에 직접적인 영향을 주고 정치 사회적 측면으로

---

[8] "전쟁이나 이념 갈등으로 인해 발생한 재화(災禍)를 피하고자 다른 나라나 다른 지방으로 가는 사람. 화재나 지진, 홍수, 태풍 따위의 뜻밖의 불행한 일을 당하여 어려운 형편이나 처지에 놓인 사람." http://dic.daum.net/word/view.do?wordid=kk-w000045863&supid=kku000059132, Daum 국어사전, 2018년 2월 11일 접속. 이처럼 난민은 이주민과 달리 자의가 아닌 타의에 의하여 재난을 피하여 거주지를 옮기는 사람들을 의미한다.

는 안보 문제와 치안 상황, 인권 문제와 내국인 역차별 현상 등 사회 전반에 걸친 지속적인 영향이 있게 될 것이다.[9]

터키는 유럽 국가들과 비교할 때 문화적으로 시리아 난민들과 같은 이슬람 배경을 가지고 있어서 난민에 관한 기본적 인식, 사회 심리, 인도주의적인 절차를 위한 효율적인 진행 관련 법령 및 제도의 운영 측면에서 시리아 난민들에게 우호적일 것이라고 이해될 수도 있겠으나, 현실적으로 시리아 난민 관련 기본질서 확립, 난민의 유입 경로 고려, 난민 수용 및 정착에 대한 관리 장치 마련은 국가적으로 매우 어려운 문제라고 판단된다.[10]

시리아 난민 유입에 관한 정황을 간략히 정리하면 다음과 같다. 터키 정부는 시리아 난민의 터키 국경 진입 가능성을 예측하고 2011년 초에 실제 상황을 대비하여 난민 수용소를 서부 하타이(Hatay) 지방에 설치하였고, 4월 29일에 이르러 실제로 시리아를 이탈한 263명의 난민을 최초로 수용하게 되었다. 연이어 같은 해 5월 3일에는 300여 명의 시리아 난민들이 터키 국경에 진입하였다. 2011년 5월 14일에는 250명이 터키 국경에 도착하였고, 도착 이후 4만1천 명의 지스르 알 슈굴(Jisral-Shughour) 지역 통제 작전으로 인하여 시리아와 연결된 터키의 국경 상황이 급변하게 되었다.

이 지역에서 살고 있던 2,500명의 시리아 주민들은 시리아 정부군의 공격을 피해 터키 남쪽 국경을 넘어 대규모로 이동하게 되었다. 6월에는 시리아 정부군이 터키 국경에 집결하면서 시리아 난민 수가 1만 명에 육박하게 되었다. 그 당시 매일 수백 명의 난민은 터키로 이동하였고, 6월 말 집계에 따르면 그 수는 총 1만 1,700명에 이르게 되었다. 터키 정부가 7월

---

9 "EU 집행위원회(European Commission)의 자체 분석에 따르면, 난민 유입은 EU 28개국 전체 GDP를 2016년 0.14-0.21%, 2017년 0.18-0.26% 증대시키는 효과를 추정하였다." 김중관, "터키의 대 시리아 난민 정책 분석," 「민족 연구」, 제68호 (2016), 63. 각주 3).
10 김중관, "터키의 대시리아 난민 정책 분석," 63-64.

15일 집계한 것에 따르면 터키로 유입된 시리아 난민은 1만 5,228명에 이르렀다. 다른 한편으로는 열악한 수용 시설을 견디지 못한 5천여 명의 난민들이 다시 시리아로 귀향하였고, 1만 227명의 난민은 터키에 잔류하게 되었다. 7월과 8월에는 상당히 많은 수의 난민이 시리아로 돌아갔지만 9월 초에 터키 정부는 시리아 난민들을 위하여 여섯 개의 수용소를 설치하였으며 초기에 1만 5천 명이었던 시리아 난민들이 6천 명만 남게 되었다.

그리고 그해 11월 터키에 남아있는 시리아 난민의 숫자는 7,600명으로 집계되었다. 2011년 9월 이슬람 학자들이 모인 '울라마' 위원회는 시리아 정부군이 '아르살'(Arsal) 난민 수용소를 습격하여 인권 침해가 자행되고 있다고 비난하고 시리아 난민들에 대한 어떠한 보복도 정당화 될 수 없다고 난민들에 대한 폭력에 관하여 투명하고 공정하게 조사하여야 한다고 강하게 주장하였다. 그러나 그런데도 시리아 정부군의 난민들 대상 습격은 계속되었다.

2012년 2월 집계에 따르면 터키에는 9,700명의 수용된 시리아 난민이 있는 것으로 집계되었다. 터키 정부는 2012년 3월 매일 수백 명이 넘는 시리아 난민들이 터키 국경을 넘어 이주하고 있다고 발표하였으며, 시리아 난민 유입은 계속해서 증가하여 터키 하타이(Hatay) 지역에만 UN 공식 집계에 따르면 그 당시 1만 3,000명에서 1만 3,500명에 이르는 것으로 보고되었고, 하타이를 제외한 다른 지역에도 수천 명의 시리아 난민들이 유입되고 있었다.

터키 정부의 보고에 의하면 당시 시리아 국경에 인접한 각 국경 지역으로 유입되는 시리아 난민의 숫자는 5만 명에 이르는 것으로 추산되었다. 결과적으로 터키 정부는 하타이(Hatay ili), 킬리스(Kilis), 가지안테프(Gaziantep), 샨리우르파(Şanlıurfa) 지역에 새로운 시리아 난민 수용 시설(천막촌)을 건설하게 되었다. 2012년 3월 18일 터키에 거주하고 있는 시리아 난민 숫자는 14,700명으로 보고되었으며 4월 4일에는 2,800명, 4월 5

일에는 2,300명의 시리아 난민이 추가로 터키에 유입되었다. 그리고 2012년 4월 6일 터키 정부에 의하면 시리아 난민 수는 2만 3,835명으로 집계, 보고되었다. 그리고 4월 10일에 코피 아난(Kofi Annan)이 터키의 시리아 난민 캠프를 방문했을 당시 난민의 숫자는 2만 5천 명으로 집계되었다. 2012년 4월 10일에는 시리아 내에서 휴전이 제의되었지만 지속된 시리아 정부군의 공격 때문에 오히려 터키로 유입되는 시리아 난민 숫자가 최고에 이르게 되었다.

2012년 4월 10일 UN은 시리아 주변국으로 유입된 시리아 난민 숫자가 3월 초와 비교하여 40% 이상 증가했다고 발표했으며 5만 5천여 명의 등록된 난민 중 50%는 18세 이하 미성년자들이었다. 또한, 등록되지 않은 난민들 숫자가 최소 2만 명으로 추정되었고, 시리아 국내에서 집계된 바에 의하면 20만 명 이상이 거주지를 이탈하여 난민이 된 것으로 파악되었다.

2012년 5월, 3,171명의 시리아 난민들이 유엔난민고등판무관사무소(UNHCR, United Nations High Commissioner for Refugees)의 지도에 따라서 난민으로 등록하였고, 그날 이후 매일 10-15가구 단위로 50-65여 명의 난민이 계속해서 난민으로 등록되었다. 5월 말, 2만 4,500명으로 집계된 난민 수는 6월 초, 400명이 추가로 유입되어 7월 21일 집계에 의하면 등록된 난민 수가 4만 3천 명 이상 되는 것으로 추정되었다.

특별히 같은 시기 1천여 명의 시리아 난민들은 열악한 터키 난민 수용소 환경으로 인하여 시리아로 돌아갔다. 의 통계 자료에 따르면, 2012년 12월 전 세계로 흩어진 전체 시리아 난민 수는 40만 8천 명을 넘었으며, 터키를 비롯한 인근 국가인 요르단, 레바논, 이라크(쿠르드 지역)로도 많은 수가 난민이 되어 이주하였다. 이들 중 터키로 유입된 시리아 난민은 2012년 12월 말 기준 13만 5,519명이라고 보고되었다.[11]

---

11 김중관, "터키의 대시리아 난민 정책 분석," 65-66.

2013년에는 레바논의 무장 단체인 시아파 '헤즈볼라'(حزب الله)까지 개입하여 시리아 정부군을 지원하기 시작했고, 시리아 정부군은 더불어서 러시아와 이란의 지원까지 받았으며, 한편으로 반정부군은 사우디아라비아와 카타르에서 무기 지원과 보급을 받는 상황이 되어 전선에 변화를 초래하였고, 결과적으로는 쌍방 상호 보복으로 인하여 시리아 국민의 삶은 더 피폐해지고 수많은 무고한 희생자가 생겼고 이에 난민으로 전락하여 시리아를 떠나는 일들이 더욱 활성화되었다.

2013년 6월 UN의 보고에 의하면 사망자는 10만 명을 넘게 되었고, 정부군과 반정부군으로부터 억울한 보복과 인권 침해를 당하던 무고한 시리아 국민 수만 명이 난민이 되어 터키로 이주하였다. 2013년 7월 시리아 정부군은 국가 영토 중 40%를 점유하고 있었고 인구 중 60%를 지배하고 있었다. 미국 등 서방국이 시리아 정부군에 대한 공습을 결정하게 되자 미국의 가톨릭 주교 회의는 오바마 대통령에게 시리아 공습에 반대한다는 내용의 서신을 보냈다. 이에 미국은 시리아의 '아사드'(Bashar al-Assad, بشار حافظ الأسد) 정권을 공습하는 것을 대신하여 IS를 축출하는 것을 목표로 정책 변경하였고, IS(이슬람 국가 : Islamic State, دولة اسلامية) 기지가 있는 이라크 지역을 공습하고 연이어 9월 10일 시리아의 IS 근거지를 공습하기로 하였다. 이러한 중에도 2014년 유엔난민기구에 등록된 시리아 난민 수는 100만 명이 되었다.

정리해 보면 초기 시리아 난민 발생 원인은 반정부 시위대에 대한 시리아 대통령 아사드의 강력 진압이었고 대부분이 베두인이었다. 그러나 2014년 이후 시리아 난민들은 시리아 아사드 정부군보다 IS의 무차별적인 학살로 인한 폐해로 인하여 터키로 이주하게 된 것이다.

미국 등 서방 국가들이 IS 공격에 집중하고 있는 동안, 한편 시리아 정부군은 대대적으로 반격에 나서 반군 점령 최대 도시 알레포를 함락시켰다. 그리고 난민 발생은 더욱 가속화되었다. 프랑스와 미국 등 서방 국가들은 IS를 공습하는 대신 반군에 대해서 지원할 것을 주장했고, 전황이 시리아 반군에게 불리해지자 미국은 시리아 '아사드'를 제거하는 것으로 전략을 조정하였다.[12]

UN 인도주의 업무조정국(OCHA, United Nations Office for the Coordination of Humanitarian Affairs)의 2015년 통계(2015년 말 기준) 자료에 따르면 터키에 거주하고 있는 시리아 난민은 200만 명이 되었고, 약 170만여 명은 공식 난민 수용소가 아닌 다른 곳에 방치된 상태라고 보고되었다. 2015년 9월에는 터키 정부가 일시적으로 국경을 개방하자 이틀 만에 6만 명이 넘는 난민들이 한순간에 유입되었다. 난민들의 숫자가 급속하게 증가하면서 통제하기가 어려워지자 터키 정부는 시리아 난민 차단을 목적으로 2016년 2월 9일 한시적 국경 폐쇄를 강행하였다.

다른 한편, 러시아는 2015년 6월 10일 시리아 내전 개입 문제와 난민 문제에 대한 이견을 조율할 목적으로 블라드미르 푸틴(Влади́мир Влади́мирович Пу́тин) 대통령이 프란치스코 교황(Pope Francis)과 교황청에서 미팅을 갖고 협의하였다.

2017년 3월 30일 연합뉴스 보도 자료에 의하면 유엔난민기구는 시리아 난민 수가 500만이라고 집계하였으며 이는 세계 최대 수치이다. 그런데 전체 시리아 난민 중 30%가 시리아와 터키의 국경 지대에 있는 22개의 터키국가지원 난민 수용소에 있고 터키 국내법에 따라서 그들은 '임시 보호 상태'로 등록되어 있다. 일단 '임시 보호 상태'로 등록이 되면 터키법에 따라 임시적 보호 상태로 건강과 교육 부분에 대하여 지원을 받을 수 있다.

2015년 통계에 의하면 시리아 전체 난민 중 65% 정도만이 등록된 상황이라고 한다. 2015년 12월 등록 기준으로 터키에 수용된 시리아 난민은

---

12 연합뉴스 2014년 11월 14일 보도.

총 274만 8,367명으로 보고되고 있으며 참고로 유럽 국가 중 가장 많은 시리아 난민을 수용 국가인 독일의 경우 48만 4천 명이 유입된 것으로 추정되고, 그중 난민 신청자는 30만 6,703명이라고 보고된다.[13]

시리아 인접국 중 가장 많은 수의 시리아 난민 유입이 보고되고 있는 터키 정부의 대시리아 난민 정책을 인지하는 것은 시리아 난민을 전도하고 교회를 개척하기 위하여 선행되어야 할 필수 과제이다. 전도 대상인 시리아 난민들이 터키에서 처한 상황들과 선교의 접촉점을 찾기 위하여, 그리고 난민의 특수 상황을 고려한 교회를 개척하기 위하여 시리아 난민 문제와 관련된 터키 정부의 정책을 살펴볼 필요가 있다. 김중관은 이와 관련하여 터키 정부의 대시리아 난민 정책을 다음과 같이 정리하고 있다.[14]

첫째, 터키 정부는 2011년 이후 시리아 내전으로 인하여 자국을 떠나온 시리아 난민들에 대하여 기본적으로 개방 정책을 지속하고 난민들에게 수용 시설을 최대한 제공하겠다는 입장이다.

둘째, 터키는 시리아 난민 문제와 관련하여 유럽연합과 터키 자국민의 비자 면제 안건과 연동하여 협상하겠다는 기본 정책이다.[15] 2018년 2월 14일 현재, 2016년 EU에서 시리아 난민들의 유럽 유입 문제와 관련하여 터키의 비자 면제가 거론되었으나 아직 시행되지 않았고 '레제프 타이이프 에르도안' 대통령은 다음 달인 3월 26일 EU 의장국 불가리아에서 장클로

---

[13] 김중관, "터키의 대시리아 난민 정책 분석," 66-69.
[14] 김중관, "터키의 대시리아 난민 정책 분석," 70.
[15] "EU는 2016년 3월 터키와 협정을 체결, 터키로부터 그리스에 도착한 난민 중 불법 이주민을 터키가 다시 전부 받아들이는 대가로 터키에 자금을 지원하고, 터키 국민에 대한 비자 면제 요건 완화 시기를 앞당기기로 합의한 바 있다."
http://www.yonhapnews.co.kr/bulletin/2018/02/12/0200000000AKR20180212179600109.HTML?input=1179m, 2018년 2월 12일 연합뉴스. 2018년 2월 12일 접속.

드 융커 EU 집행 위원장, 도날트 투스크 EU 정상회의 의장, 보이코 보리소프 불가리아(EU 순회의장국) 총리와 비자 면제 추진을 위하여 만날 예정이다.

2016년 이후 EU는 비자 면제 전제 조건으로 EU가 제시한 72개 기준이 충족되지 않았다며 논의를 계속 미뤄왔고 터키는 불충분했던 기준들을 보완하고 개정하여 모든 준비를 마치고 EU에 제출했다는 것이다. 그러나 그런데도 이를 받아들여 EU가 인정해 줄 것인지는 미지수라는 것이다. 왜냐하면, 유럽의 관점에서 터키는 인권 문제와 민주주의적 측면에서 난민 송환 협정이 체결된 2016년보다 상황이 더 안 좋아졌다는 것이 유럽의 전반적인 인식이고 이를 증명할 만한 사실은 범유럽 인권 기구인 인권 유럽평의회 의회 협의체(PACE)가 2017년 터키를 '인권·민주주의 감시 대상국' 등급으로 강등한 것이다.[16]

그러므로 시리아 난민 문제와 관련하여 터키 정부가 자국민의 유럽 비자 면제를 추진하는 협상 안건은 쉽게 해결될 것으로 관망하기 어렵다. 터키 정부는 지난 2016년 10월까지 EU 비자 면제가 해결되지 않으면 EU와 체결한 난민 송환 협정을 폐기하겠다는 난민 정책을 세웠지만 2018년 2월 현재도 해결되지 않았고, 향후 EU의 결정을 낙관적으로 관망하기에는 현 '에르도안' 정권의 정치 행보가 반민주주의 성향을 보이고 인권 문제보다는 독재정권으로서 체제 유지에 힘쓰고 있다는 점이 걸림돌인 셈이다.

셋째, 터키 정부는 유럽연합(EU)과 협상은 하겠지만 이미 유럽에 정착한 시리아 난민들의 터키로의 송환과 터키 수용에 관하여서 부정적인 견해다.[17] 이점에서는 국제법상으로도 유럽 국가에 도착한 시리아 난민들을

---

16 http://www.yonhapnews.co.kr/bulletin/2018/02/07/0200000000AKR20180207205100108.HTML?input=1179m, 2018년 2월 7일 연합뉴스, 2018년 2월 12일 접속.
17 "2015년 11월 터키와 유럽연합 집행부는 난민 사태 및 테러 관련 상호 공조에 합의하였고 2016년에는 난민 수용을 위해 30억 유로의 재정 보조 지원을 약속하였다. 시리아

터키로 송환한다는 것이 적법하지 않다고 보는 것이다. 유럽연합 법상 터키를 안전 국가로 인정하기가 어렵다는 것이다. 또한, 터키는 유입되는 전체 난민들을 무조건 모두 수용하고 지원하기에 역부족인 상황이다.

무엇보다도 터키의 숙원인 EU 비자 면제를 해결하기 위해서는 실제로 EU에서 주도적 역할을 하는 독일과의 관계가 먼저 고려되어야 할 것이다. 그러나 지금까지 터키 정부와 독일과의 외교적 행보는 매우 부정적으로 보인다. 터키와 독일은 2016년 8월 2일 터키 대통령의 영상 편지를 독일에서 방영하는 것에 관하여 금지하여 갈등이 고조되고 있고, '에르도안' 대통령은 2016년 7월 군사 반란의 배후로 이슬람학자 페툴라 귤렌(Fethullah Gülen)을 지목하고 그의 추종자 10만여 명이 독일에 있다고 이들을 터키로 송환하라고 독일 정부에 요구하였다는 것이다.[18]

이러한 중점적인 외교 문제가 해결되지 않는 한 터키가 EU에 비자 문제를 해결하기 위하여 72개 기준을 보완하여 제출하고 다음 달인 3월 26일 EU 의장국 불가리아에서 장클로드 융커 EU 집행 위원장과 주요 인사들과 접견한다고 해도 EU에서 주도적 리더십 국가인 독일의 합의를 도출해 내지 않는 이상 터키의 EU 비자 문제는 해결되기 어려울 것으로 보인다. 그러므로 결과적으로 시리아 난민들에 대한 터키의 유럽 국가 간의 송환 협상 문제 등 난민 관련 정책은 매우 불안한 상황으로 전개될 양상이다. 터키가 EU와 비자 협상에서 폐할 경우 시리아 난민들은 유럽의 각 국

와 지리적으로 인접한 터키를 통과하는 경로를 대부분 이용하고 있어서 일차적인 수용지가 되므로, 터키의 난민 수용 여부가, 유럽 각국으로 유입되는 난민의 규모에 실질적인 영향을 주게 되기 때문이다. 2016년 6월에 영국이 유럽연합에서 탈퇴를 결정한 이후, 사실상 독일이 유럽연합에서 난민 문제를 주도하고 있다. 독일에는 200만 명 이상의 터키인이 이주한 상태이다." 김중관, "터키의 대 시리아 난민 정책 분석," 71.
18 김중관, "터키의 대 시리아 난민 정책 분석," 72.

가로 대규모로 유입될 가능성이 있고 전 유럽은 이 문제로 적잖은 사회적 혼란 속에 빠지게 될 것이다.

그렇다면 터키에 시리아 난민들이 유입되어 터키의 경제와 사회에 끼치는 영향들은 어떤 것들이 있을까?

단기적으로 볼 때 시리아 난민들이 유입되면 모든 상품에 대한 수요가 증가할 것이고 터키 국내 경제 지표에서 소비율이 증가할 것이다. 장기적으로는 노동력이 향상되고 실업률에도 영향을 미칠 것이고 국민 경제에 영향력을 줄 것이다. 낮은 노동 임금으로 재정 수지에 긍정적인 영향을 줄 수도 있겠지만 실제로 대규모의 난민이 유입되면 전체적인 실질 임금을 낮추어서 전체적인 소득 수준을 하락시킬 가능성이 있다. 전반적으로 질적인 면에서 사회 환경에 부정적인 효과가 예상된다.

시리아 난민들이 대거 유입되면 종교적 환경에서도 터키의 수니파와 다른 성향의, 즉 시아파를 포함한 시리아 이슬람과 IS와 같은 과격 분자들의 유입 가능성도 배제할 수 없어서 이념적 차이로 인한 혼란이 야기될 것이며 터키의 종교 성향에 변화를 초래할 것이 예상된다. 김중관은 그의 글에서 시리아 난민 유입이 분야별로 어떠한 변화를 초래할 것인지 다음과 같이 정리하고 있다.

첫째, 경제적인 면에서 터키는 사회 복지 비용에 대한 압력이 증가할 것이라는 것이다. 시리아인들이 터키의 노동 시장에서 터키인과 비교하여 보완적인 영향을 기대할 수 있어야 경제적인 긍정적 효과를 기대할 수 있지만, 이는 사실상 많은 장애가 있다. 이주 시리아인들이 터키인들과 같이 일터에서 숙달되어야 할 터인데 터키는 국가적으로 국민들의 영어 소통 능력이 현저히 떨어져 있고 같은 무슬림들이지만 시리아인들은 아랍어를 사용하고 터키인들은 아랍어를 사용하지 않는다는 것이다.

아랍어 소통이나 터키어 소통이 원활하지 않아 상당한 문제점들이 발생할 것이고 이러한 경제적 차원에서의 변수는 사회 문제로까지 전이될 가능성이 있다. 무엇보다 터키의 노동 시장의 구조와 산업 구조가 시리아와 현격한 차이가 있어서 이주민들이 터키 사회에서 경제적 유익을 통하여 주목받게 될 가능성이 희박하다는 것이다.

둘째, 사회적 측면에서 무슬림 난민 유입은 현재까지 터키에서 쿠르드인들이 거의 100년간 터키와 이질적인 사회적 환경을 영위하면서 지속적인 테러를 발생시키고 있는데 더한 터키 사회의 불안정 요인으로 작용할 것이라는 것이다. 무엇보다도 시리아 출신들 중 쿠르드인들이 이에 합세할 가능성도 배제할 수 없다. 시리아 난민 입국 시 지문 등록을 통하여 신원을 확인하고 테러 분자를 각출한다지만 명확한 선별 가능성이 매우 낮다. 우발적으로 상황에 따라 테러가 발생할 수 있는 특성이 있다고 지적하고 있다. 이에 터키 정부는 사회 안전을 위한 대책 비용이 증가할 것이라는 견해이다.

셋째, 기존의 터키 원주민들로부터 시리아 난민들이 받을 역차별 문제가 상존한다는 지적이다. 사회 구성원 간 불협화음이 끊이지 않을 전망이고 터키의 쿠르드족에 대한 통합 정책을 경험적으로 생각해볼 때 터키로 유입된 시리아 난민이 터키 사회에 동화되기까지 오랜 시간과 사회적 노력이 필요하다는 것이다.

터키는 앞에서도 언급했듯이 계속적으로 EU의 문을 두드리고 유럽 국가로서의 지위와 권리를 행사하려고 다방면으로 외교적 노력을 다하고 있으나, 내면적으로 쿠르드족과의 사회적 이슈와 터키 정부의 대응 방식은 EU 국가의 마음을 열기에 역부족이다. 더군다나 언어상으로도 터키어는 터키의 민족 언어로 터키어를 사용하는 국가가 없고 터키 국민의 영어 소통 능력이 현저하게 떨어지는 점, 독일어와 프랑스어권의 유럽 국가에 비하여 이로 인하여 소통의 능력이 부족한 점 등은 터키 민족의 독특한 민족적 특성이 쿠르드인들이나 아랍어를 사용하는 시리아인들을 터키 사회의 일원으로 받아들이고 동화되기까지 많은 어려움이 있을 것이라는 것을 말해준다.

그럼에도 터키가 현실상 가장 많은 시리아 난민들이 유입되고 있는 난민 유입경로 1차 경유국이라는 점은, 기독교 복음 선교에서 기회이기도 하면서 기독교 선교와 교회 개척을 위한 상당한 대가를 지불해야 한다는 것을 의미한다. 국가적 차원에서 해결할 수 없는 부분들에 대하여 예수 그리스도의 사랑의 정신에 입각한 돌봄과 협력이 필요할 것이고 제3자적 입장에서 한국인 선교사들은 터키인들과 시리아인들이 서로 동화되고 화합할 수 있도록 사회적 입장에서 기여하면서 선고적 접촉점을 찾을 수 있을 것이다.

이와 함께 EU와의 비자 협상이 부정적 결과로 귀결될 때를 대비하고 이미 포화 상태인 터키의 시리아 난민 수용 상황을 고려하여 터키 정부와 기독교 NGO 등이 협력할 수 있도록 하면서 시리아인들을 위한 선교적 노력을 다해야 할 것이다.

터키는 이미 사회적으로 터키 민족의 의사와 상관없이 수많은 시리아인의 사회 유입으로 2011년 이후 많은 변화를 겪고 있다. 2016년 기준 시리아계의 기업 수는 2010-2015년 중에 40배가 증가했으며 그 증가 추세가 급속도로 성장하고 있다고 보고된다. 터키 경제정책연구소재단(TEPQV; Economic Policy Research Foundation of Turkey)의 조사에 따르면, 2010년 터키에서 시리아 이민자들이 개업한 기업이 30개사 정도였는데 2014년에는 40배인 1,257개사로 증가하였다고 하고 2015년 이후 시리아인의 터키 내 기업 설립은 가속화되고 있으며 터키 증권 거래소 연맹 자료에 의하면 2015년만 해도 1월에서 9월 중 시리아 자본 기업 설립이 1,148건, 1억

6,100만 달러의 자본 규모로 집계되었다고 한다.[19]

터키는 이미 다민족 국가로 사회적 기반이 변화하고 있는 양상이다. 그간은 쿠르드족과의 갈등이 있었다 하지만 사회적으로 변화할 수 있는 환경이 조성되지 않았다가 시리아 난민들의 대거 유입은 정치 외교적 측면과 사회 경제적 측면에서 변화의 쓰나미를 경험하고 있는 것이다. 시리아 난민들의 유입은 2011년부터 시작되었으나 2015년 이후 시리아인들의 경제적 활동이 활성화되고 있다고 한다.

특별히 시리아 내전 이전인 2010년에는 12개의 시리아 투자 업체만이 있었으나 2015년 초에는 그 수가 537개사로 증가하였다는 것이다. 또한 2014년 시리아인들이 개업한 기업 소재지를 보면, 대부분 시리아와의 국경 인근으로 집중되고 있다는 것이다. 시리아인들이 설립한 기업 소재지는 이스탄불 559개사, 가지안테프 222개사, 메르신 203개사로 1, 2, 3순위이고 이외에 터키 남부 및 남동부의 시리아 접경 지역에 소재한 하타이, 샨리우르파, 아다나, 킬리스 지역에 집중되고 있다는 보고이다. 시리아 난민들의 경제 활동 특징에 대하여 김중관은 다음과 같이 설명하고 있다.

첫째, 터키와 시리아 접경 지역에 정착한 시리아 난민들은 그곳에서 시리아 공동체를 형성하고 소규모의 생산 시설을 구축하거나 투자 형태로 가족 기업을 통하여 터키와 시리아의 교역을 주도하고 있다는 것이다. 이는 시리아 난민들의 고향과 지속적인 소통을 하고 있는 시리아 난민의 입장에서 새로운 무역의 창구를 만들고 있다는 것이며 시리아 난민 중 100만 명 이상이 알레포, 이들립, 라카 지역에서 이주하였는데 대부분이 시리아에서 나왔지만 시리아 현지와 교류를 지속하면서 무역을 터키 남부, 동

---

19 KOTRA 2015, "터키 내 시리아 이민자의 개업 40배 증가," KOTRA 터키 이스탄불무역관. 김중관, "터키의 대시리아 난민 정책 분석," 77에서 재인용.

남부 지방 도시까지 확대시키고 있다는 것이다.

둘째, 터키와 시리아 국경 지역에서 대시리아 수출이 확대되고 있다는 것이다. 2011년 시리아 내전 이전에는 이스탄불 중심이었던 수출이 최근 시리아 접경 도시인 가지안테프로 그 중심지가 옮겨졌다. 2014년 통계에 의하면 2010년에는 수출액 중 40%가 이스탄불에서 이루어졌는데 2014년에는 수출액 중 20% 미만이 이스탄불에서 이루어졌다고 한다. 특별히 가지안테프에 거주하고 있는 시리아 난민들이 대시리아 무역을 주도하고 이를 통하여 시리아 난민들의 자생력을 확보하고 있는 것으로 분석하고 있다.[20]

이와 같은 시리아 난민들의 경제 활동은 특별히 터키와 시리아 국경 지대에 거주하고 있는 시리아 난민들은 시리아 내전을 피해 고국을 떠나왔으나 지속적으로 고향 사람들과 소통하면서 시리아에 영향을 주고 있다는 것을 말해준다. 그러므로 기독교 선교적 입장에서 가지안테프는 선교적 교회론에 근거하여 재생산적인 교회를 세우기에 적합한 지역으로 볼 수 있다. 단지 시리아 난민들을 위한 교회뿐만 아니라 향후 거시적 안목에서 시리아교회의 회복과 재건을 위하여 가지안테프에 선교 자원을 집중시켜야 할 필요가 있어 보인다. 또한 시리아 난민들의 자생력 확보를 위한 경제 활동을 도우면서 자립할 수 있는 교회를 세우고 제자 훈련을 하는 것이 필요할 것이다. 이를 위하여 기독교 선교적 차원에서 비즈니스 영역에 관한 연구와 비즈니스 선교의 실천이 중요해 보인다.

터키 정부가 시리아 난민들을 담보로 EU와 협상을 하는 것은 시리아 난민들에 대한 상당한 인권 침해로도 생각된다. 생명과 인권을 존중하고 배려하고자 설립된 EU(유럽연합)의 정신과 부합해 보이지도 않는다. 자국

---

20 김중관, "터키의 대 시리아 난민 정책 분석," 77.

인 터키의 유익을 위하여 시리아 내전의 피해로 고향을 떠나 난민이 된 이들에게 국제 사회의 사랑과 돌봄이 절실한 때에 이를 전제로 협상을 한다는 것 자체가 어찌하면 반인권적이고 이기적인 발상일 수 있다.

현재 터키 정부가 난민들의 위기를 해결하기 위하여 인도적이고 재정적인 지원을 하고 있지만 터키가 단독으로 난민 수용소를 세우고 유지하고 정착 문제에 효율적으로 대응하기는 어려워 보인다. 이러한 때에 각국의 기독교 공동체들은 NGO를 통하여 공식적인 협력 방안을 강구하면서 터키 정부의 행정이 해결할 수 없는 부분들에서 선교적 접촉점을 찾고 시리아인들을 위한 교회 개척을 시도할 수 있을 것이다. 무엇보다 시리아 국경 인접 지역에 중점적인 사역을 계획하고 재생산적 자립 교회로 일어설 수 있도록 돕는 것이 필요하다. 단순 구제 이상의 기술 교육과 무역을 통한 시리아인들의 자생을 도울 수 있는 방법을 인도적 차원에서 모색하면서 비즈니스 선교를 통한 교회 공동체를 이루는 것이 필요하다.

(2) 레바논

필자는 지난 2018년 1월 20일-25일 5박 6일의 일정으로 레바논 베카(Bekaa) 지역 시리아 난민촌을 방문하였다. 방문에 앞서 레바논은 한국과 국교가 맺어 있음에도 불구하고 여행자 보험 가입 불가 지역이라는 이유로 한국에서부터 많은 어려움이 있었다. 이는 한국외교부의 해외 안전 여행 홈페이지에서 레바논에 대하여 전반적으로 황색 경보(여행 자제) 지역으로 지정되었기 때문이다.

이와 관련하여 터키를 비교해보면 터키는 현재 국가 전역에 계엄령이 발효 중이며 시리아와 매우 넓은 인접 국경 지역이 있음에도 불구하고 전반적으로 남색 경보(여행 유의) 지역으로 지정되어 있음을 확인할 수 있다. 터키의 남색 경보 지역에는 빈번한 테러가 일어나고 있는 앙카라도 포함되어 있다. 이와 같은 현상은 한국이 상대국과 어떠한 외교적 관계에 있는

지가 중요한 배경이 된다고 생각한다. 소위 한국에서 '형제의 나라'로 불리는 터키는 수많은 테러 사건과 계엄령을 뒤로하고 계속적인 여행 상품 홍보 등이 만연한 반면 레바논은 한국인들에게는 매우 생소한 나라임이 분명하다.

한국에서 판매되고 있는 성지 순례 상품에도 레바논이 방문 국가로 선정되어 있는 경우가 거의 없다. 이는 이스라엘과 요르단, 그리고 이집트만 해도 미국과 우호적인 관계에 있는 국가들이며 이에 반해 레바논과 시리아는 이스라엘과 정치적으로 대립해 있는 국가들인데 한국 외교는 그간 중동 문제에 있어서 친이스라엘 국가들과 주로 교류하였고 레바논과 시리아와는 교류가 거의 없었던 것이다.

2007년 레바논에 동명부대를 파견한 것은 유례없는 한국의 레바논 외교였다고 할 수 있다. 한국이 레바논에 동명부대를 파견한 것은 레바논과의 직접적인 외교 노력에서라기보다는 UN과 미국과의 관계에서 간접적인 외교 노력이었다고 보아야 할 것이다.

2017년 12월 국회는 레바논 동명부대 파병 연장을 통과시켰으며 이는 10번째 파병 연장이다. 파병 연장 보고서에 기술되어 있듯이 동명 부대의 임무는 '작전 지역 감시 정찰, 레바논군 지원 및 협조 체계 유지' 등 헤즈볼라를 군사적으로 감시하는 미국의 '정찰견' 그실이다.[21] 국회 안건 통과 후 동명부대 파견 10년을 맞아 한국은 2017년 12월 문재인 대통령이 임종석 비서실장을 레바논 현지 방문토록 하여 동명부대 군장병들을 위로하였다. 미국 트럼프 대통령의 이스라엘 관련 예루살렘 수도 이전 이슈[22]가 한

---

21 http://wspaper.org/article/19728.html, 김어진, "트럼프의 예루살렘 도발이 한창인데 … 이 와중에 레바논 동명부대 파병 연장?!," 노동자 연대, 2017. 12. 07일 자. 2018년 2월 14일 접속.

22 최근 미국 트럼프 대통령은 예루살렘 수도 이전과 미국 대사관 이전과 관련하여 이스라엘과 팔레스타인 갈등 국면에서 이스라엘 입장이 아닌 상호 평화 유지에 힘쓰겠다는 대

창이고 이스라엘과 레바논 간에 골란고원과 관련하여 긴장과 갈등[23]이 팽배한 가운데 일면에서는 동명부대 출구 전략의 필요성이 주장되기도 하였다.[24]

　이러한 한국 정부의 외교적 배경이 있음에도 불구하고 레바논에는 한국 선교사들이 한국인의 자긍심을 가지고 하나님 나라의 확장을 위하여 시리아 난민 사역에 최선을 다하고 있음을 볼 때 민간 외교의 역할이 새삼 중요하게 생각되며, 무엇보다도 하나님 나라의 관점이 이 땅에 속한 한국 정부의 관점보다 앞서가고 있음에 성경의 계시가 현실 속에서 이루어지고 있음을 목도할 수 있었다.

> 우리의 씨름은 혈과 육에 대한 것이 아니요 정사와 권세와 이 어두움의 세상 주관자들과 하늘에 있는 악의 영들에게 대함이라 (엡 6:12, KRV).

　시리아 인접국인 레바논에는 2017년 집계에 의하면 비공식 통계로 150만 명가량의 시리아 난민들이 거주 중인데 2017년 레바논의 한국인 사역자들 20유닛 가운데 2유닛[25]을 제외하면 모두 시리아 난민을 위한 사역에

　이스라엘 경고성 발언을 하였고 이스라엘 총리는 이스라엘 서안지구 유대인 정착촌 관련된 이스라엘이 트럼프 대통령의 경고를 심중하게 검토한 것으로 보도되었다. http://www.sedaily.com/NewsView/1RVOTMPWYW, "트럼프 경고에 꼬리 내린 이스라엘," 서울경제, 2018년 2월 13일 자, 2018년 2월 15일 접속.

[23] "이스라엘 총리, 골란고원 찾아 '국경 갈등' 레바논에 경고." http://www.yonhapnews.co.kr/bulletin/2018/02/07/0200000000AKR20180207004800079.HTML?input=1179m, 연합뉴스, 2018년 2월 7일 자, 2018년 2월 15일 접속.

[24] "동명부대는 2006년 8월 유엔의 파병 요청으로 같은 해 12월 우리 국회의 파견 동의안 가결 절차를 거쳐 2007년 7월부터 레바논 남부 지역에서 PKO를 하고 있다. 규모는 350명 수준이다." http://news1.kr/articles/?3145305, 뉴스1, 2017년 11월 7일 자, 2018년 2월 15일 접속.

[25] 난민 사역을 하지 않는 2유닛은 한인교회 사역 및 대사관 근무(UBF)를 하고 있다.

참여하고 있다.²⁶ 현장에서 사역하고 있는 정병훈 선교사에 의하면 한국인 선교사들은 난민 사역에 대한 충분한 경험이 없고 무엇보다 급변하는 상황들에 대한 대비가 부족한 것이 문제점으로 대두하고 있다고 한다. 이러한 현상은 한국인 사역자들이 난민 사역에 대한 정확한 성경적, 신학적, 선교 전략적인 기반이 세워져 있지 않은 상태에서 현장에 투입되어 급하게 난민 사역을 하느라 사역적인 방향성을 잡는 문제와 질적인 어려움들이 있다는 것이다.²⁷ 이에 시리아 난민 사역에 앞서 레바논의 시리아 난민 정책과 정치적 동향과 외교적 동향을 살피는 것은 향후 한국인 사역자들의 사역 방향성과 사역 전략 수립에 도움이 될 것이다.

레바논은 정치적인 면이나 역사적인 면에서 시리아와 돈독한 관계를 맺고 있으므로 시리아 난민들이 지역적으로나 정서적으로 접근이 쉬운 국가 중 하나이다. 그 결과 레바논은 주변 국가 중 터키 다음으로 가장 많은 난민이 거주하고 있으며 인구 비율로는 가장 많은 시리아 난민들이 유입되었다. 2014년 4월 통계에 의하면 레바논 전체 인구의 25%가 시리아 난민으로 구성되어 있어 실제 레바논은 시리아 난민 유입으로 인하여 가장 심각한 어려움을 겪고 있다.²⁸ 그런데도 요르단과 같이 레바논 정부는 인도적 차원에서 2003년 UNHCR(United Nations High Commissioner for Refugees, 유엔 난민 고등 판무관 사무소)과 양해 각서를 체결하고 제3국으로의 이동을 위하여 레바논으로 유입되는 시리아 난민들을 수용하고 이들에게 국가적

---

26 소윤정, 정병훈, "레바논의 한인 선교사 시리아 난민 사역 현황과 선교적 전망," 96.
27 소윤정, 정병훈, "레바논의 한인 선교사 시리아 난민 사역 현황과 선교적 전망," 96.
28 Bidinger, Sarah, Lang, Aaron, Hites, Danielle, Kuzmova, Yoana Noureddine, Elena, & Akram, Susan. *Protecting Syrian Refugees: Laws, Policies and Global Responsibility Sharing* (Boston: International Human Rights Clinic. 2014), 28. 정혜경, 조희선, "'아랍의 봄' 이후 시리아 난민에 관한 연구 – 주변 중동 국가로의 유입을 중심으로 –,"「지중해 지역연구」, 제18권 제3호 (2016), 118에서 재인용.

인 원조를 제공하기로 합의하였다.[29] 사실 레바논은 난민 지위 협약이나 난민 지위 의정서에 가입되어 있지 않은 이유로 레바논 내로 유입되는 난민에 대한 법적 책임과 의무가 없다.[30] 이러한 정황 가운데 레바논은 정부 차원에서 어떠한 시리아 난민 캠프도 허용하지 않고 있어서 시리아 난민들이 요르단이나 터키처럼 특정한 장소나 지역에 집중적으로 거주하고 있지 않고 레바논의 북부 지역, 동부의 베카(Bekaa) 지역, 중부의 레바논 산악 및 남부 전역에 걸쳐서 1,700여 곳의 불법 난민촌을 형성하고 있다.[31]

레바논 행정 당국과 NGO 단체들은 불법으로 형성된 집단 난민 텐트촌을 관리하고 지원하고는 있지만, 레바논 정부의 공식적인 입장은 난민과 관련하여 어떠한 시설의 설치도 법적으로 허용하지 않는다는 것이다.[32] 이러한 상반되는 레바논 정부의 시리아 난민 정책은 한국인 사역자들에게도 선교 전략을 수립하고 시리아 난민들을 향한 선교 사역을 하면서 적잖은 혼란을 일으킬 수 있다고 생각된다(이와 같은 레바논 정부의 시리아 난민 정책은 한국인 사역자들이 선교 전략을 수립하고 시리아 난민들을 향한 선교 사역을 하면서 적잖은 혼란을 초래할 수 있다고 생각된다).

교육적인 측면에서 레바논 정부는 난민과 관련된 어떠한 시설도 법적으로 허용하지 않지만 모든 난민에게 교육 서비스를 제공한다는 입장이다.

---

[29] Bidinger, Sarah, Lang, Aaron, Hites, Danielle, Kuzmova, Yoana Noureddine, Elena, & Akram, Susan. *Protecting Syrian Refugees: Laws, Policies and Global Responsibility Sharing, 33-34*. 정혜경, 조희선 118에서 재인용.

[30] Oytun Orhan, *The situation of Syrian Refugees in the Neighboring Countries: Findings, Conclusions and Recommendations* (Ankara: Turkey ORSAM. 2014), 34. 정혜경, 조희선 118에서 재인용.

[31] Cameron Thibos, *One Million Syrians in Lebanon: A Milestone Quickly Passed* (Florence: MPC. 2014), 3. 정혜경, 조희선 119에서 재인용.

[32] Oytun Orhan, *The situation of Syrian refugees in the neighboring countries: Findings, conclusions and recommendations,* 33-37. 정혜경, 조희선 119에서 재인용.

난민을 위한 시설 설립은 불가하지만, 기존의 시설을 통한 교육 서비스 제공이 가능하다는 것이다. 그러므로 레바논의 공교육 자원과 시설이 제한된 현실에서 실제로 시리아 난민 어린이들이 공교육을 받을 수 있는 확률은 매우 낮다. 유니세프(UNICEF)의 보고서에 의하면 레바논의 베이루트나 트리폴리 등 도시에서 구걸하고 있는 시리아 난민 어린이들은 전체 시리아 난민 어린이들의 약 43%에 달하고 있다고 하고 거리에서 행상하는 아이들도 약 37%에 달하는 것으로 보고되고 있다.[33]

의료 서비스 측면에서도 레바논은 공공 의료 서비스를 시리아 난민들에게 제공하고 있지만, 시리아 난민들이 제공 받는 의료 서비스는 레바논 자국민들이 받는 의료 서비스보다 질적으로 한참 떨어지는 것으로 보고되고 있다.[34] 이러한 측면에서 한국인 선교 사역의 방향은 교육과 의료 사역에 집중할 수 있다. 시리아 난민 어린이들을 대상으로 한 난민 교육 시설 설립이 불법이라면, 도리어 교회를 개척하여 교회 안에서 난민 어린이 교육을 통하여 선교적 접촉점으로 삼을 수 있을 것이고, 기존의 공적인 의료 서비스에서 현저히 부족한 부분을 의료 선교 사역을 통하여 사설 3메디컬 클리닉(Medical Clinic)을 설립하여 복음의 접촉점으로 총체적 선교 차원에서 사역할 수 있다.

레바논은 인근 터키나 요르단과 달리 국가가 난민 시설 설립을 원칙적으로 불허하고 있으므로 기독교 선교적 차원에서는 기독교 교회를 개척하여 교회를 통한 총체적 선교 활동을 하는 것이 훨씬 자유롭고 유리할 것이다. 그뿐만 아니라 터키나 요르단과 달리 시리아 난민들의 노동을 합법

---

[33] UNICEF & ILO, *Tackling Child Labour among Syrian Refugees and Their Host Communities in Lebanon* (ILO, 2015), 4-5.

[34] Bidinger, Sarah, Lang, Aaron, Hites, Danielle, Kuzmova, Yoana Noureddine, Elena, & Akram, Susan. *Protecting Syrian Refugees: Laws, Policies and Global Responsibility Sharing*, 49-50. 정혜경, 조희선, 119 에서 재인용.

적으로 매우 드물게 인정하고 있다고 하니 교회 개척과 더불어 시리아 난민들이 자생할 수 있도록 비즈니스 사역을 주도할 수도 있고, 이러한 비즈니스 기회를 만들어 시리아 난민들을 전도하고 양육할 수도 있다고 생각된다.

다른 터키, 요르단, 이라크와 달리 중동 국가이지만 레바논은 공식 국교가 이슬람교가 아니고 기독교를 인정하는 국가이므로 선교적 가능성은 훨씬 다양하고 직접적일 수 있겠다(터키, 요르단, 이라크와 달리 레바논은 공식 국교가 이슬람교가 아니고 기독교를 인정하는 국가이므로 선교적 가능성은 훨씬 다양하고 직접적일 수 있겠다).

레바논 정부는 시리아 난민 문제에 직접적으로 개입하지 않고 있으면서 2014년 10월에는 시리아 난민으로 인한 막중한 경제적 부담을 줄이기 위하여 자국민 보호 정책을 수립함으로써 시리아 난민 지원에 부정적 입장을 고수하고 있어서 결과적으로 레바논으로 유입되는 시리아 난민 수가 정체되어 있는 현실이다.[35]

실제로 필자가 탐방했던 요르단의 자타리 캠프와 요르단 마프락시의 얼라이언스교회가 운영하는 난민 센터, 독일 쾰른 지역의 난민 캠프 그리고 요르단 암만 도시와 도시 외곽의 난민 정착촌과 레바논 베카 지역의 난민 천막촌을 비교해 볼 때 레바논 베카 지역의 시리아 난민촌이 가장 열악한 상황이었으며 도움의 손길이 절실하게 느껴졌다. 무엇보다도 레바논 정부가 시리아 난민 텐트촌을 관리 지원하고 있다고는 하지만 다른 인근 국가들보다 레바논 정부의 손길이 미미함이 여실히 보였다. (레바논은) 요르단이나 독일과 달리 무질서한 난민 텐트촌과 시설들이 무엇보다 먼저 눈에 들어왔고 NGO 단체들에 대한 지원도 체계적으로 관리되고 있지 않았다.

---

[35] 정혜경, 조희선, "'아랍의 봄' 이후 시리아 난민에 관한 연구 – 주변 중동 국가로의 유입을 중심으로 – ," 119.

무질서한 레바논 베카 지역의 시리아 난민촌은 요르단의 자타리 캠프와 근본적인 정부 차원의 관리가 다르게 이루어지고 있음을 목격하였다.

왜 레바논 정부는 자국민 보호 정책을 수립하고 시리아 난민들에 대한 지원을 적극적으로 하지 않고 있는가?

주요 원인으로 생각해 볼 수 있는 것은 시리아 난민 유입으로 인하여 레바논 인구의 25%를 시리아 난민이 차지하게 됨에 따라 경제적인 문제들이 발생하였기 때문이라는 것이다. 무엇보다도 인구 분포 변화에 따른 노동 시장의 큰 변화에 주목해야 한다.

레바논은 국민의 높은 실업률 문제로 상황이 좋지 못했는데, 시리아 난민들과 일자리를 얻기 위해 경쟁해야만 했고 상대적으로 시리아 난민들의 낮은 임금으로 인해 레바논 원주민들은 일자리 경쟁에서 우선권을 얻지 못하는 상황이었다. 심지어 시리아 난민 노동자들은 레바논 원주민과 달리 법적 보호를 받지 못하고 임금 착취의 대상이 되었고, 낮은 임금과 열악한 노동환경에서도 노동력을 제공하는 난민들로 인하여 상대적으로 일자리를 찾지 못한 레바논 원주민들의 불만이 사회적 불안 요소로 작용하고 있다는 것이다.[36]

또한, 시리아 난민 유입은 레바논의 물가마저도 15% 상승시키는 결과를 가져왔으며 주거 임대료 또한 두 배로 상승시킴으로써 레바논 경제에 큰 부담을 주었다는 것이다.[37]

시리아 난민 중에는 내전으로 인하여 남편을 잃고 여성이 가장이 되는 가구도 급증하고 있다. 2014년 통계에 의하면 유입된 시리아 난민 가구 중 여성 가장의 수는 약 14만 명으로 보고되며 이들은 레바논, 요르단, 이

---

[36] ILO, *ILO response to the Syrian refugee crisis in Jordan and Lebanon* (Beirut: ILO, 2014b), 1-2. 정혜경, 조희선, 123 에서 재인용.

[37] ILO. *Assessment of the Impact of Syrian Refugees in Lebanon and their Employment Profile* (Beirut: ILO. 2014a.), 38. 정혜경, 조희선, 123에서 재인용.

집트, 이라크에 주로 거주하고 있는 것으로 집계되었다. 특별히 남성의 보호가 없는 여성들은 이슬람 사회에서 사회적으로 차별받고 폭력이나 착취에 노출되기도 하며 레바논에 거주하고 있는 시리아 난민 여성의 보통 임금은 남성 임금의 40%밖에 되지 않는다.[38] 이슬람은 전쟁 시 고아와 과부의 복지 차원 명목으로 특별히 적극적으로 일부다처제를 합법적으로 인정하고 있는데 현재 레바논에서 일부다처제를 행하고 있는 사람들은 주로 개인적인 이유[39]로 일부다처를 하고 있을 뿐 시리아 난민 구호 차원에서 고아와 과부의 복지를 위해 일부다처를 하는 예는 거의 발견되지 않고 있다.

그러므로 레바논의 경우 여성 가장으로 힘겹게 사는 시리아 난민 여성을 위한 교회 개척 방법도 생각해 볼 필요가 있다. 경제적으로 자립할 수 있도록 도우면서 여성들을 위한 교회를 개척하고 총체적 돌봄 사역을 할 필요가 있다. 다른 인근 이슬람 국가들과 달리 레바논 정부의 수동적인 난민 정책이 도리어 한국인 사역자들에게는 많은 사역의 기회가 될 수 있고, 다양한 교회 개척의 가능성이 있다고 볼 수 있다. 여성들을 위한 교회 개척과 어린이들을 위한 어린이 교회 개척은 향후 재생산을 가능하게 하고 자립할 수 있는 독립 교회가 될 수 있다. 이를 위하여 기존의 교회 건물 중심의 교회 개척 패러다임을 전환하여 공동체 중심의 교회 패러다임으로 접근하되 여성들을 위한 직업 교육장이 교회가 되도록 총체적 선교 전략을 세우는 것이 필요하다. 어린이들의 경우 난민 어린이 교육 시설을 레바논 정부가 합법적으로 인정해주지 않는 상황에서 학교를 세우기보다 교회를 세우는 것이 우선되어야 하며, 어린이를 위한 교회는 기존의 정형화된

---

[38] ILO. *Assessment of the Impact of Syrian Refugees in Lebanon and their Employment Profile* (Beirut: ILO. 2014a.), 27. 정혜경, 조희선, 126에서 재인용.
[39] 안정국, "레바논 무슬림의 일부다처 현상에 관한 연구," 「한국중동학회논총」, 제27권 제2호, 2007, 내용 참조.

모습보다 유연한 형태로 어린이들의 놀이방과 레포츠 시설을 겸해야 시리아 난민들의 접촉이 자유로울 것으로 보인다.

(3) 요르단

2015년 12월 기준 요르단 내의 시리아 난민 등록자의 수는 약 63만 명인 것으로 집계되었으며 이들 중 84%에 이르는 약 53만 명이 난민 캠프 밖의 거주자들이다. 53만 명 중 70%는 요르단의 수도인 암만과 이르비드, 마프락, 자르카 등에 거주하고 있는 것으로 밝혀졌다. 난민들은 대부분 93%가 주택이나 아파트를 임대하여 거주하고 있고 경제적으로 형편이 안 되는 7%의 난민들이 지하실 또는 진흙집, 자체적으로 제작한 조립식 주택이나 텐트 등에 거주하고 있다고 보고되고 있다. 경제적 형편이 좋지 못하여 임대 주택에 거주하지 못하는 경우 난민들은 한곳에 정착하지 못하고 농업 분야에 종사하면서 계절에 따라서 일거리를 찾아 이동하는 생활을 하고 있다고 보고된다.[40]

요르단 정부는 UNHCR과 체결한 양해 각서에서 시리아 난민들이 요르단에서 합법적으로 일할 수 있도록 보장하는 내용을 담고 있다. 그렇지만 실제로 시리아 난민들이 종사할 수 있는 업종은 매우 한정적일 뿐 아니라 요르단 정부는 현실적으로 시리아 난민들에게 노동 허가를 내주는 경우가 드물다고 보고되고 있다.[41] 그리고 의료 서비스와 관련하여 요르단 정부는 2012년 5월 요르단 내의 시리아 난민들에게 무료로 의료 서비스를 제공한다는 법안을 통과시켰다. 그렇지만 이 서비스는 등록된 난민들만

---

[40] UNHCR., *Syrian Refugees Living Outside Camps in Jordan* (Amman: UNHCR Jordan Operation, 2014), 40-49.

[41] Bidinger, Sarah, Lang, Aaron, Hites, Danielle, Kuzmcva, Yoana Noureddine, Elena, & Akram, Susan. *Protecting Syrian Refugees: Laws, Policies and Global Responsibility Sharing, 69-70.* 정혜경, 조희선, 117 에서 재인용.

이용할 수 있으므로 터키의 경우와 같이 미등록 난민이면 의료 혜택을 받을 수 있는 합법적 통로가 없다.[42]

2014년에는 특별히 시리아 난민들의 인접 국가로의 유입이 급증했는데 요르단 역시 그 수가 증가하였다. 2014년 이후 요르단은 이와 같은 정황에서 끊임없이 유입되는 시리아 난민들을 관리하기 위하여 정부가 주도하는 난민 캠프에서 도시로의 이주를 제한하는 정책을 펴고 있다. 또한 UNHCR(유엔난민고등판무관사무소)이 요르단 내에서 시리아 난민들에게 난민 증명서 발급을 중단함에 따라서 난민 증명서 없이 난민 캠프를 탈출하는 경우들이 빈번하게 발생하고 있다는 것이다.

이같은 경우의 시리아 난민들은 불법 이탈자로서 신분 증명을 할 수 없으므로 UNHCR이 제공하는 현금이나 식량 원조를 받을 수 없다.[43] 그런데도 대다수의 시리아 난민들은 요르단 시리아 난민 캠프 생활에 대한 불만을 토로하고 정상적인 경제생활을 추구하고자 난민 캠프를 벗어나 대도시로 이동하고 있으며 그 수는 증가하고 있는 추세이다.[44]

2013년 6월 필자가 요르단 자타리의 시리아 난민 캠프를 방문했을 당시에도 경찰은 캠프 내 시리아 난민들의 시위를 진압하고자 공포탄을 쏘는 등 난민들의 삶이 매우 어려움을 피부로 느낄 수 있었다. 그곳에서 만난 시리아 남성 한 사람은 요르단 정부가 자신들을 매우 비인격적으로 대우한다고 불만을 쏟아내었다. 심지어 요르단 정부가 외국에서 들어오는 원조 물자 중 일부를 자국민인 요르단 원주민들에게 매매하는 경우도 심심치 않게 발견된다고 한다. 이는 요르단 외곽을 운전하여 가다 보면 길 위의 사막에 UNICEF 마크가 선명한 천막들을 베드윈들이 치고 있는 것을

---

[42] UNHCR., *Syrian Refugees Living Outside Camps in Jordan*, 82.
[43] Luigi Achilli, *Syrian refugees in Jordan: A reality check* (Florence: MPC, 2015), 5.
[44] CARE Jordan. *Five years into exile* (Amman: CARE International, 2015), 22.

심심치 않게 발견할 수 있다(이는 요르단 외곽을 은전하여 가다 보면 길 위의 사막에 UNICEF 마크가 선명한 천막들을 베드윈들이 치고 있는 것을 심심치 않게 발견할 수 있는 것에서 확인할 수 있다).

자타리 캠프 내 경찰국장과의 인터뷰에서 그는 요르단에 시리아 난민을 원조하기 위하여서는 기본적으로 요르단 정부를 통해서만 이루어진다는 것을 수차례 강조하였다.[45] 그러므로 실제로 정부가 주도하는 시리아 난민 캠프 내에서 구제 사역을 제외하고 복음 전도 사역을 하는 것은 불가능하다. 이에 동행했던 요르단 현지 마프락 연합 교회 누르 사와네 목사는 일행들에게 자타리 캠프 내에서 가능한 것이 무엇이고 불가능한 것이 무엇인지, 그리고 캠프 밖 교회에서 가능한 것이 무엇이고 불가능한 것이 무엇인지 보기를 바란다고 강조하여 말했다.

요르단에서 한인 선교사들이 시리아 난민 사역을 감당하기 위하여서는 무엇보다 현지 요르단 교회와의 협력 사역이 중요하다. 요르단 정부에서 인정하고 있는 요르단 현지 교회들의 활동은 한국인 사역자들의 사역에 많은 가능성을 제공하며 협력 사역을 통하여 통일성 있는 복음 전도 사역을 가능케 하므로 독자적인 사역보다 요르단 현지 교회와의 협의를 중시하는 것이 지혜로운 선교 방법일 것이다.

또한, 2013년 시리아 난민 선교를 위한 포럼을 개최, 선교 정탐팀을 운영했고, 2017년 1월과 2018년 1월 단기 선교 봉사팀을 운영해본 입장에서 필자는 요르단의 경우 4명 이하 한 팀으로 구성된 단기팀들이 요르단 시리아 난민 사역 현장을 효과적으로 섬길 수 있다고 생각한다. 2013년 선교 정탐차 방문했던 마프락 연합 교회에는 미국인 청년이 단기 봉사자로 헌신하여 효과적으로 사역을 감당하고 있는 것을 보았다. 단기 봉사자는 자신의 달란트를 통하여 시리아 난민들의 필요를 채워주면서 총체적

---

45 2013년 6월 24일 자타리 캠프에서의 인터뷰.

선교 전략 차원에서 복음의 문을 여는 역할을 감당한다.

이에 필자는 2017년 필자를 포함한 6명으로 구성된 팀을 운영해보았고, 지난 2018년 1월에는 필자를 포함하여 12명으로 구성된 팀을 운영해보았다. 12명이 한 팀이었지만 연합팀이었고 4명을 기준으로 하여 그룹을 나누어 두 곳의 요르단 시리아 난민 사역을 섬기도록 하였고 또 한 그룹은 레바논을 정탐하고 섬기는 일을 감당하였다.

2018년 팀은 특별히 현장의 필요를 충족시키기 위하여 이집트에 거주하고 있는 한의사를 초청하여 협력하도록 하였는데 이에 긍정적 효과가 있었다. 요르단은 다른 아시아 지역과 달리 많은 수가 단기 해외 봉사로 함께하면 위기 관련 안전 문제에서도 그렇고 현지 사역적 차원에서도 바람직하지 않다고 생각된다. 도리어 이동이 자유롭고 안전하도록 4명 미만으로 사역별 특성을 고려하여 팀을 이루고 집중적으로 방문 기간 동안 봉사하게 하면 장기 사역자가 채울 수 없는 많은 공백을 효과적으로 채울 수 있다는 것이다.

또한, 4명 미만으로 사역에 참여한 젊은 청년들의 경우 이슬람 문화에 노출 정도가 높고 현지인들과 교제할 수 있는 기회가 많아지므로, 불필요한 '이슬람 포비아' 증상 등을 극복하고 선교지를 효과적으로 체험할 수 있어서 향후 장기 선교사로서의 비전을 구체화 시킬 수 있는 좋은 기회가 된다. 단, 이를 위하여서는 한국에서 철저한 준비와 고증이 필요하다고 보인다. 적지 않은 재정을 투자하여 난민 선교에 동참하도록 하는 만큼 준비된 사람들로 구성하여 기간을 최대한 활용하도록 하는 것이 사역자와 참여자 모두에게 효과적이다.

단기 봉사팀이나 한인 사역자들이 주로 감당하고 있는 시리아 난민 사역 가운데 큰 비중을 차지하고 있는 부분이 어린이와 청소년 사역이다. 이를 위하여 우리는 시리아 난민 어린이들의 상태를 파악하는 것이 선행되어야 할 것이다. 2014년 연구 발표된 논문에 의하면 요르단 자타리 캠프의 시리아 아동 청소년의 정신 건강 상태가 외상 후 스트레스 수준은 생각보다 심하지 않은데 연구 결과에서 주목해야 할 것은 아동과 청소년들의 삶의 질의 문제이다(2014년 연구 발표된 논문에 의하면 요르단 자타리 캠프의 시리아 아동 청소년의 정신 건강 상태나 외상 후 스트레스 수준은 생각보다 심하지 않은데, 연구 결과에서 주목해야 할 것은 아동과 청소년들의 삶의 질의 문제이다). 삶의 질이란 건강과 활동의 질, 정서적인 질, 또래 관계의 질, 학교 생활면에서의 질을 말하는 것이다. 연구 결과에서 보여주고 있는 것은 시리아 난민 청소년들의 건강의 질적인 면이 현저하게 낮은 것으로 밝혀졌다. 이는 난민촌의 낙후된 의료 시설과 식량 배급에 문제가 있다는 것과 이러한 식사로 인하여 청소년들의 건강이 좋지 않다는 것이다. 더불어서 활동의 질 또한 난민 캠프에 수용된 입장에서 제한된 공간에서 생활하다 보니 활동에 제약이 많다는 것이다.

이러한 결과는 또한 삶의 질과 면밀한 관계에 있다. 기쁨과 만족, 희망이 있는 정서적인 측면의 만족감을 찾기 힘들다는 것이다. 한마디로 건강과 활동면의 낮은 질적 수준은 시리아 난민 캠프 내에 거주하고 있는 아동 청소년들의 정신 건강 면에 악영향을 줄 수 있는 가능성이 크다는 것이다.[46]

이러한 이유로 많은 시리아 난민들이 자타리 난민 캠프에서 벗어나 도시로 이동하고 있는 것이다. 필자가 방문했던 2013년 당시에도 자타리 캠프에 방문했을 때 발생했던 소요 사태는 다름 아닌 식량 배급 문제 때문이었다. 굶주림에 식량을 요청하는 시리아 난민들이 자타리 캠프 내부에 자리한 요르단 경찰서 철창 주위에서 무리 지어 시위하는 것을 요르단 경찰은 공포탄을 쏘는 총소리를 통하여 제압하고 있었다. 그리고 자타리 캠프 방문 직후 마프락연합교회 방문차 버스에서 내린 일행은 길거리에서 우리

---

[46] 김요완, 이수연, 권구순, "요르단 자타리 난민 캠프의 시리아 아동 청소년 정신건강 실태," 「상담학연구」, 제17권 제4호 (2016), 342.

일행을 발견한 검은 아바야 차림의 여성이 아기를 품에 안고 오늘 어디서 무슨 음식을 나누어 주느냐고 물어왔다(그리고 자타리 캠프 방문 직후 마프락 연합교회 방문차 버스에서 내린 일행에게는 검은 아바야 차림의 여성이 아기를 품에 안고 오늘 어디서 무슨 음식을 나누어 주느냐고 물어오기도 하였다).

사실 어른들도 어른들이지만 앞장에 첨부한 사진에서처럼 유아를 안은 무슬림 여성들이 마프연합교회에 들어와 난민 등록을 하고 교회에서 제공하는 분유 등을 받아가고 있었다(어른도 여성인데 문장 맥락 수정이 필요해 보임).

두 번째로 연구 결과에서 보여준 문제점은 자타리 난민 캠프 아동 청소년들의 심리적 회복 탄력성이 매우 낮은 것으로 밝혀졌다는 것이다. 이는 아동 청소년들이 부모로부터 친밀하고 정서적인 돌봄을 받지 못하고 있으므로 그렇다는 것이다. 부모로부터 단순한 양육과 돌봄으로는 긍정적인 결과를 기대하기 어렵다.

특별히 연구자들이 지적하고 있는 것은 심리적 회복 탄력성은 어머니와의 친밀감과 지지받음에서 긍정적인 효과를 기대할 수 있는데, 연구자들이 관찰한 바에 의하면 난민 캠프의 어머니들은 이슬람의 결혼 제도인 일부다처제의 결혼 제도 하에서 많은 자녀들을 양육하면서 매우 지쳐있었다는 것이다. 또한 아버지의 긍정적인 양육 태도가 아동 청소년기의 자녀들에게 심리적 회복 탄력성 면에서 긍정적인 효과를 미치고 부정적이고 엄격한 양육 태도는 부정적인 영향을 미치는데 연구자들이 면접 조사한 난민촌의 아버지들은 매우 권위적이었다는 것이다. 난민촌 부모들의 이러한 부정적 양육 태도는 시리아 내전을 겪으면서 부모의 심리적인 불안감과도 관련이 있어보였다고 한다.

내전으로 인해 피난민이 되어 비자발적으로 요르단에 정착할 수밖에 없는 부모들에게는 희망이 없어 보이는 미래로 인하여 무기력하게 하고 심지어 사소한 갈등 상황에도 생명을 위협하는 분노감을 표출하고 있었다고 한다.[47](내전으로 인해 피난민이 되어 비자발적으로 요르단에 정착할 수밖에 없는 난민촌의 부모들은 희망이 없어 보이는 미래로 인하여 구기력하고 사소한 갈등 상황에도 생명을 위협하는 분노를 표출하고 있다고 한다). 실제로 2018년 1월 필자가 요르단 암만 난민 센터에서 만난 '싸미야'라는 소녀는 13세로 매우 영리하고 영어로 소통도 가능한데, 밤마다 야뇨증에 시달리고 있었다. 이유는 부친이 '싸미야'의 어머니와 장녀인 '싸미야'를 자주 구타하고 있기 때문이었다. 한눈에 봐도 어딘가 눌려있는 듯, 태권도를 배워도 큰 소리로 구령을 외치지 못하는 소녀였다. '싸미야'의 야뇨증을 위해 이집트에서 합류하신 한의사 사역자가 침 치료를 하게 되었다.

그리고 필자는 '싸미야'가 침을 맞는 동안 '싸미야'를 위해 기도하면서 '싸미야'의 가슴을 쓸어주고 손을 잡아 주었다. 그런데 10분이 채 안 되어서 누워있던 '싸미야'의 눈에서 눈물이 흐르기 시작했다. 처음 필자는 침 치료에 고통이 있어서인가 생각하여 한의사 선생님에게 '싸미야'가 울고 있다고 말했다. 그런데 사실은 '싸미야'가 마음의 병을 치료 받고 있었던 것이다. '싸미야'는 그렇게 한참을 울었다. 사람들의 이목이 있어서인지 큰 소리로 울지 못하고 계속 눈물을 흘리고 있었는데 그렇게 30분의 시간이 흘렀다. 침 치료를 마친 '싸미야'는 몰라보게 혈색이 좋아졌다. 그리고 그 다음날 신체적인 변화 현상도 경험하였다. 이렇게 '싸미야'와 같은 경우를 우리는 난민촌에서 많이 발견할 수 있다. 간혹 어린이들을 데리고 축구 경기를 할 때면 승부욕이 과열되어 지나친 분노를 표출하고 그것으로 인하여 큰 싸움으로 번지는 경우를 종종 본다.

그러므로 한국인 선교사들은 이러한 시리아 난민 아동 청소년들을 위하여 마음의 병을 치료해 줄 수 있는 총체적인 선교 전략을 시행하는 것이

---

[47] 김요완, 이수연, 권구순, "요르단 자타리 난민 캠프의 시리아 아동 청소년 정신건강 실태," 「상담학연구」, 제17권 제4호 (2016), 342.

바람직할 것이다.

한국인 사역자들은 예수 그리스도의 온전한 사랑에 힘입어 잠재된 분노와 불확실한 미래로 불안에 떨고 있는 시리아 난민 아동 청소년들과 그들의 부모들에게 총체적인 복음 선교적 방법으로 사역하고 치유에 쓰임 받는 교회를 개척해야 한다. 우선은 이러한 치유 사역을 친밀하게 할 수 있도록 (선교사가) 시리아 난민 각 가정으로 들어갈 수 있는 방법을 모색해야 할 것이다. 성경에서 치유하시는 하나님을 체험할 수 있도록 개인별 인격적 관계 형성 중심으로 예수 그리스도의 공동체를 이루도록 하는 것이 필요하다. 시리아난민교회는 가정에서부터 시작되어야 한다. 이슬람 문화가 가족 중심인 것을 고려할 때 아동 청소년이나 여성처럼 사회 약자 그룹은 가정의 부정적인 영향 가운데 심신이 건강하지 못한 경우가 많이 발견된다. 교회 개척에 있어서 이러한 점들을 고려하여 치유 사역이 병행되도록 하되 가정에서부터 복음의 변화를 체험할 수 있도록 하는 것이 필요하다. 건물 중심의 교회 패러다임에서 과감히 탈피하여 예수 그리스도 공동체 중심의 난민교회가 개척되도록 가정 공동체를 회복시켜야 할 필요가 있다.

2) 선교적 난민교회

구약성경에서 '난민'을 직접적으로 지칭하는 단어는 발견되지 않는다. 다만, 외국인을 지칭하는 용어들 중 오늘날 '난민'의 의미에 적합한 용어는 '게르'이다. '게르'는 전쟁(삼하 4:3; 사16:4)이나 기근(룻 1:1), 전염병으로 인하여 다른 곳에 삶의 터전을 잡고 살아가는 사람들, 결혼과 재산에 있어서 그리고 축소된 사법권의 권리 속에서 살아가는 사람들을 의미한다. 자의가 아닌 타의와 환경에 의해 전쟁과 기근 등을 피해 이주한 난민이다. 또한 '게르'는 레위기 25:47에 의하면 매우 가난하며 경제적인 착취를 당하는 사람들로 분류되어 있다. 70인역은 '게르'를 '개종자'로 번역하였으며, 한국어로는 '나그네, 객, 우거하는 자'로 다양하게 번역되었다.

또 다른 용어 중 '토샤브'라는 단어가 있다. 이 단어는 '게르'와 유사하지만 특별히 사회적으로 착취당한 상태의 사람을 의미하는 단어로 '거류민'으로 번역되어 가나안 원주민들의 후손, 또는 그 지역에 사는 사람들을 의미하고 있다. 이 밖에 '외국인'을 지칭하는 단어로 '노크리'와 '자르'라는 단어가 있지만 일시적으로 거주하는 외국인 또는 외국의 종교 관습이나 제의를 의미하고, 위에 언급한 '토샤브'는 가나안 원주민과 관계된 단어이다. '게르'는 자신의 출생 지역 또는 다른 국가에서 이주하여서 땅의 소유권과 기타 권리를 법적으로 제한당하면서 이스라엘 지역에 살고 있는 사람을 의미한다. 그러므로 현시대에서 '난민'에 가장 적합한 단어는 '게르'인데 국적의 한계를 넘어 법적 보호나 법의 틀에서 이탈한 사람들을 포함하는 사회적 개념으로 이해된다.[48]

이러한 특수 상황에 처한 사람들을 위한 교회는 어떤 교회여야 할까?

사회적 약자로 무조건적인 배려만 받게 하는 교회는 성경이 가르치고 있는 건강한 교회 공동체가 아님이 분명하다. 그러나 난민들이 처한 상황을 앞서서 국가별로 터키, 레바논, 요르단의 경우 살펴본 바와 같이 교회 개척을 위하여 이들의 상황을 직시하고 현실적 필요에 부합한 교회 개척 전략을 수립함이 마땅하다. 다만, 교회의 궁극적 목표가 또 다른 재생산적 교회가 되도록 교회 개척 초기 단계부터 궁극적 안목으로 장기적인 성장 전략을 수립하는 것이 필요하다. 무엇보다 시리아난민교회의 경우 시리아난민교회를 통하여 시리아 국가에 하나님의 교회가 회복될 수 있는 기회가 되도록 난민교회 성도들을 제자 훈련을 시키고 리더자로 세우는 일들이 중요

---

[48] 유운종, "구약성서에 나타난 이주민 신학," 박찬식, 정오화 편, 『다문화 사회와 이주민 선교』 (서울: 기독교산업사회연구소, 2009), 153-155.

하다. 이에 필자는 건강한 시리아난민교회를 개척하고 기독교 공동체로 성장할 수 있도록 선교적 교회론 입장에서 이론적으로 살펴보고자 한다.

(1) 건강한 교회 만들기 – 선교적 교회 만들기

교회의 본질적인 문제와 교회의 새로운 패러다임이 필요한 현실을 가장 완벽하게 결부시킨 본회퍼(Dietrich Bonhoeffer)는 '성도들의 공동체'를 세상 사회 가운데 있는 사회적 집단으로 보는 동시 예수님을 따르는 제자들이 교제하는 '영적인 공동체'로 보았다. 본회퍼 이후에 많은 사람은 본회퍼와 다른 관점에서 교회론에 대하여 이야기하였지만, 본회퍼의 교회론은 사회적이면서 성경적이고, 또 신학적이며 영적인 교회의 두 가지 면을 통일적 관점에서 강조하고 있다.[49] 본회퍼의 교회론은 교회가 선교적 입장에서 사회에 상황화 되면서도 교회 본질의 영적인 면이 성경적으로 충만한 건강한 교회를 이야기하고 있다. 이는 또한 시리아 난민의 사회적 상황에서 우리가 이루어야 할 교회 모델이다.

찰스 벤 엥겐(Charles Van Engen)은 역동적으로 성장 발전하는 건강한 선교적 교회가 되는 일곱 단계를 다음과 같이 요약 설명하고 있다.

1단계. 수 명의 개종자를 얻게 하는 개척 전도 단계.
2단계. 교회가 형성된 후 설교자나 장로, 집사 등이 외부에서 온 유아기 단계.
3단계. 지도자 훈련 과정을 통하여 현지 목회자와 지도자들이 선발 훈련되어 책임을 맡는 단계.

---

[49] Eberhard Bethge, "Foreword," in: Dietrich Bonhoeffer, *The Communion of Saints: A Dogmatic Inquiry into the Sociology of the Church*, E.T. (New York: Harper, 1963). 찰스 E. 벤 엥겐, 『하나님의 선교적 교회』, 임윤택 역 (서울 : CLC, 2014), 62-63에서 재인용.

4단계. 지방 단체를 결성하고 조직화하여 청소년, 여성, 지역 교회들이 연합체를 갖는 단계.

5단계. 국가적으로 교단이 조직되어 다른 나라 교회들과 관계를 맺게 되는 단계.

6단계. 교회 안팎에서 이사회와 예산, 계획, 재정, 건물, 프로그램을 갖추고 특수 사역이 시작되는 단계.

7단계. 현지 선교사들이 세계에 있는 선교 사역을 위하여 보냄을 받고 다른 사역지에서 1단계부터 사역을 다시 시작하게 되는 선교적 교회 단계.[50]

위의 일반적 선교적 교회가 되는 일곱 단계를 시리아난민교회 개척에 대비하면 다음과 같은 일곱 단계로 설명될 수 있을 것이다.

1단계. 수 명의 개종자를 얻기 위하여 총체적 선교 차원에서 구제와 치유 사역, 어린이 사역을 통한 전도 단계: 이 전도의 단계는 각국의 상황에 따라 직접적인 전도 유형과 총체적인 선교 방법을 통한 간접 전도의 유형으로 나뉘어야 할 것이다.

2단계. 시리아난민교회 공동체가 형성된 후 양육을 위하여 선교사가 설교하고 단기 사역자들이 그들의 필요를 돕는 유아기 단계

3단계. 난민교회 공동체를 통하여 세례받고 개종한 시리아 기독인들 중 지도자를 선발하여 훈련하고 신학 교육을 병행하여 교회 지도자로 책임을 맡기는 단계

4단계. 시리아 난민들의 특성상 유동적인 거주지와 삶의 정황 변화의 가능성을 염두하고 초기부터 연합 공동체를 결성하여 청소년 그

---

[50] 엥겐, 『하나님의 선교적 교회』, 68-69.

룹과 여성 그룹 등 소규모 연합 공동체를 이루도록 하고, 난민교회 공동체들이 각 공동체 지도자 중심으로 활발한 교류와 정보 교환이 가능하고 신앙적으로도 서로 격려할 수 있는 연합체를 형성케 하는 단계: 이 단계에서 한국인 사역자들이 APEN을 활용한다면 시리아난민교회 연합 공동체의 활발한 활동을 지원하고 시너지 효과를 기대할 수 있을 것이다.

5단계. 시리아난민교회 공동체는 건물 중심의 교회가 아닌 비가시적 교회로서 연합 공동체 조직을 활성케 한 뒤 시리아 내 잔존하고 있는 기독교인들을 포함하여 다른 기독교 공동체들과 관계 형성을 하도록 하는 단계

6단계. 전 세계에 흩어지고 있는 시리아인들의 복음화를 위하여 예산, 계획, 재정, 프로그램 등을 갖추고 특수 사역을 시작하는 단계

7단계. 시리아난민교회 공동체에서 세계에 있는 선교 사역을 위하여 보냄을 받고 다른 사역지에서 1단계부터 사역을 다시 시작하게 되는 선교적 교회 단계

위의 7개 단계에 관하여 시리아 난민 사역은 단순한 구제와 섬김을 넘어, 시리아인들 스스로 자립할 수 있고 선교할 수 있는 교회로의 성장을 돕는 일이 현재 시리아 난민 사역을 하고 있는 한국인 선교사들의 사명임을 알 수 있다. 현재 시리아 난민들의 삶의 정황은 어느 누구보다 피폐하고 도움이 필요한 것이 사실이다. 그러나 한국인 사역자들이 현재의 상황만 직시하고 거시적 안목에서 시리아 교회의 미래를 보지 못한다면 시리아인들을 향한 하나님의 계획하심과 섭리를 깨닫지 못하는 것일 수 있다.

130여 년 전 한국 전쟁 이후 한국을 찾아와 선교했던 선교사들이 한국교회의 자립과 선교적 교회로의 성장을 돕지 않고 당시 상황만을 직시했다면 한국교회는 매우 의존적이고 나약한 교회가 되어 있을지도 모른다.

그러나 선교 역사에서 살펴볼 때 한국인의 복음화를 위하여 헌신했던 당시 선교사들은 한국인들이 교회를 스스로 세워나갈 수 있도록 격려하고 한국인들을 리더자로 세우는 일에 열심을 다하였다. 엥겐의 이야기처럼 "선교적 교회는 참된 교회로서 성장한다. 선교적 교회는 되어가는 교회이다. 선교적 교회는 교회 이상이 될 수 없다. 선교적 교회는 선교하는 교회 이상이 될 수 없다."[51] 선교는 더 이상 교회 사역 중 하나가 아니라 교회의 핵심적인 본질로 이해되어야 한다.[52]

그러므로 시리아난민교회 개척에 있어서 처음부터 우리는 시리아난민 교회가 진정한 교회의 본질에 입각한 교회로 세워질 수 있도록, 재생산적인 선교하는 교회가 되도록 노력하여야 한다.

사도행전 11:26에서는 안디옥교회에서 기독교 역사상 처음으로 예수 그리스도 공동체가 외부인들로부터 이 집단의 정체성과 관련하여 '그리스도인'(Christian)이라는 명칭을 얻게 된다. 오순절 성령 사건 이후 예루살렘에서부터 초대교회는 성장을 거듭하였다. 그러나 그 성장을 통하여서는 외부인들로부터 그들이 '그리스도인'의 칭호를 얻지 못했다. 도리어 예루살렘 멸망 이후 흩어진 디아스포라 교회 공동체가 안디옥에서 복음 전도를 할 때, 한마디로 교회의 본질에 충실한 선교적 교회로서 복음 전도할 때 '그리스도인'이라 불리었기에 비로소 예수 그리스도의 교회가 된 것이다.

(2) 선교 동원: 인적 자원 & 물적 자원

2018년 2월 현재의 시리아 난민 선교 상황들을 조명해 보고 앞선 연구 자료에서 살펴본 터키, 레바논, 요르단의 시리아 난민 정책과 난민촌 정

---

51 엥겐, 『하나님의 선교적 교회』, 69-70.
52 Craig Van Gelder, *The Essence of the Church* (Grand Rapids: Baker Books, 2000), 14.

황을 볼 때 선교적 교회로 시리아난민교회 개척을 위하여서는 일차적으로 선교 동원이 절실하다고 생각한다. 효과적인 선교 동원을 위하여 선교 동원가와 선교 지도자들은 선교 현장과 과업의 상황에 관한 명확한 인식을 해야 한다.[53]

선교 동원을 위하여 한국교회가 서구적 선교 모델을 수용한 방식이 '비전 트립'이다. 서구에서는 1980년대부터 단기 사역 운동이 시작되었다. 한국은 1990년대에 들어서면서부터 의료인들의 전문인 선교로 단기 헌신을 한 것을 비롯하여 청년 대학생들의 해외 단기 비전 트립을 시작하여 점차 확산되다가 2007년 여름 분당샘물교회 아프가니스탄 사건을 이후로 다양한 변화를 통하여 비전 트립, 단기 봉사, 단기 사역, 선교지 연구 등의 세분화된 패턴으로 발전되어 오고 있는 추세이다.[54] 2007년 이전에 비하여 교회에서 단체로 많은 수가 떠나는 비전 트립이 줄어들었고 선교지의 필요에 따라 1년에서 2년 내의 단기 사역을 하는 사례들이 늘고 있다고 볼 수 있다.

필자는 1990년대 대학에서 단기 선교(비전 트립)팀을 동아리 결성을 통하여 운영하였다.[55] 그리고 대학 졸업 후에는 1999년 사역하고 있던 교회

---

[53] Alan Johnson, "Analyzing the Frontier Mission Movement and Unreached People Thinking," *IJFM*, 18:2, Summer, 2001.

[54] 단기 선교와 관련하여 백신종, 『한권으로 끝내는 단기선교 퍼스펙티브: 단기선교에 나타난 하나님의 섭리』(서울: 도서출판 두날개, 2008), 조호중, 『단기선교길라잡이』(서울: 요단출판사, 2004), 한국위기관리재단, 『단기봉사팀 위기관리 핸드북』(서울: 한국위기관리재단 출판부, 2017)을 참고하기 바란다.

[55] 1991년 2월 필리핀 바기오 지역과 마닐라 지역을 시작으로, 1992년 다시 바기오 지역과 마닐라 지역, 1993년과 1994년에는 필리핀 바기오 인근 산악 지역인 리왕, 빠뻬숙, 까양, 이기강 등 '깐가나이' 부족 지역과 '다구판'을 30여 명의 학생 소그룹으로 나누어 사역하였다. 이 기간 동안 동아리의 리더쉽들은 1993년과 1994년 대만 지역과 인도를 단기 선교(비전 트립) 지역으로 개척하게 하고 현지의 한국인 선교사들과 연결하는 일을 감당하고 단기팀을 조직하고 운영하였다. 2018년 현재 당시 비전 트립에 참여하

에서 다양한 연령층으로 구성된 10여 명의 비전 트립팀을 인솔하여 필리핀 바기오 산악 지역과 앙겔레스 지역의 기독초등학교를 방문하고 참가한 청소년들에게 선교지를 경험케 하였고, 2007년에는 사역하고 있던 교회의 아동부 학생들 중 20여 명을 교사들과 인솔하여 필리핀 앙겔레스 초등학교에서 3주 간 타문화 훈련과 비전 트립을 시행한 경험이 있다. 그 이후는 논문 서두에서도 언급한 바와 같이 2013년 이후 대학생들과 대학원생들을 인솔하여 매년 중동 지역에 시리아 난민을 위한 단기 해외 봉사로 나가고 있다.

1991년 이후 2018년까지 27년 간 필자가 실시하고 체험했던 다양한 선교 동원은 필자로 하여금 선교학을 전공하게 하였으며 많은 참가자를 선교사로 헌신시켰다. 이는 우주적 하나님의 교회 차원에서 지역적 교회 패러다임을 넘어 잃어버린 영혼들을 향한 하나님의 강력한 메시지와 섭리를 체험케 하는 가슴 뛰는 사건이다. 선교 동원에 있어서 인적 자원의 동원은 단순히 일면적으로 선교지의 필요를 채우는 의미를 넘어 견고한 선교적 교회를 세우는 초석이 되어진다. 그러나 김경대가 그의 논문에서도 지적하고 있듯이 유의할 점은 단기 선교가 중복적인 비전 트립이나 단순 선교지 체험에 그쳐 과비용이 발생되고 하나님의 재정이 불필요하게 허비되지 않도록 하여야 한다는 것이다.[56]

거나 동아리의 리더십으로 소그룹 리더를 감당했던 학생들 중 많은 수가 선교에 헌신하여 각 선교 단체 소속으로 선교지에서 사명을 감당하고 있다. 이는 1990년대 당시 선교학이 체계적으로 한국에 소개되기 이전이었지만 선교 현장에 나가기 전에 선교 한국에서 주최하는 '단기 선교 학교'를 필히 수료하게 하고, 정기 기도 모임과 철저한 사전 준비와 이론 교육을 하였기 때문에 결과적으로 단기 선교 참여 후 많은 선교 헌신이 있어졌다고 생각한다. 뿐만 아니라 분명한 재정 원칙을 수립하여 공동으로 선교 모금을 하였는데, 당시 여행과 사역 경비의 50%를 성공적으로 도금하여 신학생들이 모금 가운데 역사하시는 하나님을 체험하게 하고 많은 간증 사례를 남겼다.

[56] 김경대, 「그룹해외 단기선교의 효율적 방안 연구 – 캐나다 헤밀턴 한인 장로교회를 중

선교적인 열정을 가지게 한다는 점에서는 긍정적인 반면에 한국교회의 어마어마한 선교 재정이 투자되는 만큼 선교 전략적 차원에서 진단하고 효과적인 단기 선교 동원이 될 수 있도록 해야 한다.

시리아난민교회 개척 차원에서 선교 동원으로서의 단기 선교는 위기 관리 차원에서 단기 봉사 형태로 소그룹으로 또는 단기 사역자가 1-2년간 집중적으로 사역할 필요가 있다. 특별히 아동 청소년 사역에서 현장에서 필요로 하는 태권도 사역과 예체능 문화 사역은 단기 사역자들을 절실히 요청하고 있다. 또한 단기 해외 봉사팀들은 선교지의 필요를 채워주는 보급선의 역할도 수행한다. 인적 자원이 물적 자원을 일으키는 셈이다. 시리아난민교회 개척에 있어서 인적 자원과 물적 자원 선교 동원은 동전의 양면과 같이 시리아난민교회 개척을 위한 필수 조건이다.

결론적으로 시리아난민교회 개척은 난민의 특수성을 고려하여 전방위적인 다양한 관점에서 전략적으로 접근해야 한다. 이에 필자는 터키와 레바논, 그리고 요르단의 난민 정책과 난민 관련 핵심 쟁점과 정치 외교적 경향을 선행 연구를 통하여 살펴보았다. 어느 국가 하나 난민을 반기는 곳이 없는 반면(상황에서) 2014년 이후 시리아를 탈출하여 해외로 유입되고 있는 난민의 수는 급증하고 있으며, 가장 많은 수의 시리아 난민들이 유입되고 있는 국가는 터키와 레바논, 요르단이다. 이러한 난민들의 절실한 형편과 더불어 터키는 EU 비자 면제를 위한 협상 도구로 난민 유입 문제를 다루고 있으며, 레바논은 법적으로 난민 관련 시설을 허가하지 않고 가장이 된 시리아 여성의 임금도 정상 임금의 40%밖에 법으로 보장하지 않고 있다.

그럼에도 필자가 살펴본 3개국 중 복음 전도가 가장 자유로운 경우는 레바논의 경우이다. 또한 가장 열악한 난민 생활을 볼 수 있는 곳도 레바

심으로」(선교학박사학위논문, 영남대학교 신학대학원, 2004), 26.

논이었다. 이에 레바논에는 더 많은 선교 사역자들이 필요하고 선교 동원이 일어나야 함에도 불구하고 한국과의 외교 관계를 배경으로 한국인들에게 레바논은 요르단보다 먼 나라로 인식되고 있다.

요르단의 경우에는 2013년 이후 자타리 캠프에서 도시로 유입되는 난민들이 많이 있고 정부는 그들을 위해 주택을 임대해 주고 있어 레바논에 비하여 상대적으로 안정된 난민 정책을 실시하고 있는 듯하지만 정부가 주도하고 있는 난민 정책은 시리아 난민들의 내부 사정을 헤아리기에 턱없이 부족해 보인다. 뿐만 아니라 난민 캠프 내외에서 발견되고 있는 아동 청소년들의 정서 상태는 총체적 선교의 필요성을 여실히 보여주고 있다.

이에 필자는 선교적 교회론적 입장에서 재생산적이고 자국민의 복음화를 위해 쓰임 받을 수 있는 시리아난민교회 개척에 대하여 생각해 보았다. 이를 위하여 거시적 안목에서 한국교회는 활발한 선교 동원을 통하여 인적 자원과 물적 자원으로 시리아난민교회를 섬길 수 있기를 기대하는 바이다.

2. 유럽연합(EU) 2008년-2019년 난민 동향과 선교[57]

나승필 (APEN 대표 코디, 바울선교회)[58]

---

[57] 본 글은 2019년 2월 터키 이스탄불에서 있었던 제5차 APEN 이스탄불 포럼에서 발표된 나승필 박사의 것으로 저자의 동의를 얻어 수록하였음을 밝혀둔다. 참고로 APEN은 아랍 난민들, 페르시아 난민들 (이라크, 아프가니스탄) 유럽내 다 언어권 난민, 이주민 사역을 위하여 모인 한인 사역자 네트워크이다.

[58] 나승필 (독일의 쾰른과 뒤렌에서 다민족교회목회/난민 선교/신학교 강의 사역), 독일 (서독) 쾰른 공대 졸업. 독일(서독) 기센 복음주의신학대(FTH) 목회학석사(M. Div.)와 신학석사(Th. M.)졸업. 독일(서독) 기센 국립대 철학과 전공. 독일(서독) 기센 복음주의신학대학교 교수(Prof. Dr. Thomas Schirrmacher)지도로 신약학과 선교신학 박사 과정 졸업.

오늘날 세계는 예전에 없었던 난민 시대를 접하고 있다. 유엔 통계(UN-HCR)[59]에 의하면 2018년 12월 전 세계 난민은 7천80만 명으로 예전에 없었던 기록이라고 한다. 독일은 세계에서 여섯 번째로 난민을 많이 수용하고 있는 나라이다. 유엔에서 난민으로 정의하는 사람들은 이주민이 아니라 1951년 제네바 조약에서 정의된 것처럼 난민 자신이 소속된 정치, 민족, 종교 또는 사상으로 인하여 불의하게 인권을 침해당하거나 생명의 위협을 겪기 때문에 부득이 고향 또는 거주지를 떠나는 사람들을 의미하며 이들을 가리켜 '(제네바) 조약의 난민'이라고도 명명한다.[60]

오늘날과 같은 역사상 최대의 난민 숫자는, 오늘날 모든 것을 소유하고 있는 것 같은 인류가 자국 또는 타국 사이에서 총체적으로 겪는 불안전과 혼란, 그리고 갖가지 변수들을 통한 비극적인 탄식이라 할 수 있다. 이제 소위 난민 정착국인 유럽의 난민 동향을 살펴보면서 혼란한 난민 시대 속에서 카이로스적인 선교의 시각과 비전을 나누고자 한다. 유럽 중에서도 독일을 최종 정착국으로 선호하는 중동과 아프리카 출신 난민들에게 유럽연합의 타국들에 비해 큰 진통을 겪으면서도 난민 수용에 과감한 독일을 종교 개혁 이후 이 시대의 중요한 선교사 국가로 사용하시는 하나님의 주권적인 선교 전략에 있어서 필자는 큰 감동을 받고 오늘까지 선교 사역에 임하고 있다.

구체적인 기술에 앞서 필자는 유럽연합(EU)의 몇 가지 통계 중 가장 근사치라고 평가된 통계를 선택했지만, 실제 수치와는 약간의 차이가 있을 수 있음을 밝혀둔다.[61] 이는 유럽연합 각 국가에서 정확한 통계가 불분명

---

[59] https://www.sueddeutsche.de/politik/fluechtlinge-unhcr-bericht-rekordzahlen-1.4021162; www.tagesschau.de. 19.06.2019
[60] *Convention Relating to the Status of Refugees* (Memento vom 15. August 2011 im Internet Archive) ; *Protocol relating to the Status of Refugees*.
[61] Eurostat Annual Aggregated (last update: 26.04.2019)

하기 때문이며 나아가 난민들이 입국했을지라도 아직 등록하지 않은 숫자 그리고 등록을 했어도 난민 심사에 착수했던 숫자만 통계 대상에 포함하는 등 어디에 기준을 두느냐에 따라 통계의 변수가 생기기 때문이다.

1) 유럽연합(EU) 내 2008-2018년 난민 신청자[62]

1-1: 2015년과 2016년의 난민 신청자는 각각 125만과 120만으로 2014년도 56만 명의 두 배에 이른다.

1-2: 2015년의 난민 신청자는 125만이며 2016년에는 120만이었으나 2017년에는 65만으로 감소한다. 이와 같은 난민 신청자 감소 현상은 난민 발생국 내의 어떤 변화로 인한 것이(정치 종교적) 아니라 EU와 터키 정부 사이에 2016년에 맺은 협약(난민 파켓 II)의 결과이다.[63]

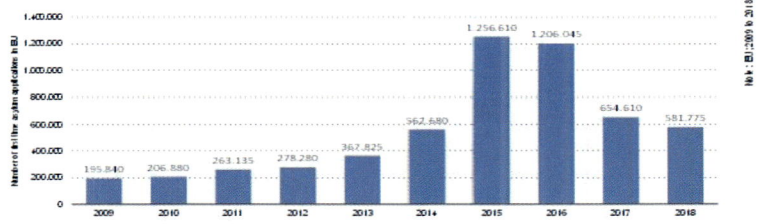

NUMBER OF ASYLUM APPLICATIONS IN THE EUROPEAN UNION (EU) 2008-2018
Asylum and first time asylum applicants Annual aggregated data (rounded)

---

62 Eurostat Annual Aggregated (last update: 26.04.2019)
63 https://www.tagesschau.de/inland/asylpaket-zwei-beschluesse-103~_origin-92abd27f-6971-4da4-a05e-e37c0e580225.html

2) 유럽연합(EU) 내 2008-2018 동안(년) 나라별 난민 신청자[64]

2-1: 아래의 통계에 의하면 유럽연합(EU) 내의 2015년의 난민 신청자는 총 125만 명이며 독일에서 신청자는 그 중 34%인 441,800명으로서 가장 많은 비중을 차지한다.

2-2: 그러나 이 숫자는 2015년 독일에 난민으로 입국하여 등록된 890,000만 명 중 오직 난민 심사를 시작했던 숫자이다.[65]

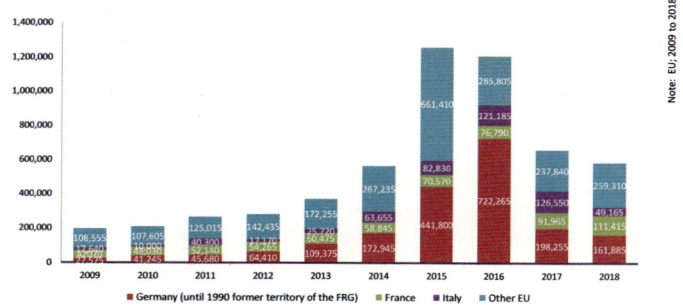

---

[64] Eurostat Annual Aggregated (last update: 26.04.2019)
[65] https://www.welt.de/politik/deutschland/article158465433/Deutschland-korrigiert-Fluechtlingszahl-fuer-2015.htm

3) 유럽연합(EU) 내 2018(1-12월) 동안(년) 난민 신청자 현황[66]

아래의 통계에 의하면 2018년(1-12월) 동안 유럽연합(EU)내의 난민 신청자는 총 581,770명이다. 이는 2017년 동안의 654,610명의 89%에 해당한다.

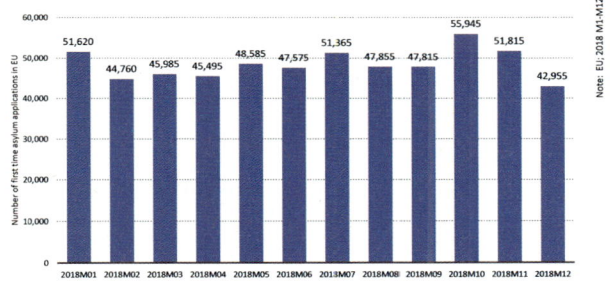

---

[66] Eurostat Annual Aggregated (last update: 26.04.2019)

3-1: 유럽연합(EU) 내의 2019(1-3월)년 난민 신청자는 총133,540명으로, 2018년(1-3) 142,365명의 94%이다.[67]

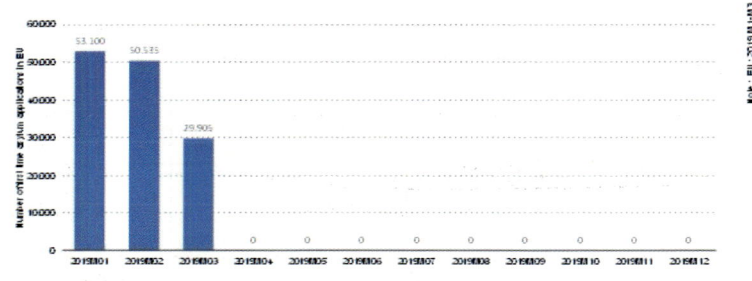

4) 유럽연합(EU) 내 2015-2018년 동안 난민 발생국 중 국가별 순위 (1-5월)[68]

4-1: 2015년 동안 EU에 신청한 난민 발생국의 국가별 순위에서 1위는 시리아, 2위는 아프가니스탄 그리고 3위는 이라크이다. 4위와 5위는 2015년에 코소보와 알바니아이다.

4-2: 2015-2018년 동안 1위가 시리아이지만 2015(29%)년과 2016(28%)년에 비해 2017년은16%로 그리고 2018년은 14%로 감소한다.

4-3: 2017년 동안 1위는 시리아, 2위는 아프칸니스탄 그리고 3위는 이라크이다. 아프가니스탄과 이라크 난민은 각각 7% 로써 동일하다.

---

67 Eurostat Annual Aggregated (last update: 26.04.2019)
68 Eurostat 04.06.2016; Eurostat 16.03.2017; Eurostat 26.04.2019

4위는 나이지리아 그리고 5위는 파키스탄이다. 나이지리아 난민이 전 년도에 비해 증가했으며 파키스탄 난민이 폭발적으로 증가했다.

4-4: 2018년 동안 1위는 시리아, 2위는 아프가니스탄 그리고 3위는 이라크이다. 아프가니스탄과 이라크 난민은 각각 7% 로써 동일하다. 4위는 파키스탄과 이란이 각각 4%이다. 이란 난민이 큰 비중을 차지한다.

2015-2018 유럽연합 내의 난민출신국

First time asylum seekers in the EU Member States by country of citizenship

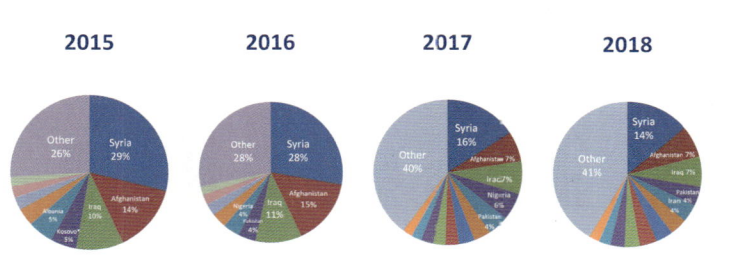

Source: Eurostat 04.06.2016; Eurostat 16.03.2017; Eurostat 20.03.2018; Eurostat 26.04.2019

5) 2008-2018년 독일 내 난민 현황[69]

2015년 난민 신청자는 약 476,510명, 그리고 2016년은 약 745,155명으로 대폭 증가하고 2017년에는 약 222,560명과 2018년 184,180명으로 대폭 감소한다.

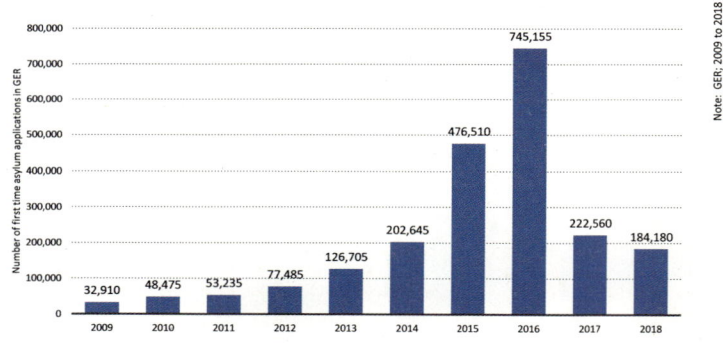

6) 난민들의 난민 지위와 정치적 상황[70]

- 엄격한 난민 심사: 시리아, 이라크 북부 출신 난민 지위 획득 가능, 그 외 대다수는 임시 체류.

---

69 Eurostat 26.04.2019
70 6) 과 7)은 독일 베를린에서 아랍 난민들을 위해 사역하는 윤바울 선교사의 정리 참조.

- 임시 체류도 거절되는 경우(북아프리카, 페르시아계), 불법 체류자 또는 어려운 법적 대안.
- 사회적 통합 노력(독일어, 취업, 전문성)에 따라 선별적 비자를 줌.
- 대형 난민 캠프는 정리하고, 영구적 단독 주택식 캠프촌으로 재배치.
- 난민들의 매월 제한된 소수 가족 결합 진행.
- 무슬림들도 유럽의 세속화에 급속히 노출됨.

7) 무슬림 난민의 발생과 복음 전파

- 2011년 아랍의 봄 이후 수백만 명의 무슬림 난민 발생.
- 중동 북아프리카에 유례가 없었던 정치적, 사회적 격변기.
- 이슬람의 내분(수니파와 시아파), 이슬람의 폭력성(IS)에 대한 회의.
- 1400년 동안 이슬람에 묶인 영혼들 구원을 의한 하나님의 섭리.
- 무슬림들의 시각 참조: 100만 무혈 입성으로써 '유럽 이슬람화를 위해 알라가 열어준 절호의 기회.'
- 유럽(특히 독일)이 이슬람과의 치열한 영적 전쟁터와 추수지가 되고 있음.
- 무슬림 난민 대량 유입이 독일에 재앙이 될 것인가 아니면 복이 될 것인가의 갈림길.
- 이슬람 세력도 거리 전도 활동.

8) 고국을 떠난 난민들과 함께 지내 온 지난 20여 년을 돌아본다

1980년대 후반 공산권 붕괴 이후로 1989년 동서독 장벽의 무너짐과 1990년 동서독이 통독이 되던 시기, 이와 같은 세계 정치 사회적 격변기에 발생한 난민들과 소수 민족의 독립운동을 하던 운동파들이 꿈꾸던 나

(2019, 이슬람권 청년들과의 성경 세미나)

라는 독일이었다. 필자는 독일에서 공대를 졸업한 후 주님의 부르심을 받고 당시 서독의 (기센) 복음주의 신학대학교에서 공부하면서 한국인 유학생과 영어권 군인 가족 목회를 하던 시기였다.

우연한 기회에 예전에 전혀 예상치 못했던 도시의 주변에 위치한 대형 국제 난민 보호소를 독일인 기독교인과 함께 방문할 기회가 있었다. 그 무렵 추수감사절을 앞둔 시기여서

제가 목회하던 교회에 이번 추수감사절은 정성껏 그리고 넉넉히 음식를 준비해서 난민 보호소를 방문하자고 부탁했다. 그리고 필자는 사전에 엄중이 감시하고 있던 난민 보호소에 가서 사실을 얘기하고 다음 주일에 (이곳을) 방문해도 좋다는 허락을 받았다.

교회에서 추수감사절 예배를 드리고 난 이후 오후 시간에 준비한 음식과 각 언어별 전도지를 준비하여 교회 청년들 20여 명과 함께 난민 보호소를 찾아 전도하면서 음식을 제공했다.

그때 나는 예수님이 말씀하시던 목자와 잃은 양 떼와 같은 난민 보호소의 분위기를 느꼈고 피상적이지만 상당히 감동을 받았고 보람된 사역이라 느꼈다. 이후에 나는 그런 분위기를 '선교적인 낭만'이라 또는 '낭만적 선교관'이라 표현하곤 한다. 즉, 선교에 있어서 '산 넘어 산' 같이 장애물이 연속이고, 그 산의 높고 낮은 깊이를 모르고, 단지 감상적인 분위기로 포장된 한순간을 표현하는 나만의 단어이다.

난민 세계를 좀 더 깊게 알고 보니 당시의 상황도 현재와 비슷하여 독일 정부의 난민 정책에 따라 예측할 수 없는 추방과 잠시 거주하는 난민 숙소의 비밀 이동 등으로 정착된 미래 없이 불안해하며 하루하루 지내는 난민들이 대다수였다. 더군다나 자신들의 고국과 가족 안에서 발생되는 크고 작은 문제들을 방문객인 나에게 털어놓을 때마다 그들의 안타까움에 공감하며 나와 아내는 반복해서 들어 주어야만 했다.

(2018, 퀼른교회 라인강 세례식)

(2012, 난민 가족을 돌보며)

그리고 난민들 중에는 소위 전통적인 기독교 국가들로부터 억압당하고 박해를 받던 소수민족도 있었고, 기독교 국가와 전쟁 상황으로 인해 기독교인들을 혐오하며 원수 대하듯 대단히 거칠게 반응하는 무슬림들이 많았다. 당시 난민 보호소의 상황은 다민족들을 수용하는 곳으로써 가장 다수가 쿠루드 민족과 코소보 알바니아 민족이었으며 소수로써는 동유럽 민족들, 중동과 팔레스티나, 북아프리카 민족들이었다. 당시 나의 선교 방법은 일단 열린 문을 통한 개인 전도와 제자화, 그리그 어린이 사역이었다.

난민 선교를 시작한 지 약 2년 후 나를 돕겠다던 한인 유학생들과 교우들은 열악하고 거친 난민보호소를 떠난 지 이미 오래되었고 나와 아내만 남았다. 가도 가도 끝이 없는 이 사각 지대의 사역의 현장에 어떤 비전이 있을까 갈등하는 순간에 부딪혔다. 무슬림들이 나와 아필자가 자기 방에 접근하는 발소리를 들으면 문을 잠그고 저녁엔 불을 끄는 모습을 경험하면서 이제 우리는 환영받지 못하는 미운 불청객이 되었음을 피부로 느낄 수 있었다.

이런 상황 가운데 진지한 기도로 주님 앞에 다가갔다.

"주님, 주님 같으면 이 현장에서 어떻게 하시겠습니까?"

"주님, 바울이 이 현장에 있다면 어떻게 하시기를 원하십니까?"

그야말로 고상한 기도가 아니라 빈손으로 씨름하는 기도였다. 그러나 복음이 필요한 그들에게 누군가 복음을 전해야 한다는 주님의 마음을 조금이나마 알 수 있었고 목자 잃은 그들을 놔두고 어디론가 금방 보이는 열매가 있는 곳으로 주님이 가지 않으실 것이라는 생각이 나를 사로잡았다.

신학교에서 목회학 석사와 신학 석사 과정을 마치고 나는 이제 다른 도시(쾰른)로 이동하게 되었다. 쾰른과 주변 도시에서 나는 우리를 돕던 평신도 사역자 몇 명과 함께 난민 보호소 내의 어린이들 사역을 활발히 진행했다. 그런데 문제는 부모들이 옛 전통(이슬람, 정교회, 가톨릭 등)에서 자녀들을 종교적으로 통솔하니 어린이들이 기독교 신앙을 좀 깨닫고 신앙이 좀 자랄만 하면 다시 원점으로 돌아가거나 또는 부모들이 어린이 사역을 방해하고 위협하기도 했다.

이렇게 열악한 영적, 환경적 상황 가운데 문자 그대로 '때를 얻든지 못 얻든지' 복음을 전하고 가르치며 선교 사역을 진행하던 중 예수님께 회심하기로 결정한 코소보 알바니아 청년들과 쿠루드 민족 청년들에게 난민으로 어쩔 수 없는 상황이라 생각되어 소속된 교회 없이 세례를 주었고 독일에서 쿠루드어(소라니, 케르만지어)로 성경이 번역되는 일에 참여하게 되었다. 사역이 진행되는 동안 청년들과 어른들도 하나, 둘씩 개종하여(50여 명이 세례 받음) 지속적인 양육을 받게 되었다.

그렇지만 난민 보호소라는 환경과 성경적인 신앙이 무엇인지 모르고 살아온 그들은 여러 면에서 신앙 성장에 방해를 받고 그들 자신도 성경적인 신앙을 그 무엇보다 우선으로 생각하지 않았다. 그들에게는 친척들의 생일과 전통적 풍습이 더 중요한 때가 많았다. 그리고 무슬림들 중에 회심자가 생기니 그 전보다 우리에게 훨씬 강도 높은 박해와 공격이 생겼다. 또한 회심한 청년들은 사소한 일까지도 도움을 요청하여 밤과 낮으로 그들에게만 매달려야 하는 숨 쉴 수 없는 상황도 경험했다. 한시도 쉴 틈 없는 이런 상태가 지속되면 그동안 회심했던 한, 두 영혼도 신앙으로 온전히 돌볼 수 없을 것 같은 새로운 갈등에 부딪혔다. 이러한 생각 중에 나는 교회 개척에 대하여 생각하게 되었다. 두 영혼이라도 살리고 성장시키기 위해서는 교회 개척이 필요하다고 생각되었다. 교회 개척이 주어진 선교 환경상 손실을 최소화하고 열매를 최대화 할 수 있는 가장 적절한 방법이라 생각하여 2009년에 독일 쾰른과 주변 도시(뒤렌)에 독어를 공용어로 하는 두 개의 다민족교회(인터내셔널교회)를 개척했다. 그러나 개척을 하고 나니 그렇게 교회에 오겠다던 사람들이 출석하지 않았다. 이런 상황에서 난민 보호소를 방문하며 그들을 케어하는 사역을 목회와 함께 병행 할 수밖에 없었다. 그러면서 경험을 통한 비전은 난민교회가 아니라 그야말로 다민족교회(올네이션교회)로 성장해야 한다는 것이었다.

오늘날 난민들의 무작정 상경식의 '유럽 드림'(Europe Dream)은 깨어진 지 오래며, 자국으로부터 입은 그들의 깊은 상처가 아직 치료되지 않은 상황 가운데 유럽의 곳곳에서 발생되는 테러 사건들은 난민들도 같은 테러리스트라는 오해를 받고 있기에 유럽의 난민들은 유럽인들의 미운 이웃이 되어 살아야 하는 어려움도 있다. 아직도 끝나지 않은 국제 난민 수용 문제와 체류 인정받은 난민들의 국가별 사회 융화 과제들이 산재되어 있는 유럽연합은 지금도 스스로 위기라고 말한다. 이 위기는 다른 한편으로 정신적, 사회적 그리고 종교적으로 방황하며 불투명한 장래로 인해 진퇴양난의 불안을 겪는 국제 난민들에게 복음을 전하고 그들의 필요에 진정한 하나님의 사랑을 나누며 실천적으로 섬길 수 있는 기회이다. 이에 다민족 교회는 내부적으로는 예배와 성경 공부, 기도 모임 그리고 난민과 관련된 각종 서류 업무를 돕고 외부적으로는 몇 개의 난민 보호소에서 갖가지 봉사로 섬기면서 힘쓰고 있다.

3. 레바논의 한인 선교사 시리아 난민 사역 현황과 선교적 전망[71]

소윤정****정병훈***[72]

2011년부터 오늘까지 계속되는 시리아 내전으로 인하여 500만여 명의 난민들[73]이 발생하게 되었다. 그 누구도 시리아 사태가 이렇게 오래 지속될지 예견하지 못했다.

필자[74]는 금방 끝날 상황으로 보이는데 특별히 난민 선교 사역을 할 필요가 있느냐는 이야기를 2012년 처음 시리아 난민 사역을 시작할 무렵에

---

[71] 본 글은 2017년 「복음과 선교」 40집에 게재된 글로 투고시 현지의 정바울 선교사의 현장 조사를 바탕으로 집필되었음을 밝혀둔다.

[72] *제1저자, **교신 저자

[73] http://m.yna.co.kr/kr/contents/?cid=AKR20170330190700088&mobile, 연합뉴스 2017.03.30, 2017년 11월 19일 접속.

[74] 필자는 현재 레바논에 거주하고 있는 정병훈 선교사를 지칭한다. 교신 저자인 소윤정은 정병훈 선교사를 지도하여 본 연구 논문을 쓸 수 있도록 연구 계획서를 작성하게 하였고 전반적으로 소논문 작성 지도를 하였다. 또한 소논문 제출 이후 「복음과 선교」 학술지 투고를 위하여 전체적인 문장 수정 및 논문 작성에 있어서 형식 점검, 서론과 결론, 국문 초록, 영문 초록을 작성하였다.

들게 되었다. 당시만 해도 한국 사역자 중에 난민 사역 경험자는 단 한 명도 없었다. 불안정한 정세, 잦은 이동, 강도 높은 도움의 요구 등 난민 사역에는 여러 장애물들이 있었다. 시리아 인접국인 레바논에는 비공식 통계로 150만가량의 시리아 난민들이 현재 거주 중인데 2017년 레바논의 한국인 사역자 20유닛 가운데 2유닛[75]을 제외하고는 모두 시리아 난민 사역에 참여하고 있다.

난민 사역에 대한 경험이 전무하고 상황이 급변하는 것에 대하여 대비가 부족한 점을 자주 목격하고 듣게 되었다. 무엇보다도 난민 사역에 대한 명확한 성경적, 신학적, 선교 전략적인 기반이 있지 않은 상태에서 급하게 난민 사역을 하다 보니 사역적인 방향성과 질적인 어려움이 있음을 개인적으로도 그렇고 동료 사역자들도 인정하고 있다. 이에 본 연구를 통해서 한국 사역자들이 참여하고 있는 시리아 난민 사역에 대한 현황과 전망, 가능성 그리고 어떤 한계와 필요를 가지고 있는지, 또한 선교 전략적으로 현재 난민 사역 상황을 고려하여 어떻게 하면 효과적인 결과를 가져올 수 있을지 로잔 운동 선교 신학을 기반으로 연구하고자 한다.

본 연구를 통하여 먼저는 개인적인 난민 사역을 점검하는 기회가 될 것이며 아울러 레바논의 한국인 동료 사역자들에게 향후 실제적 도움을 주는 연구가 될 수 있도록 하고자 한다.

연구 방법으로는 레바논의 한국인 사역자 16유닛을 대상으로[76] 질적 연구 방식으로 구글 설문 시스템을 통하여 2017년 8월 한 달간 조사를 실시하였다. 전체적인 레바논 거주 한인 사역자들의 시리아 난민 사역 현황을 살피고 기대와 전망 그리고 필요들이 무엇인지를 살핀 후 그 내용을 분석

---

[75] 난민 사역을 하지 않는 2유닛은 한인교회 사역 및 대사관 근무(UBF) 관계로 설문에서 제외되었다.
[76] 18유닛 중 1유닛은 설문에 참여하지 않았고 다른 1유닛은 입국한 지 2개월도 안 되어 실제적인 사역이 없으므로 설문에 참여치 않았다.

할 것이다.

  그리고 나아가서 효과적인 선교 사역을 위한 토대 구축을 위하여 난민 사역의 성경적, 선교 신학적, 선교 전략적인 면을 살펴볼 것이다. 이를 위하여 필자는 특별히 시리아 난민 사역을 위하여 복음주의 선교 운동인 로잔 대회의 문건을 살펴보고 그 내용과 현재 레바논의 시리아 난민 사역 현황을 비교 점검하고자 한다.

1) 난민 사역 현황

(1) 질적 연구 내용 및 분석
① 난민 사역은 얼마 동안 하셨는지요?

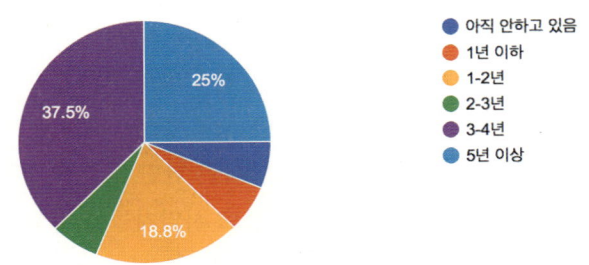

  분석: 2-4년 동안 난민 사역 56.3%인데 기존에 다른 사역의 방향을 하던 중에 난민 사역으로 전환한 분들이 절반 이상이다. 또한 이 중에는 난민 사역을 위해서 레바논에 입국한 분들도 소수 된다. 주로 5년 이상된 선임 사역자들의 사역을 보고 참여하게 된 경우가 여럿 된다. 레바논 한인 사역자들의 대부분은 주로 타 중동 국가에 있다가 자발적, 비자발적인 이동을 겪은 사역자들이 응답자 16유닛 중에 8유닛이다.

② 섬기는 난민은 어느 나라 분들인가요? (복수 선택)

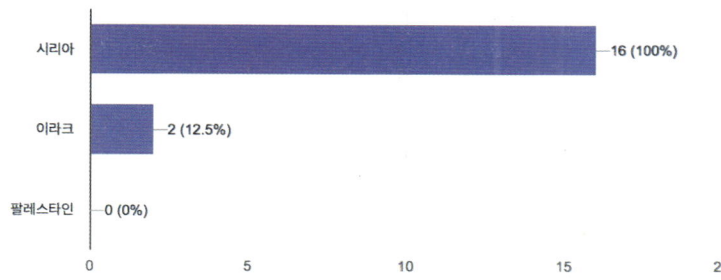

분석: 16유닛 모두 시리아 난민을 대상으로 사역을 하고 있는데 2 유닛은 이라크 난민들도 함께 포함이 되어 있다. 레바논에는 40,000명 이상의 이라크 난민들이 있고 이중 상당수가 기독교 배경 난민들이다.[77]

③ 현재 하시는 사역은 어떤 것들인지요? (복수 선택)

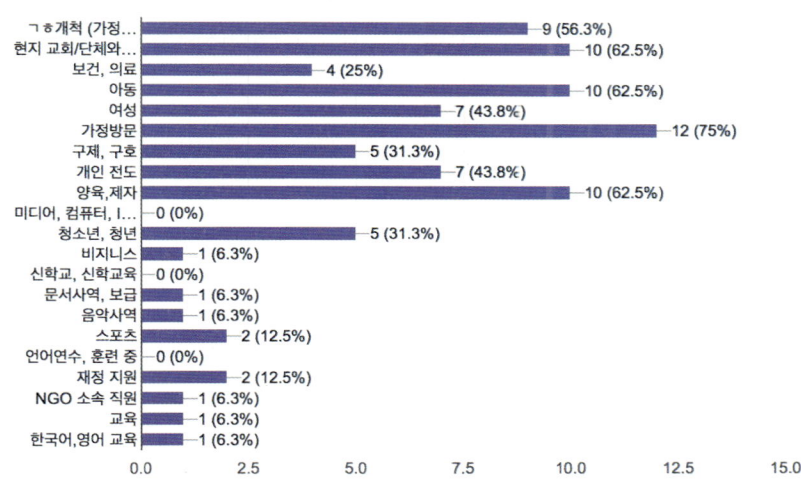

---

[77] Samira Trad and Ghida Frangieh, "Iragi refugees in Lebanon: Continuous lack of protection" http://www.fmreview.org/sites/fmr/files/FMRdownloads/en/FMRpdfs/Iraq/15.pdf (검색일 : 2017. 10. 13)

분석: 난민 가정 방문을 12유닛이 사역하는데 레바논 경우에는 공식 시리아 난민 캠프가 없다. 비공식 사설 난민촌이 레바논 전국에 4,164개 (Informal tented settlements)가 있고 난민촌의 사이즈는 작게는 4개 가정부터 100여 개까지 이르기도 한다. 사설 난민촌은 특별히 정부의 허가 없이도 자유롭게 방문을 할 수 있다.[78] 가정 방문 시 사역자들은 전도, 양육 등을 실시하는 경우가 대부분이며 이것이 가정 교회 개척 등으로 이어지고 있다. 중동 아랍권에서 무슬림 가정을 방문해서 복음을 전하는 것은 그리 쉬운 일은 아니지만 난민의 특성상 찾아가서 만나고 기도와 복음 전도를 받는 일이 레바논에서 종교 비자만 가지고 있으면 가능하다. 16유닛 중에 10유닛은 종교 비자를 보유하고 있다.

UN OCHA 레바논 사무실에서는 "시리아 난민 53%가 18세 이하 아동이다"라고 밝히고 있다.[79] 시리아 내전이 시작한 이래 레바논 내에는 약 500,000만 취학 아동 중 250,000명가량은 레바논에서 학교에 다니지 못하고 있다. 상당수는 교실 문턱을 넘어 보지도 못했다. "우리 아이들이 교육 없이 자라고 있어요." 한 시리아 여성은 절규하면서 아동 교육의 현실을 말하기도 했다.[80]

따라서 아동 교육 사역은 매우 시급한 사역인데, 10유닛 사역자들은 기초 초등 교육 및 영어, 아랍어에 집중하면서 교육 사역을 시행하고 있다.

---

[78] Francesca Civili, "Lebanon and the Syria crisis: Facts and Figures" http://docs.unocha.org/sites/dms/Syria/ (검색일 : 2017.10.7)

[79] Francesca Civili, "Vulnerability of Refugees in Lebanon: Facts and Figures" http://www.unocha.org/syrian-arab-republic/syria-country-profile/lebanon-country-office (검색일: 2017.3.25)

[80] "Growing Up Without an Education-Barriers to Education for Syrian Refugee Children in Lebanon," Human Rights Watch, 2016 https://www.hrw.org/report/2016/07/19/growing-without-education/barriers-education-syrian-refugee-children-lebanon (검색일: 2017.3.25)

주요 난민 사역들은 아동 교육 사역과 연계해서 연결되는 일들이 대부분으로 볼 수 있다.

구제와 구호 사역은 31.3% (5유닛)가 하고 있는데 일반적으로 난민 사역이라 할 때 구제, 구호, 긍휼 사역 등으로 이해하는 경우가 많은데 사역자들의 대부분은 이미 1-2년 이상 사역을 해서 그런지 정기적인 접촉점으로 삼을 수 있는 사역을 하는 경향이 있다. 그리고 구제, 구호 사역은 자금적 부담이 가중되기 때문에 지속적으로 할 수 없는 제약이 있다.

(2) 현재 가장 집중하고 있는 사역 대상(최대 2개만 선택)

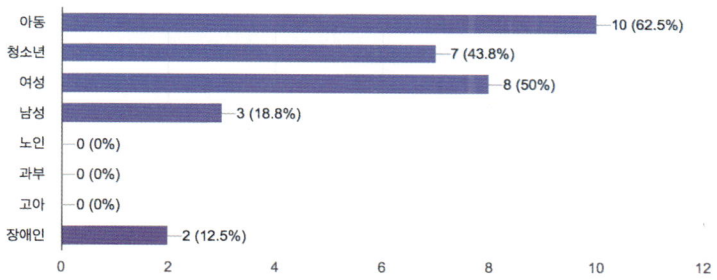

분석: 아동, 여성 청소년 순으로 나타난다. 의의 사역 유형에서도 보이듯이 레바논 내에서 아동 사역이 대세이고 이와 맞물려서 여성 사역이 이어지고 있다. 여성이라면 학부모들을 의미하기도 한다. 초창기 난민 사역의 아동 수혜자들은 이미 청소년이 되었는데 이들은 위한 사역은 보고된 것으로 볼 때 연속성을 가지고 있지는 않다. 사역적 투자 면에서는 아동이 청소년을 앞지른다. 청소년(나이 12세 이상) 대부분이 생계형 일을 해야만 하기 때문에 중고등학교에 다니는 난민 청소년은 발견하기가 쉽지 않다.

주로 경제적인 여유가 있고 도시에 거주하는 난민들은 중고등학교로 보내는 경우가 종종 발견되지만 가난한 천막촌에 거주하는 청소년들은 그 기회가 거의 없다고 볼 수 있다. 남성을 사역 대상으로 삼는 경우가 적은 이유는 낮에는 직업적인 이유로 만나기가 어렵고 복음에 대한 수용성이 아동들 보다 떨어지기 때문에 사역이 활발히 진행되지 못하고 있다. 눈에 띄는 것은 장애인 부분인데 전체 난민 가정 중 27% 정도는 최소 한 명의 신체 및 지적 장애인이 있어서 특별한 보호 및 필요들이 있다고 알려져 있다.[81] 이들을 위한 사역은 레바논 밀알복지재단에서 진행하고 있고 소수 몇 가정을 돕고 있다.

① 현재 사역 베이스는 무엇인지요?

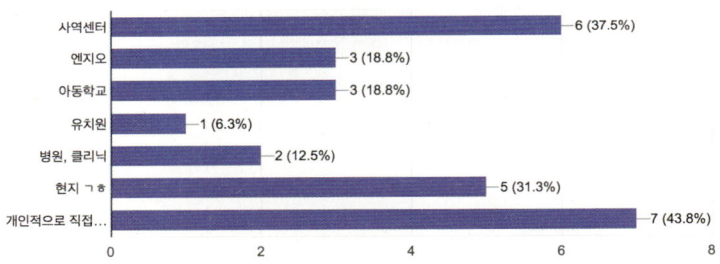

분석: 개인 접촉 방문, 사역 센터, 현지 교회 활용 순으로 사역을 진행하고 있다. 개인적으로 직접 난민촌 방문 사역을 하는 분들은 비거주 형태로 베이루트에서 레바논 동부 시리아 국경 쪽과 북부 트리폴리 지역에서 실시하고 있다. 사역센터 운영 사역자는 아동 교육, 청소년, 직업 교육 등의 활동을 하고 있다.

레바논 개신교회들의 대부분은 시리아 난민 사역을 하고 있는데 한인

---

[81] Francesca Civili, "Vulnerability of Refugees in Lebanon: Facts and Figures" (검색일: 2017.3.25).

사역자들 중에 비자 스폰서를 해 주는 교회 내에 난민 사역을 돕고 있는 형태로 분석이 된다(레바논 개신교회들의 대부분은 시리아 난민 사역을 하고 있는데, 한인 사역자들 중 비자 스폰서를 해 주는 교회에서 난민 사역을 돕고 있는 형태로 분석이 된다). 중장기적 난민 사역에서는 센터, 교회, 병원, 학교 등 베이스를 기반으로 사역을 한다. 보통 2년 이상 난민 사역하는 사역자들이 이러한 하드웨어적인 베이스를 가지고 있다.

② 사역팀에는 몇 명의 스태프, 교사 등이 함께 일하나?

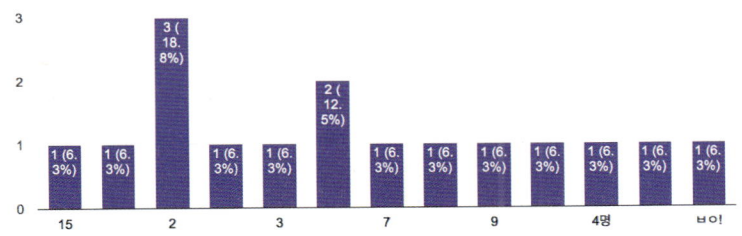

분석: 3유닛은 15명 이상의 일꾼들이 한 팀으로 사역을 하고 있는데 이들은 학교와 사역 센터 사역자들이며 현지 단체 파트너십으로 함께 하는 사역들도 있다. 13유닛은 작게는 2명(부부) 단위로 난민 사역을 하며 주로 현지 교회 협력, 개인적인 접촉 방문 등의 사역들을 하고 있다. 현지인 스태프를 고용하는 것은 재정적인 부분과 깊은 관련이 있다. 정기적인 사역 후원 또는 NGO 사역을 하지 않는다면 스태프들을 고용해서 사역을 하는 것은 현실적인 어려움이 크게 나타난다.

③ 지원 봉사자로 참여하는 분들은 얼마나 되나?

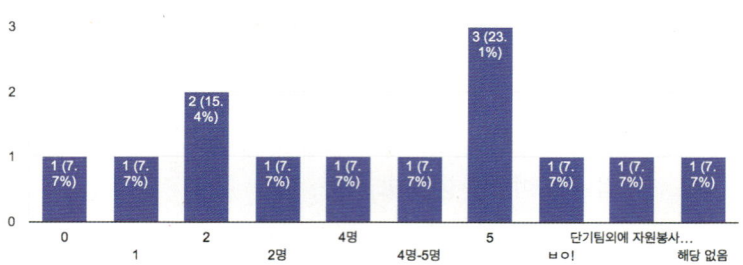

분석: 9유닛은 소수이지만 자원봉사자들이 참여해서 난민 사역에 동역하고 있다. 대부분의 자원봉사자들은 레바논 인 또는 시리아 인들이며 이들은 주로 인근 지역 또는 사역지 내에서 발굴된 사람들이다. 또한 몇몇 한인들도 종종 봉사자로 참여하는 경우도 있다.

④ 주중 며칠 난민 사역을 하는가?

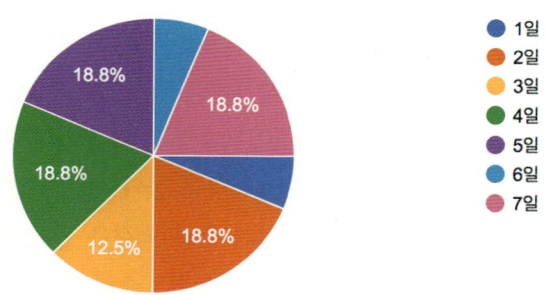

분석: 10유닛은 주 4일 이상 난민 사역을 하고 있다. 학교 및 정기적 센터 사역하는 것이 대부분이고 주 7일 내내 난민 사역에 임하는 3유닛은 대단한 헌신과 시간을 쏟고 있다. 4일 이상 사역하는 유닛의 특징은 난민촌 가까운 인근에 거주지를 삼고 있거나 사역 센터를 숙소 겸 사용해서 출

퇴근을 하지 않고 주말에만 가정으로 돌아오는 몇몇 유닛들도 있다.

⑤ 난민 사역을 하게 된 동기는?

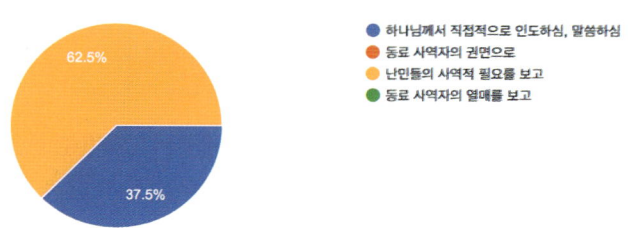

분석: 62.5%(10유닛)는 난민들의 사역적 필요 때문에 사역을 하게 되었다. 하나님의 직접적인 인도하심을 통해서 난민 사역을 하게 된 것은 37.5%(6유닛)이다. 난민 사역적 필요 때문에 일을 하게 된 케이스는 외부 자원, 단체의 권유나 타의적인 이유로 난민 사역을 하게 된 경우가 많다. 또한 먼저 난민 사역을 시작한 일꾼들의 보고나 소식을 듣고 사역에 참여한 것으로 볼 수 있다.

하나님의 직접적인 인도하심을 받은 경우에는 하나님의 카이로스적인 시기와 시대적인 사명을 인식하고 말씀 가운데서 약속을 붙잡고 난민 사역을 하게 되었고 이러한 사역자들의 특징은 어려움이 있어서 꿋꿋이 주안에서 돌파구를 찾아가는 모습을 발견하게 된다.

⑥ 직, 간접적으로 사역의 혜택을 받는 난민의 숫자는 몇 명 정도?

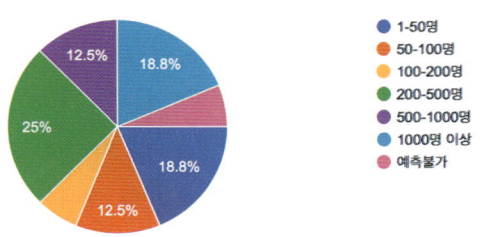

분석: 56.3%(9유닛)가 200명 이상의 사역 수혜자들이 있다고 말했다. 1,000명 이상의 수혜자는 3유닛이 된다고 했는데 이들은 학교, 사역 센터를 운영하면서 사역을 하기 때문에 수량적으로 크다. 직접적인 수혜자는 학교 아동, 청소년, 모임에 참여하는 여성, 그리고 양육 모임이나 교회 모임에 참여하는 사람들을 의미하는 것을 보인다.

간접적인 영향은 보건 교육 같은 것을 받으면 가족이나 이웃에게 전달하는 것을 포함하고 구제 사역을 했을 때에 식량의 경우는 온 가족이 혜택을 받기 때문에 이 정도 숫자가 나온 것으로 파악된다. 물론 정확한 숫자는 알 수 없다. 그리고 사역자가 대략적으로 생각하는 숫자이기 때문에 오차 범위가 클 수도 있다.

⑦ 난민 예배 공동체, 회심자 모임, 성경 공부 모임을 하고 계시는가요?

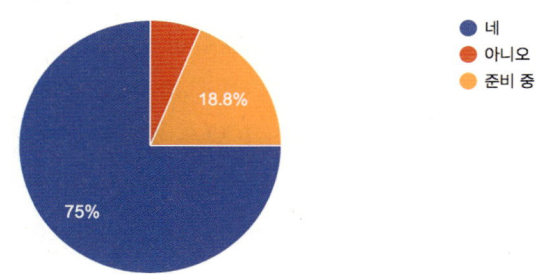

분석: 12유닛은 난민 사역의 결과로 영적인 모임을 하고 있다. 모임의 사이즈는 일대일 성경 공부가 있고 주일 교회 예배 모임까지 광범위하게 포함하고 있다. 난민 사역의 궁극적인 목표는 전도, 양육, 제자 삼기로 이어지고 어떠한 형태이던 영적 모임을 하는데 있다고 파악한다. 위에서 언급하였듯이 레바논에서는 종교 비자를 가지고 있으면 영적 모임을 해도 큰 문제가 되지 않기 때문에 사역자의 역량에 따라서 얼마든지 가능하다. 12유닛 중 3유닛은 시리아 난민 대상으로 주일 예배까지 하고 있다.

⑧ 위의 모임들은 직접 진행하는 것인가?

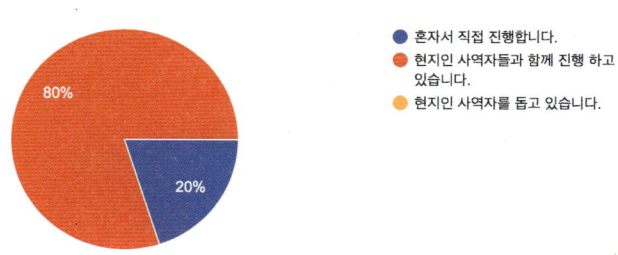

분석: 현지인과 함께 모임을 진행이 80%(12유닛)이다. 현지인 스태프가 있는 사역자들은 일반적으로 영적인 모임까지도 그들과 함께 하는 것으로 파악이 된다. 현지인들과 함께 인도하는 이유는 모임에 참여하는 난민들이 많아 인력이 필요해서, 현지인 스태프들을 양성하려는 목적으로 함께 사역을 하고 있고 혼자서 직접 하는 3유닛은 주르 가정 모임 및 일대일 성경 공부 형식을 취하기 때문이라고 분석된다.

⑨ 예배, 회심자 또는 성경 공부에 참여하는 사람은?

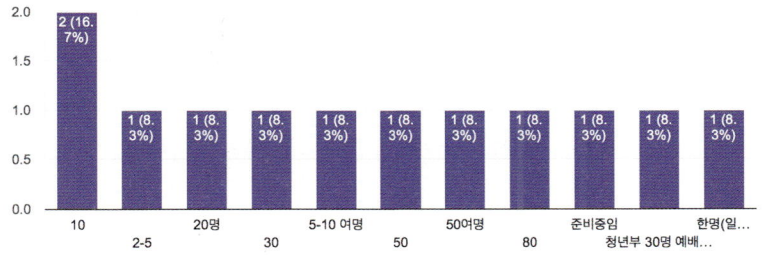

분석: 12유닛이 응답하기를 50명 이상 되는 3유닛 경우는 주일 예배 모임을 실시하고 있기에 이러한 숫자로 나오게 되었다. 20-30명 참여자가 있는 경우는 다수의 가정 모임을 진행하고 있기 때문으로 분석이 된다. 그 외 소수 가정 모임 및 성경 공부 모임 방식으로 하기 때문에 참여자 숫자가 10명 미만으로 나타난다.

⑩ 지금 현재 난민 사역에 어느 정도 만족하는가?

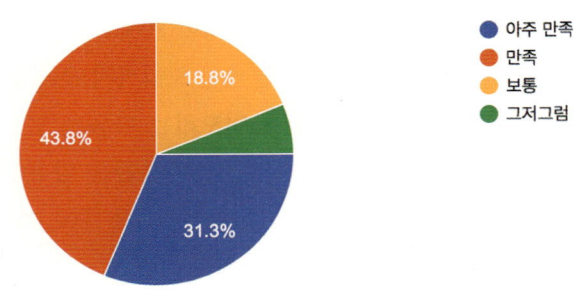

분석: 12유닛은 현재 사역에 만족하고 있다고 한다. 처음 난민 사역을 시작했을 당시에 영적인 열매를 보고 싶은 마음들이 있었고 무슬림 사역 자체가 열매가 없다고 생각하는 경우도 있었기에, 사역 중에 발생하는 전도의 기회와 정기적인 양육, 교회 개척으로 이어지는 것들이 만족감을 주는 것으로 분석할 수 있다. 반면 4유닛은 '보통,' '그저 그럼'으로 말하고 있는데 이는 언어적 불편함, 재정적인 압박, 사역적 열매의 부실 등이 원인이라고 볼 수 있다.

⑪ 현재 사역 중 가장 우려되는 점은 무엇인가? (2개만 선정)

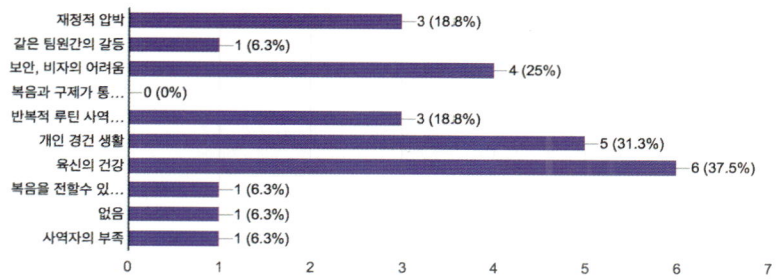

분석: 육신의 건강과 개인 경건 생활에 대한 어려움이 68.8%를 나타내고 있다. 많은 시간과 에너지가 필요한 것이 난민 사역인데 정기적인 사역들을 진행하면서 영육 간에 소진 현상이 나타나고 있다. 실제로 난민 사역 중 질병이 발생하고 건강의 이상으로 치료를 받는 경우도 최근에 3-4차례 발견되기도 했다.

또한 종교 비자가 아닌 여행 비자 또는 학생 비자로 사역을 하는 경우에 보안적 어려움이 있다고 말하고 있으며 재정적 압박 문제는 교육 사역, 센터 사역, 의료 사역 등을 하는 사역자들이 매월 목돈이 필요하기 때문인 것으로 볼 수 있다. 난민 사역을 하면은 전력 질주 하는 느낌을 가질 때가 있다.

마치 100, 200미터 달리기하는 것 같은, 과거 무슬림 사역에서는 마라톤 하는 개념으로 오랜 세월 지켜보고 관계를 맺고 가는 형태였지만 난민 사역은 그야말로 스피드와 집중력이 중요하기 때문에 전력 질주 현상으로 영육 간에 지침이 두드러진다.

⑫ 복음 전도가 실제적으로 어려운 이유는? (최대 2개만)

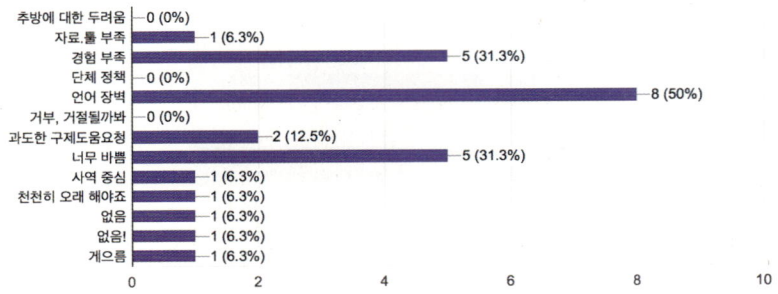

분석: 언어 장벽이 50%(8유닛)나 높게 나타났다. 난민들은 거의 다 무슬림들이다. 실제로 중동 아랍 지역 한인 사역자들은 무슬림 전도 경험을 가지고 선교지로 온 경우는 거의 없다. 또한 아랍어의 특이함이 사역자들의 발목을 잡는 경우가 많다. 이슬람 국가에서 어설픈 말로 전도하면 추방되는 것도 있고 무슬림이 복음을 거부할 것 같은 막연한 두려움이 있다. 그러한 것들은 사실 언어적인 장벽의 영향이 지배적이다.

경험 부족도 31.3%로 어려움을 사역자들이 호소한다. 또한 31.3%는 너무 바쁘기 때문에 전도할 수 있는 시간이 없다는 것이다. 너무나 많은 사역, 프로젝트들 그리고 최근 들어서 방문객, 비전 트립 팀 등이 많이 찾아오기 때문에 이벤트성 사역이 되는 경우가 많아지고 있다. 난민 사역은 이 시대에 하나님께 하시는 일이라고 모두가 말한다. 그런데 정작 내부적 장애물들이 사역자들을 붙잡고 있음이 분석이 된다. 언어 장벽, 경험 부족, 너무 바쁨.

⑬ 단기 사역팀 / 비전 트립 팀을 받은 적 있나? 몇 팀?

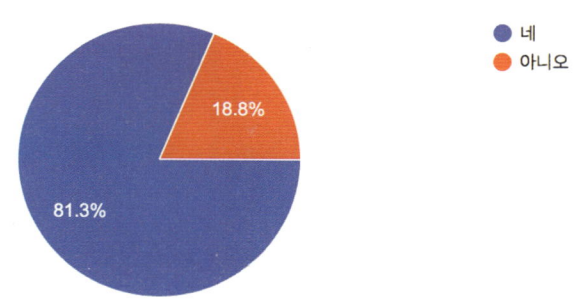

분석: 13유닛은 받은 적이 있다고 말했다. 한국에서 오는 팀이 가장 많았고 미국, 중국계, 유럽, 아랍, 캐나다, 호주 등이다. 개인적인 방문까지 포함해서 13유닛이지만 팀 단위로 받은 경우는 전체 11유닛인데 이 중에 한 해 동안 평균 6-10팀 이상을 받은 경우는 3유닛이고 10팀 이상 받는 경우는 2유닛이 있다. 국제적인 이슈인 난민에 대해서 관심도는 그 어느 때보다 높기 때문이기도 하다. 특히 한번 레바논 난민 사역지를 방문하고 나면 소문을 내서 2차 3차 팀이 연속적으로 방문하는 경우도 늘고 있다.

긍정적인 면은 이슬람 선교가 난민들을 통해서 새로운 형태로 되어지는 것을 보는 것이 동원에 큰 영향을 주고 있고, 또한 다녀간 방문자들 중에 헌신해서 난민 사역지로 단기로 헌신하는 경우도 늘고 있다. 이슬람 권에서 단기팀, 비전 트립팀이 방문하면 일반적으로 간접적인 사역을 중심으로 봉사 위주로 한다. 영적인 사역을 할 수 없기 때문에 조심스러움이 많았다. 한국교회들이 난민 사역에 대한 관심이 계속 상승되면서 선교 훈련 프로그램을 난민 사역지에서 하고자 하는 움직임도 생기고 있다.

⑭ 현재 3개월 또는 1년 단기 사역자가 필요한가?

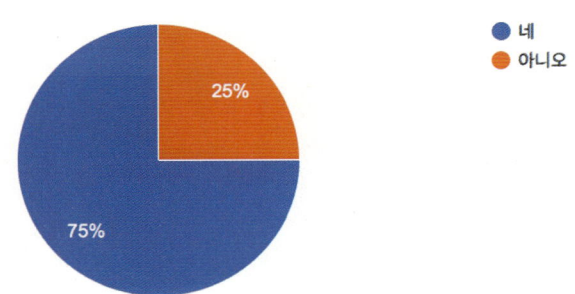

분석: 12유닛은 필요하다고 했고 4유닛 그렇지 않다고 했다. 학교, 센터 사역 경우에는 인력적인 필요들이 높기 때문에 사역자를 찾고 있지만 개인적인 사역, 방문하는 사역자에게는 단기 사역자들이 굳이 필요하지 않다고 생각하고 있다.

⑮ 단기 사역자를 받을 때 가장 우려되는 점은?

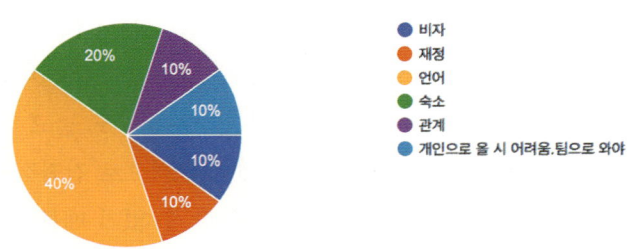

분석: 언어와 숙소에 대한 우려점이 높게 나타났다. 현장 사역자 자신도 언어적 부담이 있기 때문에 단기 사역자마저 아랍어를 준비해서 오는 경우가 아니면 오히려 단기 사역자가 부담으로 작용될 수 있다. 숙소의 경우에 재정적인 부분과 연결이 되지만 지속적으로 단기 사역자들을 받는 경

우가 아니면 숙소를 마련하는 것은 어려운 일이다. 또한 낯선 사람이 사역팀에 합류해서 함께 지내는 것은 또 다른 스트레스를 야기할 수도 있다. 그래서 몇몇 사역자들은 모교회나 지인 중에서 단기 사역자들을 발굴해서 동역하는 경우가 3유닛에게서 찾아볼 수 있다.

⑯ 현재 하는 사역의 발전을 위해서 꼭 필요한 것은?

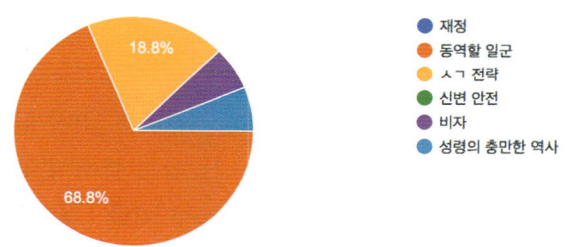

분석: 68.8%(11유닛)가 동역할 일꾼이 필요하다고 말했다. 위에서 살펴본 단기 사역자 즉, 한국이나 타국에서 오는 일꾼을 말하는 것이지만 여기서는 현지인 아랍어 사용 가능 동역자들이 필요하는 것으로 분석할 수 있다. 난민 사역은 할 일들이 굉장히 많다. 그러기 때문에 일꾼 수급이 중요한데 재정적으로 사례비를 제공하지 않고 난민 사역 동역자들을 찾는 것은 매우 어려운 현실이다.

레바논 현지 교회 교인들도 봉사 차원에서 사역에 참여하는 경우가 매우 제한되어 있다. 18.8%가 선교 전략이 필요하다고 말하는데 사역적 돌파구가 필요하고 사역자들은 지속적인 훈련과 정보가 필요하다. 난민들도 바빠지고 있고 초창기의 필요가 아닌 다른 형태의 필요가 대두되고 있다. 따라서 계속 사역을 연구하고 발전시켜 나가야 할 필요가 있음으로 분석이 된다.

⑰ 난민 사역 관련 포럼 또는 컨퍼런스에 참여한 적이 있나?

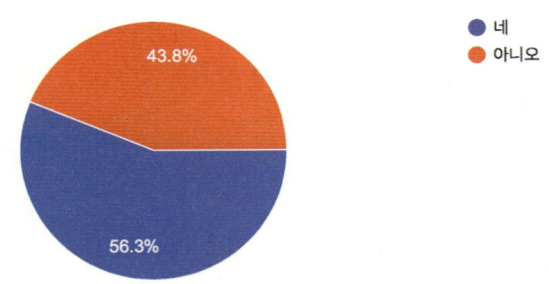

분석: 9유닛은 참여 경험이 있고 7유닛은 없다. 최근 들어서 난민 사역을 활성화하는 포럼, 콘퍼런스, 네트워크 등이 곳곳에서 생겨나고 있다. 한국 사역자들 대상으로 하는 모임들도 지난 3-4년 사이에 다수의 모임들이 있었지만 소수의 사역자들만 참여했다. 하지만 난민 사역에 대한 나눔이 실제적으로 이루어지지 않는 문제점이 있었다.

난민 사역자들은 지속적으로 배움의 기회를 갖고 교류하기를 원하는 것으로 대부분 반응 보였다. 13유닛은 향후 난민 사역 콘퍼런스나 포럼 등에 참여할 용의가 있다는 말을 했는데 사역적 발전과 돌파구를 찾고 싶어 하는 마음을 읽을 수 있다.

⑱ 다른 지역 또는 타 단체 난민 사역자들과 협력 필요성을 느끼고 계시는가?

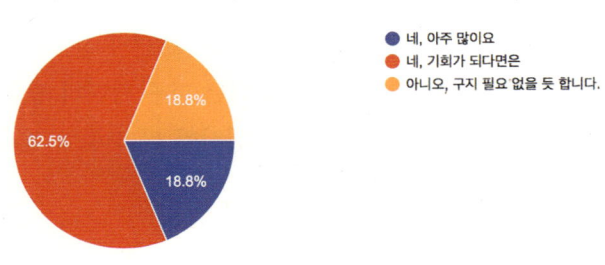

분석: 13유닛은 협력의 필요성을 말했다. 난민 사역자들은 바쁜 일정과 다양한 사역들을 하게 되는 경우가 많다. 그렇기에 혼자서 사역을 다 할 수 있는 것은 아니다. 실제로 이 중에 3유닛만 아주 필요하다고 말했는데 사역적 협력의 경험이 있는 사역자들이며 도움을 받는 것보다 도움을 주는 형태의 협력까지도 생각하는 것으로 볼 수 있다. 그 외에 10유닛은 도움을 받는 협력을 기대하는 것으로 분석된다.

⑲ 협력이 가장 필요한 영역은 뭘까요?

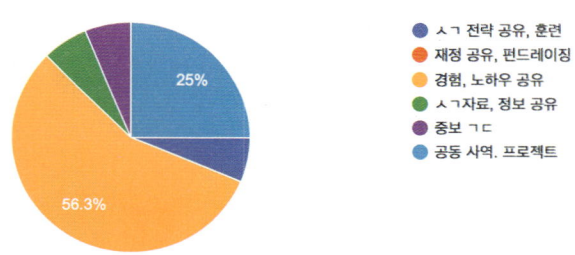

분석: 경험 노하우 공유가 필요하다고 56.3%(9유닛)가 말했다. 난민 사역은 경험을 가지고 시작한 사역자는 한 명도 없었다. 그래서 시행착오 및 사역 방향에 대한 혼선, 사역 지역 및 대상 선정, 재정 관리, 현지 인력 관리 등 난민 사역을 이루어 가는데 필요한 것에 대한 도움이 3년 이하 난민 사역자들에게는 필요한 것으로 분석이 된다. 그래서 5년 이상 난민 사역을 경험한 사역자들이 그러한 필요들을 공유하고 나눠주기를 기대하는 것으로 분석이 된다.

또한 공동 사역, 프로젝트를 함께 하는 것이 대한 의사 표시를 한 사역자들도 있다. 새로운 난민 사역지를 개척한다든지 기존 사역을 강화하기 위한 협력 프로젝트를 하는 것에 대한 필요를 말하고 있는 것을 볼 수 있다.

⑳ 난민 사역을 계속하시는 이유는 뭔가요?

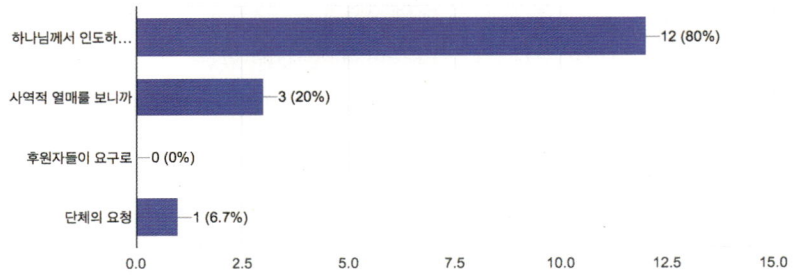

분석: 응답자 15유닛 중 12유닛은 하나님께서 인도하시기 때문이라고 답했다. 그리고 3유닛은 사역적 열매를 보기 때문이라고 했다. 난민 사역은 하나님께서 이 시대에 행하시는 일임을 사역자들은 느끼고 알고 있다. 또한 한국 사역자들뿐만 아니라 서양 사역자들, 레바논 현지 교회들도 난민 사역에 참여하고 있고 그로 인한 현재 레바논 내에 선교적, 사역적, 교회적인 긍정적인 열매들이 보이고 있다.

레바논 전국이 난민 사역지라고 해도 과언이 아니기 때문에 하나님의 일하신다는 생각을 충분히 가질 수 있다. 그래서 일시적인 사역이 아닌 하나님께서 인도하시는 사역이라고 확신을 가지고 난민 사역에 임하는 것으로 볼 수 있다.

2) 난민 사역과 '하나님의 선교'

(1) '하나님의 선교'

① 성경적 근거

성경은 처음부터 끝까지 난민들의 이야기라고 해도 과언이 아니다. '게르'라는 단어는 전쟁(삼하 4:3; 사 16:4)이나 기근(룻 1:1), 전염병 때문에 다른 곳으로 이주한 사람들이며 레위기 25:47에 의하면 매우 가난하고 경제적으로 착취당한 사람들로 분류되어 있으며 한국어로는 나그네(Alien) 또는 거류하는 자(Stranger)라고 번역되어 있다.[82] 게르'는 지금 시대에 난민으로 볼 수 있으며 그들은 향한 하나님의 약속들이 성경 곳곳에서 발견되고 있다.[83]

구약성경에서 대표적으로 난민에 대해서 말하고 있는 구절은 신명기 10:18-19이라고 볼 수 있다.

> 고아와 과부를 위하여 정의를 행하시며 나그네를 사랑하여 그에게 떡과 옷을 주시나니 너희는 나그네를 사랑하라 전에 너희도 애굽 땅에서 나그네 되었음이니라(신 10:18-19).

여기에 등장하는 단어 '나그네'(게르) 표현은 난민으로 번역할 수 있으며 연역적으로 난민을 돕는 것은 선택의 문제가 아니고 하나님의 명령에 대한 순종의 문제이다.[84]

구약성경은 난민들의 이야기이다. 난민 문제는 구약성경의 핵심 주제로 아브라함과 모세를 비롯하여 다윗에 이르기까지 난민 선교에 관련된 이야기들이며 난민을 통하여 우리에게 주는 교훈은 인간은 누구나 하나님께

---

82 소윤정, "유럽 이주 무슬림 정착 문제와 기독교 선교," 「성경과 신학」 vol. 78 (2016), 267.
83 영어 성경(NIV)에서 나그네(Alien)가 등장하는 성경 구절은 총 102회(구약 96회, 신약 6회)이며 거류하는 자(Stranger)는 37회(구약 24회, 신약 13회)가 나온다. 도피한 자, 도망한 자(Refugee)는 2회 등장, 예레미야 50:28; 이사야 16:3.
84 성남용, "한국인의 입장에서 해석한 난민 사역에 관한 성경적 관점," 「난민을 생각하며, 2015년 암만 난민 사역 써미트 자료집」, 25.

소망을 두고 하나님과 동행하는 난민이라는 것이다.[85]

초대 기독교인들은 거의 모두 난민이었다. 그들은 믿음으로 인해 박해를 받아서 비자발적으로 고향을 떠나서 타향으로 가게 되었다. 사도행전 곳곳에 보면 초대교회는 핍박으로 인하여 신자들이 뿔뿔이 흩어지게 되었고 그런 과정 중에 교회를 세우고 복음 증거를 하였다.[86] 또한 예수님은 사회적 약자들을 향한 긍휼을 행함에 관하여 구약적 전통을 철저하게 따르셨다. 복음서의 등장 인물 중 75-80%는 궁핍한 사람들이었다. 여기에는 그 땅에 거주하는 외국인들도 포함되어 있다.[87]

예수님 자신도 태어나자마자 당시 헤롯왕의 살해 위협을 받고 이집트로 피난을 가셨다.[88] 예수님의 가르침과 삶에는 가난한 자들이 많은 비중을 차지하고 있다. 그러므로 사회적인 약자였던 난민들도 예수님 사역의 범주에 포함되는 것이 당연한 것이다.

예수님은 마태복음 25:35-46에서 "나그네 되었을 때 나를 입혀 주었고, 먹여 주었고, 마시게 하였도다. … 지극히 작은 자 하나에게 한 것이 나에게 한 것이니라"라고 말씀하시며 기독교인들이 어떻게 구체적으로 현실의 삶에서 사랑을 행하면서 살아야 하는지 가르치고 계시다.

마태복음 25장은 특히 종말의 때에 일어날 일에 대한 말씀과 두 가지 형태의 사람들을 보여 주고 있다. 결국 예수님께서 관심을 가지는 부류의 사람 중 하나는 난(나그네 된 자)이다. 그리고 그들을 어떻게 대하는지에 따라서 의인이기도 하고 악인이 되기도 한다. 그래서 난민 사역은 우리의 연

---

85 유운종, "구약성서에 나타난 이주민 신학," 소윤정, 「성경과 신학」 vol. 78 (2016), 267에서 재인용. 발췌 내용에서는 '이주민'이라는 표현을 썼는데 이 글에서는 '난민'으로 바꾸어서 사용하였음.
86 사도행전 5:17-42; 6:6-7:60; 11:19; 12:1-18; 베드로전서 1:1, 6-7.
87 Rupen Das, "난민 사역의 기초와 철학," 「난민을 생각하며, 2015년 암만 난민 사역 써미트 자료집」, 12-14.
88 마태복음 3:14-21.

민의 감정보다는 오히려 그들을 돌보고 하나님의 사랑을 나누라고 요구하시는 하나님의 말씀에 기반한다.[89]

② 신학적 근거

'하나님의 선교'라는 말은 세상을 변화시키는 선교라는 면에서 삼위일체의 기반 위에 이 세상에 대한 하나님의 심판과 이 세상을 개선하려는 하나님의 행위와 섭리를 가리키는 신조어로 사용되었다.[90] 이는 근본적으로 선교의 주체는 교회와 사람들이 아니라 삼위일체 되신 하나님 자신이라는 것을 강조하려 했던 것이며 교회와 사람은 선교의 주체가 되신 하나님의 선교에 참여해야 한다는 것을 인식시키는 의미를 둔다.

다시 말하면, 선교는 근본적으로 단순히 교회의 활동으로 볼 것이 아니라 선교사로서의 속성을 가지신 하나님 자신의 일이라는 것이다.[91] 선교하시는 하나님은 인간의 도움이 필요한 것이 아니다. 하나님 자신이 모든 일을 다 하실 수 있다. 하지만 하나님이 그리스도의 몸된 교회가 바른 선교적 인식과 함께 모든 사람의 상황에 반응해야 한다는 것이 중요한데 난민 문제에 대해서 교회가 함께 반응을 해야 한다.[92]

> 선교는 하나님의 마음으로부터 생겨나서, 그분의 마음에서 우리의 마음으로 전달되는 것이다. 선교는 세계적인 하나님의 세계적인 백성이 세계적으로 활동하는 것이다.[93]

---

[89] Dr. Peter Vimalasekaren, '난민 선교에 대한 성경적 근거 및 유럽 지역에서의 난민 사역,' 113.
[90] 정흥호, 「복음과 상황화」 (서울: CLC, 2004), 50.
[91] 정흥호, 「복음과 상황화」, 51.
[92] 정흥호, 「복음과 상황화」, 53.
[93] 존 스토트, 「현대를 사는 그리스도인」 (*The Contemporary Christian : An Urgent Plea for Double Listening Leicester*) 한화룡 역 (서울: IVP, 1993), 크리스토퍼 J. H. 라이트, 「하

아울러서 "하나님은 자신의 교회를 위해 세상에 선교를 두신 것이 아니라, 자신의 선교를 위해 교회를 두셨다. 선교가 교회를 위해 시작된 것이 아니다. 교회가 선교, 곧 하나님의 선교를 위해 시작된 것이다."[94] 하나님의 마음을 헤아리고, 하나님이 이 시대에 무엇에 관심을 가지고 계신지 아는 것은 매우 중요하다고 할 수 있다. 구약 왕의 주요한 책임 중에 하나는 약하고 힘없는 자들의 편에서 행하는 것이고 부당한 취급을 받은 자가 정당한 대우를 받고, 억눌린 자가 구조되고, 힘없고 연약한 자가 자기 목소리를 내게 하는 것이다.[95] 이 시대에 가장 힘없는 자, 부당한 취급을 받는 자, 억눌린 자는 과연 누구인가?

바로 난민들이다. 따라서 난민 선교는 왕의 사역이며 의무이다. 하지만 난민 선교 사역이 인간적인 관심과 수단으로 이루어져서는 안 된다. 또한 하나님께서 난민들 가운데서 행하시는 선교는 단순히 그들을 구제하고 경제적으로 돕고 기회가 되면 복음을 전하는 그런 차원의 선교가 아니다.

난민들이 발생하게 된 근본적인 이유들을 치유하고, 잃어버리고 파괴된 하나님의 아름다운 창조 모습, 즉, 화목의 모습이 난민들의 삶 속에서 일어나는 것까지 이루어져야 한다. 새 창조의 약속이 난민 선교에서 성취되어야 한다.[96]

따라서 난민 선교는 포괄적인 선교를 포함하고 있다. 영혼 구원 차원에서의 난민 선교 개념을 넘어 총체적인 선교를 통한 개인과 가정, 지역 사회 및 국가에 치유와 회복을 줄 수 있는 선교 활동이 요구된다.

나님 백성의 선교」(*The Mission of God"s people*)(서울: IVP, 2012), 19에서 재인용.
[94] 크리스토퍼 J. H. 라이트, 「하나님 백성의 선교」, 19에서 재인용.
[95] 크리스토퍼 J. H. 라이트, 「하나님 백성의 선교」, 61-62.
[96] 크리스토퍼 J. H. 라이트, 「하나님 백성의 선교」, 83.

③ 선교 전략적 의의

첫째, 난민 선교는 하나님께서 교회에 주신 선교의 놀라운 기회이다. 수많은 무슬림 난민들이 주님께 돌아오고 있다는 것이다.

둘째, 선교의 관점에서 원심적(Centrifugal) 선교가 선교사를 해외로 파송하는 선교라고 한다면 난민 선교는 자국을 떠나 외국에 몰려오는 사람들을 선교하는 점에서 구심적(Centripetal) 선교이다.

셋째, 선교의 열매와 결실이 크다는 점에서 선교의 효율성이 매우 높다.

넷째, 난민 선교는 난민들이 처한 상황이 영적, 정신적, 육체적, 물질적, 모든 면에서 겪는 고통이 크기 때문에 고통의 문제를 치유하는 차원에서 총체적 접근으로 나아가야 한다.

다섯째, 이러한 총체적 사역은 교회 내 많은 영적, 인적, 물적 자원들이 유기적으로 철저하게 협력 사역이 이루어져야 한다.[97]

하나님이 인간의 죄악으로 말미암아 발생된 전쟁으로 인하여 비자발적으로 고향을 떠날 수 밖에 없는 난민들에게 하나님 나라의 복음을 주시기로 작정하신 것이다.

세상은 인간의 죄악이 점점 더 악해지지만 하나님께서는 그런 중에도 선교의 기회들을 만들어 내시고, 선교사들이 불안한 정세 및 열악한 선교 환경 때문에 복음을 쉽게 전하지 못하였다 해도 신실한 하나님은 난민들이 복음을 들을 수 있는 곳으로 인도하셨다. 아울러서 총체적인 필요를 가지고 있는 난민들에게 영적인 접근 뿐만 아니라 육체적, 물질적, 사회적, 정서면에서 통합적으로 접근해서 하나님의 사랑을 실천할 때에 난민들의 가난한 마음은 천국으로 더욱 향하게 된다.[98]

---

[97] 이병수, '난민 선교와 총체적 선교,' 「남서울 은혜교회 난민 선교 학교 강의안 발췌」, 2017.
[98] 마태복음 5:3 "심령이 가난한 자는 복이 있나니 천국이 그들(난민)의 것임이요." 필자가 임의로 강조함.

난민 선교는 한 사람이 할 수 있는 일이 아니기에 하나님께서는 난민 사역자와 후원, 파송 국가 사역자들 사이에 유기적으로 자연스러운 협력, 네트워크[99]를 이끌어 가심을 볼 수 있다.

과거 무슬림 지역 선교를 비유로 말하자면 낚시질이다. 한 명씩 관계를 맺고 사역을 하는 형태이다. 하지만 난민 선교는 그물로 고기를 잡는 형태이다. 그물을 던지고 끌어 올릴 때에 여러 명이 함께 힘을 모아서 끌어 올려야 고기를 잡을 수 있다. 이것이 레바논에서 일어나는 현재 난민 선교의 모습이다.

난민 선교는 난민들을 위한 것뿐만이 아니라 난민 선교에 참여하는 사역자는 사역적인 발전을 도모하게 되고, 함께 일하는 분위기가 사역지에 발생되고, 결과적으로 서로를 돌아보고 축복하는 긍정적인 효과를 볼 수 있다. 아울러서 글로벌 교회들의 실제적인 협력과 동역이 난민 사역지를 풍성하게 하며 활기를 띠게 한다.

(2) 로잔 운동과 난민

① 로잔 선교 대회와 난민 문제

로잔 운동에서 난민 문제는 디아스포라 선교의 특수 영역으로 비자발적 이주민을 대상으로 복음을 전하는 중요한 사역이다.[100] 1974년 로잔 언약

---

[99] 현재 난민 호스트 국, 경유지, 정착국 내에 사역하는 사역자들의 네트워크 모임이 그 실례로 나타나고 있다. A-PEN(Arab-Persian Europe Network)은 중동. 유럽 등지에 있는 난민 이주민들 대상 한인 사역자들이 협력하는 네트워크이며 2016년 파리 난민 이주민 포럼(파리제일장로교회, 김요한 목사 주관)을 기점으로 시작하게 되었고 현재 온라인과 오프라인에서 왕성한 활동 중이다. 필자는 현재 A-PEN 아랍어권 코디 팀장으로 13명의 현장 코디들을 섬기고 있다(2017년 10월 현재).

[100] 김광성, '로잔운동이 제시한 총체적 선교 관점에서 바라본 대한민국 교회의 난민 사역 고찰,'「복음과 선교」제 35집, 14.

(The Lausanne Covenant)에서는 전체 12개 항목 중 5번, '그리스도인의 사회적 책임'(Christian Social Responsibility)에서 인간 사회 어느 곳에서나 정의와 화해를 구현하고 인간을 모든 종류의 억압으로부터 해방시키려는 하나님의 관심에 동참하여야 한다고 한다. 이는 개인적 책임과 사회적 책임을 총체적으로 수행하기 위하여 우리가 먼저 변화되어야 한다는 점을 강조하면서 이 조항에서 직접적으로 난민 문제를 언급하고 있다고 볼 수 있다. 그리고 행함이 없는 믿음은 죽은 것이라는 성구를 강조하였다.[101]

1974년 당시만 해도 난민 문제가 국제적인 큰 이슈는 아니었다. 이후 로잔은 1980년에 난민 문제에 대한 분명한 선교 신학적 입장을 밝혔는데 복음 전도와 사회적 책임이 그리스도인의 두 가지 책무라는 것이다. 이와 같이 로잔 선교 신학의 통전성은 난민에게 복음을 전하고, 난민들의 필요를 채워주면서, 사회에서 난민 문제가 발생하는 원인인 정치적 불의를 해결하는데 그리스도인들이 앞장서야 함을 분명히 알려주고 있는 것이다.[102]

1989년 마닐라 선언문[103]에서는 "예수님도 하나님의 나라를 선포하셨을 뿐만 아니라 하나님 나라의 도래를 자비와 능력의 역사로 보여 주셨다. 오늘 우리 역시 이처럼 겸손한 마음으로 말씀을 전파하고 가르치며, 병자를 돌보며 굶주린 자에게 먹을 것을 주고, 갇힌 자들을 살피며, 억울한 자와 장애가 있는 이들을 도와주며, 억압당하는 자들을 구하는 일을 해야 한다"[104]라고 말하고 있다.

---

[101] https://www.lausanne.org/ko/content-ko/covenant-ko/lausanne-covenant-ko, 로잔 언약, 5번, 2017. 9. 15.
[102] 김광성, '로잔 운동이 제시한 총체적 선교 관점에서 바라본 대한민국 교회의 난민 사역 고찰,' 23.
[103] 로잔 운동은 1974년 7월 스위스 로잔에서 세계 복음화 국제 대회가 개최되면서 시작되었다. 1989년 7월에는 약 170개국에서 3,000여 명이 같은 목적으로 마닐라에 모여서 마닐라 선언문을 발표하게 되었다.
[104] The Manila Manifesto, Ⅱ. A. The Whole Gospel, 4. The Gospel and Social Responsibility

사실 '난민'이라는 구체적인 언급은 하지 않았지만 1974년 로잔 언약에서보다 적극적인 내용을 다루며 사회적 책임을 강조하고 있음을 볼 수 있다. 이 조항은 오늘날 수많은 난민이 겪고 있는 상황과 직결된다.

예수님은 사회적 약자들과 누군가의 도움이 필요한 사람들에 대해서 실천적 행동을 할 것을 가르치셨다. 굶주린 자에게 먹을 것을 주는 것과 전쟁으로 고통받고 사회적 억압을 당하고 있는 난민들에게 하나님 나라의 백성인 우리가 자비와 하나님의 능력을 실천하는 것이 예수님이 이 시대 우리에게 말씀하시는 것이라고 해석하고 적용할 수 있겠다.[105]

예수님은 난민과 같이 어려움을 겪고 있는 자들에게 희생적인 사랑으로 봉사하는 것을 통하여 복음의 능력이 그들 속에서 역사할 것이라고 교훈하신다.[106]

마지막으로 2010년 케이프타운 선언문에서는 전례 없는 대규모 인구 이동 현상에 주목하고 있다. 이주 문제를 이 시대의 중대한 세계적 이슈 중 한 현상으로 보고 있다. 대부분의 이주민(난민)들은 기독교가 아닌 타종교 사람들인데 그들을 향한 진정한 **예수 그리스도의 사랑이 전파되어야 한다고 말한다.**[107]

"오늘날 그리스도인을 포함하여 다양한 종교적 배경을 가진 수많은 사람들이 디아스포라의 상태로 살고 있다. 일거리를 찾는 경제적 이주자들, 전쟁이나 자연재해로 인해 내부적으로 격리된 사람, 난민과 망명자들,

---

(한글 번역본 발췌), https://www.lausanne.org/content/manifesto/the-manila-manifesto (검색일 : 2017.10.8.).

[105] 마태복음 25:34-46.

[106] The Manila Manifesto, Ⅱ. A., B. The Whole Church, 7. The Integrity of the Witnesses, https://www.lausanne.org/content/manifesto/the-manila-manifesto (검색일 : 2017.10.8.)

[107] https://www.lausanne.org/ko/content-ko/ctc-ko/ctcommitment-ko#P2-3 (검색일 : 2017. 10. 8.)

인종 청소와 종교적 박해의 피해자들, 가뭄이나 홍수, 전쟁으로 인한 기근 피해자들, 도시로 이주한 빈농 희생자들이 모두 그런 이들이다. 우리는 현대의 이주 현상에 수반될 수 있는 악과 고통을 구시하지 말며, 그 모든 것이 하나님의 주권적인 선교적 목적 안에 있음을 확증한다"[108]라고 강조하고 있다.

하나님은 모든 일에 주관자이시기 때문에 오늘날 세계 곳곳에서 일어나고 있는 일들 가운데서 하나님의 선교적 목적을 우리는 발견할 수 있다. 이러한 목적을 극대화하고 효과적으로 반응하기 위해서 로잔 운동에서는 크게 3가지로 이주민(난민)을 향한 실천적 사랑이 권고되고 있다.

첫째, 이주민 사역자들에게 대한 전략적 계획과 훈련, 자원을 구비해서 선교적 기회들을 인식하고 응답할 것.

둘째, 실제적으로 섬기라는 포괄적인 성경의 경령에 순종하므로 행위와 말씀으로 그리스도의 사랑에 대하여 책임질 것을 촉구.

셋째, 이주민 교회와 토착 교회가 서로에 대해 귀를 기울이고 서로 배우며 그 나라를 복음으로 변화시키는 공동의 노력을 전개할 것을 권고하고 있다.[109]

따라서 난민 대상 선교 사역은 현장 사역자와 선교 단체 및 후원 교회 그리고 난민 호스트 국가 안에 현지 교회들과의 유기적인 협력과 동반자적 자세를 가지고 사역에 임해야 하나님께서 열어주신 선교적 기회들을 최대치로 끌어 올릴 수 있다.

---

[108] https://www.lausanne.org/ko/content-ko/ctc-ko/ctcommitment-ko#P2-3 (검색일 : 2017. 10. 8.)

[109] https://www.lausanne.org/ko/content-ko/ctc-ko/ctcommitment-ko#P2-3 (검색일 : 2017.10.8)

② LOP에서 말하는 난민 문제

브라이언트 마이어스(Bryant L, Myers)는 LOP 33 문서에서 이스라엘 민족 이야기와 초대교회 이야기가 난민들의 이야기라고 말한다. 죄의 결과로 에덴동산에서 쫓겨나면서부터(창 1-3장) 난민의 역사가 시작되었다. 아브라함의 경우는 자발적인 이주로 하란을 떠나 약속의 땅으로 향했다(창 12장). 하지만 자연재해인 흉년으로 인하여 이집트로 난민이 되어 가게 된다(창 11:10; 행 7:7). 그리고 요셉의 형들은 흉년으로 이집트로 가게 되고 이후 큰 나라를 이루게 된다(창 45장-출 1장). 이것이 첫 번째 난민 이동이며, 두 번째로는 바벨론 포로 시대이다.

신약에서는 예수님이 유아 시절 핍박을 피해 요셉과 마리아와 함께 이집트로 피난을 가게 되어 난민이 된다. 베드로는 본도(Pontus), 갈라디아, 갑바도기아, 아시아와 비두니아에 흩어진 나그네에게 편지(벧전 1:1)를 보내게 되는데 AD 60년경에 당시 로마의 종교 핍박으로 인해서 많은 그리스도인들이 난민이었음을 말해 주고 있다.[110]

이러한 점을 통해서 알 수 있는 것은 성경은 난민들의 역사이고 하나님은 그들과 함께 그분의 선교 목적을 이루어 가심을 알 수 있다. 또한 난민 사역에 있어서 환대(Hospitality), 자선(Charity), 연대(Solidarity), 믿음(Faith), 사랑(Love), 진정한 인도주의(Humanitarianism)는 그리스도인으로 하여금 난민 문제에 접근하게 하는 주요 신학적 주제들이라고 브라이언트(Bryant)는 제시하고 있다.[111]

로잔 LOP 5 Christian Witness to Refugees 문서에서는 아주 구체적으로

---

110 Bryant L. Myers, *Humanitarian Response: Christians in Response to Uprooted People*, 「Holistic Mission, Occasional Paper NO. 33」, (Pattaya, Thailand, September 29 to October 4, 2004), 48-50.

111 Myers, *Humanitarian Response: Christians in Response to Uprooted People*, 「Holistic Mission, Occasional Paper NO. 33」, 50-52.

난민 문제에 대해 그리스도인이 어떻게 반응해야 할 것인가에 대해 기술하고 있으며 성경은 어떻게 말하고 있는지 자세하게 설명하고 있고 난민 사역을 어떻게 진행할지에 대한 지침을 제공하고 있다.[112]

"가난한 자를 보살피는 자에게 복이 있음이여"(시 41:1), "너희와 함께 있는 거류민을 너희 중에서 낳은 자 같이 여기며 자기 같이 사랑하라"(레 19:34). 구약성경 여러 곳에서 가난한 자들, 거류민(이주민, 난민)을 구체적으로 사랑하라고 말씀하고 있다.[113] 여기서 주목해서 봐야 할 것은 "너희 중에서 낳은 자 같이, 자기 같이"(as yourself)이다.

예수님께서 제자들에게 가르치신 가장 위대한 계명 중 "네 이웃을 네 자신 같이 사랑하라"(눅 10:27) 말씀과 연결된다. 그러므로 우리가 자식을 사랑하고 자신을 사랑하듯이 사랑해야 할 대상에 이주민, 난민이 포함되는 것이다. 예수님은 율법의 본질인 사랑을 무시하는 바리새인들을 혹평하신다(마 23:14-23).

그리고 마태복음 25:34에서 매우 중요한 원리를 가르치신다. "내 아버지께 복 받을 자들이여 나아와 창세로부터 너희를 위하여 예비된 나라를 상속 받으라." 복 받을 자, 예비된 나라를 상속받는 자에 대해서 말씀하시는데 바로 이어지는 35-40절에서 정확히 그 기준을 말씀하신다.

> 내가 주릴 때에 너희가 먹을 것을 주었고 목마를 때에 마시게 하였고 나그네 되었을 때에 영접하였고 헐벗었을 때에 옷을 입혔고 병들었을 때에 돌보았고 옥에 갇혔을 때에 와서 보았느니라 … 내가 진실로 너희에게 이르노니 너희가 여기 내 형제 중에 지극히 작은 자 하나에게 한 것이 곧 내게

---

112 김광성, '로잔운동이 제시한 총체적 선교 관점에서 바라본 대한민국 교회의 난민 사역 고찰,' 22.
113 https://www.lausanne.org/content/lop/lop-5#3, 3. Biblical Mandate, 4. (검색일 : 2017.10.8)

한 것이니라(마 25:35-40).

곧, 율법의 핵심인 사랑은 난민들을 향해서 구체적인 사랑의 행동으로 이어지는 것을 말하고 또한 그것은 하나님 나라 기준으로 볼 때에 '복 있는 자,' '하나님 나라 상속자'인 것이다.[114]

하나님은 요한계시록 7:14-17에서 난민들에게 큰 환난을 넘어서 안전함과 소망을 주는 약속의 말씀을 하신다.[115]

> 큰 환난에서 나오는 자들인데 … 보좌에 앉으신 이가 그들 위에 장막을 치시리니 그들이 다시는 주리지도 아니하며 목마르지도 아니하고 해나 아무 뜨거운 기운에 상하지도 아니하리니 이는 보좌 가운데에 계신 어린 양이 그들의 목자가 되사 생명수 샘으로 인도하시고 하나님께서 그들의 눈에서 모든 눈물을 씻어 주실 것임이라(계 7:14-17).

이 메시지는 난민들에게 큰 위로가 된다. 당장 눈에 보이는 소망을 찾기도 어렵고 미래의 불투명성 때문에 정서적으로 큰 어려움을 겪고 있기에 하나님의 약속을 확인하고 받아들이면 큰 복음의 메시지가 될 것이다.

또한 예수님의 지상 대명령(마 28:19, 20)에서 하나님의 백성들은 마치 난민들 같다. '가라'라는 말에는 자발적이든 비자발적이든 형태의 움직임이 포함된 것이다. 주님은 제자들이 지구 곳곳에 흩어져서 제자 삼고 세례를 주고 가르쳐 지키게 하는 일을 기대하신다. 물론 이러한 명령에 순종하는 자들에 대하여서는 마치 양을 이리 가운데 보내는 것 같다고 말씀하셨

---

[114] https://www.lausanne.org/content/lop/lop-5#3, 3. Biblical Mandate, 4-5. (검색일 : 2017.10.8)

[115] https://www.lausanne.org/content/lop/lop-5#3, 3. Biblical Mandate, 5. (검색일 : 2017.10.8)

다(마 10:16-20).

하지만 성령께서 모든 권세와 능력을 공급하시기 때문에 이 명령에 순종할 수 있고 넉넉히 감당할 수 있다(마 28:20; 행 1:8).[116] 결국, 로잔 운동에서 강조하고 있는 난민 사역은 성경 전체를 통틀어 보여주고 있는 하나님의 구원 경륜과 하나님이 인류 구원을 위하여 세계 선교를 어떻게 이끌어 가시는지를 보여 주면서 특별히 그리스도인들과 교회에 현재 일어나고 있는 난민 문제에 관하여 선교적 대응을 촉구하고 있는 것이다.

③ 레바논 내 난민 사역 전망: 가능성과 한계

레바논 내에 난민 사역 기회들을 제공해 주는 몇 가지 주요 요소들이 있다.

㉮ 레바논은 헌법상 이슬람 국가가 아니다.[117]

㉯ 타 중동 아랍 국가보다는 훨씬 종교적 자유함도 있고 사역적인 접근 또한 용이하다.

㉰ 레바논 내에 시리아 난민들은 외국인이기 때문에 특별히 정부 차원에서 관여하지 않기에 여러 난민촌을 방문해도 큰 문제가 되지 않는다. 이러한 이유 때문에 56.3%의 레바논 한인 선교사들은 난민 사역으로 전향하게 되었고, 전체 20유닛 중에서 18유닛이 난민 사역을 하게 되었다.[118]

㉱ 법적으로 사역자가 종교인 비자를 받고 있어 선교 활동에 법적인 제

---

[116] https://www.lausanne.org/content/lop/lop-5#3, 3. Biblical Mandate, 5. (검색일 : 2017.10.8)
[117] 레바논, https://ko.wikipedia.org/wiki/레바논 (검색일 : 2017.10.14)
[118] 위의 설문 1번 질문과 분석 내용 참고.

재를 특별히 받지 않는다.[119] 따라서 무슬림들에게 복음을 전할 때 지혜롭게 법을 준수하는 한 큰 문제가 되지 않는다.

(마) 레바논 전체 인구가 450만 명 가량 되고 국토의 크기는 한국의 경기도와 비슷하다. 여기에 시리아 난민 150만 명이 추가로 거주하고 있기 때문에 사실 문만 열고 나가면 시리아 사람들을 손쉽게 볼 수 있는 상황이다. 그래서 시리아 난민 사역은 어떤 특정 지역에서만 시행되는 것이 아니라 전국적으로 주요 도시와 시골 지역에서도 교회들과 사역 단체들, 기독 NGO들이 다양한 난민 사역들을 활발히 진행 중이다. 또한 난민에 관련된 회의, 콘퍼런스, 선교 대회 등이 정기적으로 열리고 있으며, 개신교 공동체는 규모가 그리 크지 않기 때문에 사역들을 쉽게 발견하고 알 수 있는 장점이 있다.

(바) 레바논은 오래전부터 중동 아랍 선교의 전초 기지로 쓰임 받고 있다. 이미 여러 국제 선교 단체의 본부와 다수의 신학교들, 기독교 방송국(SAT 7) 등 중동 지역 선교를 위한 전략적 요충지로서의 역할을 감당하고 있다. 이러한 자원들은 난민 사역의 가능성을 더 확대해 주고 있는데, 실제로 위의 요소들 때문에 신임 사역자들이 레바논으로 입국하고 있고 타 중동 국가에 있던 사역자들이 레바논으로 사역지를 옮기는 일들이 일어나고 있다.

(사) 전 세계에서 수많은 비전 트립, 단기 사역팀들이 방문해서 난민 사역을 경험한다. 특별히 이슬람 선교에 대한 새로운 시각 및 인식을 갖게 되기 때문에 이를 통한 글로벌 교회의 협력, 동역, 동원 등이 가능하다.[120]

하지만 이러한 난민 사역의 기회들이 많이 있음에도 불구하고 이 기회들을 제대로 활용하고 극대화하는 전략적 작업이 잘 진행되지 못하는

---

[119] 설문 3번 분석 내용 참고. 설문 응답자 16유닛 중 10유닛은 종교인 비자를 가지고 있다.
[120] 설문 17번 분석 내용 참고.

한계성들이 있다. 여기에는 외부적인 한계성과 내부적인 한계성들이 있는데 먼저 외부적인 한계성은 다음과 같다.

㉮ 각 지역의 군, 면 단위로 각기 종교 색깔이 워낙 뚜렷하다. 대부분 군, 면 단위로 각각의 수니파, 시아파 무슬림 지역 리더들이 있어 같은 지역 이슬람 지도자들의 눈치를 보게 되고, 이들은 종종 기독교 선교에 대하여 공갈, 위협, 핍박을 가하는 경우가 있다.

㉯ 40% 이상의 레바논 국민은 마론 가톨릭[121] 배경이고 가톨릭교회는 전통적으로 타 종교를 포용하고 불필요한 마찰이나 물의를 일으키지 않으려고 한다. 그래서 현지 기독교 단체들도 사회봉사 위주로 사역을 하는 경우가 많다. 하지만 개신교 사역은 복음 전도 및 교회 개척 등 영적인 사역을 실시하다 보니 무슬림이 대부분인 지역에서 개신교 선교 사역은 법적으로는 문제가 되지 않지만 지역 내 무슬림 세력들의 주목을 받고 방해 공작을 받는 일이 많다.

또한 기독교 지역 정부도 때로는 선거철 같은 때에 무슬림 주민들의 표를 의식해서 선교사들을 공개적으로 거명하면서 핍박하는 경우도 수차례 발생하게 되었다. 실제로 2016년 5월 경에 종교인 비자를 가지고 있는 한 사역자의 부인은 비자가 거부됨으로 어쩔 수 없이 나라를 비자발적으로 떠나게 되는 사태도 발생했다.

㉰ 인정된 종교인 비자 없이 사역할 경우 법적인 문제를 받게 된다. 최근 레바논 북부에서 난민 사역하던 사역자 한 가정은 학생 비자로 사역

---

[121] 마로나이트(Maronites, 아랍어: الموارنة) 또는 마론파는 시리아에서 태동한 기독교의 한 교파이다. 시리아의 수도자 마론(?~423?)의 이름을 땄으며, 교리적으로 단성론을 따랐다. 18세기 이후 동방 가톨릭교회에 속해 있다. 오늘날 레바논에서 가장 유력한 종교 집단이다.
출처: https://ko.wikipedia.org/wiki/마론파

하다가 종교 비자로 전환하려고 신청을 했지만, 거부를 당해서 추방되었다. 한국교회에서 비전 트립 팀들이 와서 난민촌에서 전도, 방문을 무분별하게 해서 레바논 군부대 및 정보국에서 수차례 한국 대사관에 주의를 당부했다. 관광 비자로 왔는데 왜 난민촌에 가며 전도 활동을 하는지에 대한 이슈가 끊임없이 제기되고 있고 최근 레바논 한인 선교사들도 단체 카톡 방에서 수차례 불만을 제기하였다. 장기 사역자가 동행하거나 기존의 사역 센터를 활용해서 사역을 하는 것은 큰 무리가 없지만 어설픈 아랍어로 전도 및 사역을 도움 없이 했을 때 그들이 떠난 후 그 지역 한국 사역자는 심각한 타격을 입는 경우가 수차례 발생했다.

㈣ 난민들은 끊임없이 이동한다. 해외로 이주하는 경우는 최근 들어서 현저히 줄어들었다. 하지만 높은 임대료, 이웃 간의 불화, 자녀 문제, 열악한 주거 환경 등의 이유로 거처를 옮기는 경우가 많아지고 있다. 우리 학교 학부모 한 가정은 지난 6개월 사이에 거처를 3번이나 옮기는 일도 일어났다.

내부적인 한계성은 설문 조사에서도 조사되었듯이 다음의 몇 가지로 요약할 수 있다.

㈎ 언어 문제였다. 아랍어로 사역을 해야 하는 점이 굉장히 큰 부담으로 찾아온다. 레바논 남부 난민 사역자 여성 모임에 참여한 사람들이 한인 사역자의 아랍어를 알아듣지 못하는 어려움을 타인에게 고백했다. 일반적으로 아랍어 준비가 타 언어에 비해서 더 많은 시간이 필요한데 시리아 난민 사역을 하면서 언어 공부를 병행하는 것은 무척 어려운 일이다. 일이 너무나 많고 바쁘기 때문에 언어적인 발전을 기대하기 어렵다.

아랍어로 말씀을 유창히 전할 수 있는 한인 난민 사역자는 전체 응답자 16유닛 중에 6유닛 정도뿐이다. 언어적 장벽은 영적인 사역에도 영향을 상당히 미치게 된다. 난민 사역으로 전도는 어느 정도 이루어지고 있으나 교회 개척 또는 그리스도 공동체를 형성하고 제자들이 양육되는 일은 수년간 노력을 했으나 그리 높은 성과를 거두고 있지 못하다.[122]

㉯ 현지인 동역자가 없기 때문에 사역을 돌파해 나가지 못하는 경우가 자주 목격이 된다.[123] 현지인이 사역 팀 안에 있는 것과 없는 것은 큰 차이점이 있다. 사역자의 언어적 부족한 부분, 문화적 사회적 취약한 부분을 현지인이 충분히 도울 수 있기 때문이다.

응답자 16유닛 중에서 13유닛은 현지인 동역자 없이 사역자 부부만 사역을 하는 경우와 소수 현지인 일꾼들이 사역팀에서 일하는 것으로 나타났다. 현지인 일꾼들과 함께 일하는 것은 단순히 사역의 발전뿐만 아니라 현지인을 현장에서 양성할 수 있는 기회이기도 하다. 외부에서 단기 사역자가 와서 사역을 돕는 것은 응답자 75%는 필요하다고 말했다.[124] 하지만 단기 사역자의 언어적 부담을 기존 현장 사역자가 도와야 하는 불편함이 있고 수개월 투숙할 만한 숙소 확보 문제도 신중히 고려해야 한다는 것이다.[125]

㉰ 난민 사역은 변화가 많고 국가 정책이나 주변 정세에 영향을 많이 받기 때문에 유연한 사역 전략이 요구되는데 다부분 난민 사역 경험의 부족이 사역 발전으로 이어지는 데 장애가 된다. 사역적 도움을 받기 위해서 지속적으로 난민 사역 콘퍼런스, 포럼 등을 찾아가서 배우고 협력, 교류해서 사역적으로 발전할 기회를 찾는 것이 중요하다. 현재 16유닛 중 7유닛은 아직 그런 기회를 갖지 못했다. 하지만 사역 발전을 위한 노

---

[122] 설문 11번, 실제로 12유닛 중에 3유닛만 주일 예배만 이뤄지고 있다. 또한 설문 13번을 보면 주일 예배 사역 3유닛은 50명 이상이 되지만 20-30명 또는 10명 미만만이 예배, 성경 공부 모임에 참여하고 있다. 대부분의 참가자들은 구도자(seekers)들이며 제자 훈련 및 사역자 훈련을 받고 있는 난민 신자들은 그리 많지 않다는 현실을 알 수 있다.
[123] 설문 20번, 68.8%(11유닛)는 현지인 동역자가 필요함을 호소하고 있다.
[124] 설문 18번, 12유닛이 필요성을 말함.
[125] 설문 19번 참고.

력이 필요하다는 인식을 가지고 있다.[126]

이러한 사역적 필요 때문에 13유닛은 타지역 또는 타 단체 난민 사역자들과 협력의 필요성을 언급하고 있다.[127] 협력에 있어서 사역 경험과 사역적 노하우 공유의 필요성이 제기 되고 있으며 선교 전략 및 훈련에 대한 필요들이 있다.[128]

(3) 전략적 전망

레바논 내에 난민 사역은 가능성과 한계성이 공존하고 있다. 하지만 중요한 것은 난민 사역을 누구의 관점에서 보고 해석하고 적용할 것이냐에 따라서 결과가 달라질 수 있다. 시리아 난민 사역은 선택이 아닌 당위적 요청이며 난민 문제는 하나님 역사 안에서 기회이다.[129] 난민 사역 분야는 매우 광범위하고 해야 할 사역들이 많이 보인다. 그러므로 사역자는 선택과 집중 그리고 전략적인 투자와 협력이 필요하다. 몇 가지 난민 사역을 위한 전략적 제안을 한다면 다음과 같다.

① 미취학 아동 사역 – 프리스쿨

난민촌의 인구가 계속 늘어나고 있다. 2011년 시리아 사태부터 2016년 말까지 레바논 내에서만 약 65,000명의 난민 신생아가 태어났다. 그런데 이 중 70%는 출생 증명서가 없다고 발표를 했다.[130]

시리아 사태 초창기에 태어났던 아이들이 이제는 5-6세가 되었다. 또한

---

[126] 설문 21번 참고.
[127] 설문 22번 참고.
[128] 설문 23번 참고.
[129] http://www.christiantoday.co.kr/news/294751 (검색일 : 2017. 10. 14.)
[130] Francesca Civili, 'Vulnerability of Refugees in Lebanon: Facts and Figures,' http://www.unocha.org/syrian-arab-republic/syria-country-profile/lebanon-country-office (검색일 : 2017. 10. 14)

난민촌 마다 아이들이 넘쳐난다. 시리아 내전이 시작한 이래 약 500,000만명 취학 아동 중 250,000명 가량은 레바논에서 학교를 다니지 못하고 있다. 상당수는 교실 문턱을 넘어 보지도 못했다. "우리 아이들이 교육 없이 자라고 있어요."라고 한 시리아 여성은 절규하면서 말한다.[131]

사역자들이 정규 학교 사역을 하는 것은 다소 무리가 있지만 기초 아동 교육 사역에 관심을 많이 가져야 한다. 특별히 프리스쿨 미취학 아동 대상의 사역은 굉장히 중요한 접근이다. 일반적으로 8세 이상부터 초등학교에 들어갈 수 있기 때문에 상대적으로 5-7세 아동들이 난민촌에 그냥 방치되어 있는 것을 보게 된다. 이들의 부모들은 대게 나이가 젊은 층이기 때문에 사역적으로 다양한 기회와 접촉이 가능할 것이다.

② 세대 간을 이어주는 사역적 연계

이번 설문에 참여한 사역자들이 가까운 미래에 하고 싶은 사역 중에 청소년 사역을 가장 많이 이야기하였다. 처음 난민 사역을 시작했을 당시에 초등학교 연령층이던 아이들이 성장해서 청소년 또는 청년이 되었다. 난민촌에서는 생계형 일을 12세 이상이 되면 찾게 되고 낮에 진행되는 정기적 교육 프로그램에 참여하지 못하게 된다. 초등학교 연령 때까지 사역해 왔지만, 생계 문제로 난민 사역에서 벗어나게 되는 경우가 빈번하다. 따라서 프리스쿨 사역, 초등학교 연령 대상 사역 그리고 청소년으로 이어지는 사역이 절실하게 된다.

③ 난민 사역의 속도

난민 상황은 주변 정세와 맞물려 있다. 언제 떠날지 모르는 5분 대기조

---

[131] 'Growing Up Without an Education' -Barriers to Education for Syrian Refugee Children in Lebanon, Human Rights Watch, 2016,
https://www.hrw.org/report/2016/07/19/growing-without-education/barriers-education-syrian-refugee-children-lebanon

같은 느낌을 받을 때가 많다. 최근 들어서 레바논 정부에서는 법적이고 합리적인 방법으로 난민 문제를 해결하려는 노력을 하고 있다. 레바논 국적의 스폰서가 있어야만 체류 비자가 연장된다.[132]

난민 사역의 속도를 더 높여야 한다. 특히 복음 전도를 위해 오랜 시간 동안 관계를 맺도록 하는 관계 전도 방식은 난민 선교 상황에서 적절치 못하다. 빠른 속도로 담대히 복음을 전하는 것이 그 어느 때보다 중요하고 앞으로 더 급변하게 될 것으로 예상이 된다.

이슬람권에서 속도감 있게 복음을 전한다는 것은 말처럼 쉬운 일은 아니지만 미디어와 IT 자료들을 최대한 활용해서 난민들에게 복음을 전하는 것이 더욱더 연구 및 실행되게 될 것이다. 기존의 미디어와 IT자료 개발자가 공급자들과 연대해서 지속적인 업데이트와 사역 노하우 공유가 더욱 더 시대적 요청에 따라 활발해질 것이라고 전망한다.

④ 난민 신자들을 강도 높게 훈련

복음을 듣고 신앙생활을 시작한 새신자들을 신속히 양육하고 일꾼으로 세워가는 것이 중요한데 이는 평안하게 일주일 1-2번 만나서 성경 공부하는 수준이 아니라 강력한 사역자 훈련을 시켜 **빠른 성장을 일으켜야 한다**. 난민 새신자들의 특징 중의 하나는 복음을 받아들이고 난 후에 사역자가 가르치는 모든 내용이 곧 기준이 된다.

따라서 사역자는 인텐시브로 난민 신자들을 훈련시키는 것이 더 시급하게 될 것으로 전망된다. 기도, 예배, 전도, 성경 공부 인도, 개인 경건 생활 등 체계적이면서도 영성 있는 훈련이 요구된다. 하지만 사역자가 삶에

---

[132] Lack of legal status is a nightmare for Syrians in Lebanon, http://www.middleeasteye.net/columns/lack-legal-status-syrians-biggest-nightmare-lebanon-65115956 (검색일 : 2017. 10. 17.)

모범을 보이고 사역 시범을 보이며 현장에서 인턴십 같은 실습 훈련을 관리 감독하는 것이 중요하다. 마치 운전면허 취득했다고 바로 도로 운전을 잘하는 것이 아닌 것처럼 현장 실습과 좋은 모델을 자주 보여주고 다듬어 주는 것이 중요한 훈련이다.

난민들은 언젠가 본국 시리아로 돌아갈 것으로 예상되는데 사역자로 돌아가서 시리아 내부에서 사역자의 삶을 살도록 레바논에서부터 시작하는 것은 향후 시리아 내부 사역에도 지대한 영향을 주게 될 것이다. 또한 난민들은 가족, 친구, 지인들과 소셜미디어로 연결이 다 되어 있다. 그래서 난민 신자들을 잘 훈련하면 온라인 및 오프라인에서 함께 사역적으로 동역할 수 있는 기회가 더 많이 창출될 것이다.

⑤ 난민 사역자 능력 배양, 강화

설문에서 나왔듯이 난민 사역자들은 일단 난민 사역에 대한 경험과 노하우, 전략적인 부재를 가지고 있다(설문에서 나왔듯이 난민 사역자들은 난민 사역에 대한 경험과 노하우, 전략적이 부족하다고 느끼고 있다). 또한 난민들의 대부분은 무슬림들이기 때문에 난민 사역은 무슬림 사역이다. 사역자의 수준이 곧 사역의 수준으로 이어지게 된다. 따라서 난민 사역자들의 자기 계발과 성장은 난민 사역의 가능성을 극대화하는 것과 직접적으로 연결되어 있다. 이전보다 더 활발한 교류, 협력, 사역적 공유가 일어날 것으로 보인다.

결론적으로 이번 설문을 통한 질적 연구를 통해서 시리아 난민 사역을 하는 레바논 한인 선교 사역을 들여다볼 수 있었다. 다양한 어려움과 고충, 그리고 사역 형태에 따른 세밀한 질적인 면은 공개할 수 없었으나 각자 설문을 통하여 현재 레바논 내에 시리아 난민 사역에 대한 생각과 선교 활동 그리고 사역의 결과를 정리해 볼 수 있게 된 것은 오늘날 우리의 현주소를 알 수 있는 귀중한 기회였다. 또한, 난민 사역에 대한 성경적, 신학적, 선교 전략적인 측면을 고려하고 로잔 문건을 토대로 현재 난민 사역을 조명해 보고 보다 건강한 성경적 선교신학이 사역자들 모두에게 필요하고 더 많은 연구와 전략 개발이 필요하다는 것을 알게 되었다. 성경적인 분명한 당위성을 근거로 하나님의 주도하심을 강화하고 성경적인 체계를 견고히 해야 할 필요성을 볼 수 있었다.

'하나님의 선교'라는 관점에서 과거 에큐메니컬 신학적 입장을 넘어 복음적 입장에서 교회의 존재론적 가치를 중시하며 보다 포괄적이고 총체적인 하나님의 교회의 선교적 접근 방법에 대하여 난민 사역자들이 이해의 폭을 넓히고 각 사역 현장 속에 적용해야 할 필요성이 있음을 알게 되었다. 특별히 선교 전략 면에서 다양한 네트워크를 활용하고 협력을 지향할 필요가 있다.

사역자 간 상호 소통과 선교 전략 공유를 통한 동역자 모델이 난민 사역 가운데 실현되어야 한다는 것이다. 특별히 레바논은 다른 중동 국가에 비하여 선교적 다양성과 가능성이 있어 사역 전망이 밝은 국가이다.

그러므로 사역자의 체계적인 훈련과 준비가 반드시 선행되어야 할 때이다. 장기적인 안목으로 현재의 난민 사역을 점검하고 본인의 관심 분야에만 집중하고 난민들의 필요에만 부응하는 사역을 하기보다 궁극적 복음 비전을 중심으로 사역을 전개해야 할 필요성이 있다.

난민 사역자 한 사람 한 사람이 소중하고 그들과 함께 난민 사역을 고민하고 연구할 수 있는 작은 기회를 이 글을 통해서 갖게 됨을 감사한다. 하나님께서 시대적인 사명을 우리와 함께 나눠 주셔서 위대한 하나님의 선교 현장에 참여할 수 있는 것은 대단한 영광이다. 주께서 모든 사역자에게 은혜와 지혜, 돌파구 그리고 부흥을 주시길 기도한다.

제2장

한국 무슬림 난민 이슈: 한국교회와 국내 난민 선교[1]

세계적으로 많은 난민이 발생하고 있는 가운데, 국내에서도 2013년 7월 1일 난민법이 시행된 이후로 난민들이 계속 급증하고 있다. 난민 신청자는 2013년 1,574명, 2014년 2,896명, 2015년 5,711명, 2016년 7,542명, 2017년 9,942명으로 매년 급증하고 있는 추세이다.[2]

2018년 5월 31일 연합신문 기사에서는 올해 국내 난민 신청자 숫자가 크게 늘어 4개월 만에 지난해 전체 신청자의 절반을 넘어선 것으로 집계됐다며, 유럽을 선호하던 난민들이 이제는 국내로 몰려오고 있다고 보도했다.[3] 또한, 2018년 6월 6일 기사에는, 제주도에 '무사증 입국'을 이용해 올해만 500여 명의 예멘 난민들이 몰려와 난민 신청자에 대한 정부 대책이 시급하다는 내용이 올라왔다.[4]

---

[1] 이글은 책 출판을 위하여 2018년 10월 「성경과 신학」 87집에 게재된 글을 수정 보완하였다. 게제된 논문의 제1저자는 현재 아세아연합신학대학교 박사 과정 중인 정은배이며 교신 저자는 본 저서의 필자인 소윤정으로 본 논문의 목차 구성 및 제1저자의 논문 집필을 지도하였고 전체적인 내용 및 문장 수정과 국문, 영문 초록을 작성하였다.

[2] http://www.immigration.go.kr/HP/TIMM/index.do?strOrgGbnCd=104000, 2016 출입국·외국인정책 통계연보 자료, 2017년 난민 관련 통계 자료에서 발췌.

[3] http://www.yonhapnews.co.kr/bulletin/2018/05/31/0200000000AKR20180531051600371.HTML, (검색일: 2018.6.5)

[4] http://news.khan.co.kr/kh_news/khan_art_view.html?artid=201806062221005&co

이에 유엔난민기구 한국 대표부에서는 6월 25일부터 일주일 동안 '#난민과 함께 #With Refugees'로 지정하고 2018 제주 포럼, 난민 영화의 밤, 난민 토크 콘서트 등을 개최하기로 하였다.[5] 이렇듯, 난민 문제는 유럽연합 차원이 아닌 전 세계적인 문제로 대두되었고, 아울러 한국에서도 커다란 이슈로 부각되면서 난민에 대한 관심사가 높아지고 있는 상황이다.

이러한 한국적 상황에서 과연 한국교회는 난민에 대하여 얼마나 관심이 있고, 난민 문제에 어떠한 대응을 하고 있는가?

케이프타운 서약 문제 10항은 '우리의 선교는 전도(evangelism)와 헌신된 참여(committed engagement)가 함께 통합(integration)되어 이루어져야 한다'는 선언과 함께 복음 전도를 위한 교회의 사회적 책임을 강조하고 있다.[6] 공익법 센터 '어필' 상근 변호사인 이일은 한국교회가 난민의 위기를 선교의 책임으로 인식하는 것이 중요하다고 말한다.[7]

한국교회가 난민 문제를 단순히 사회 문제로 인식하고 교회의 책임을 회피하는 것이 아니라 선교적 관점에서 책임으로 인식하는 것이 중요하다는 것이다.[8] "하나님은 선교의 모든 차원을 총체적이고 역동적으로 실천

---

de=620117, (검색일 : 2018.6.10)

[5] https://www.unhcr.or.kr/unhcr/program/board/detail.jsp?menuID=001006001003&boardTypeID=10&boardID=14228&searchSelect=&keyWord=&currentPage=1&finishIsYN=&boardCategory=%EB%B3%B4%EB%8F%84%EC%9E%90%EB%A3%8C&mode=detail, (검색일 : 2018. 6. 14.)

[6] 로잔운동, 『케이프타운 서약』(The Cape Town Commitment), 최형근 역 (서울: 한국기독학생회출판부, 2014), 60.

[7] 이일, "한국 내 무슬림 난민의 현황, 난민제도의 이해 및 한국 기독교 교회의 과제," 「한국이슬람연구소」 9 (2016): 101.

[8] "65개 로잔 공식 문건 가운데 난민 사역과 관련된 주제를 직접적으로 다룬 것은 LOP 5 Christian Witness to Refugees와 LOP 33Holistic Mission에서 Bryant L. Myers가 쓴 Humanitarian Response: Christians in Response to Uprooted Peoples이다. 로잔 공식 문건의 대부분을 제출한 1980 파타야 모임과 2004년 파타야 포럼에서 다룬 주제에 난민 문제가 포함되어 있다는 것은 로잔운동이 난민 사역에 대해 높은 관심을 가지고 있음을 말

하도록 그분의 교회를 부르셨으며, 우리는 이에 헌신한다."[9]

이에 필자는 ACTS 세계지역연구소 아랍문화연구원 소속 대학원생을 통하여 질적 연구 차원에서 한국교회 사역자들과 성도들을 대상으로 난민 인식 조사를 하였다. 이들의 설문 응답이 한국교회 전체를 대표할 수는 없겠지만 한국교회 성도들의 난민에 대한 인식과 태도 및 난민 선교에 대한 관심도 등을 살펴볼 수 있을 것이다. 이를 위하여 먼저 현재 한국의 난민법과 현황 및 실태를 살펴볼 것이며, 한국에 들어오는 난민들에 대한 다양한 입장의 시각들을 분석하고자 한다.

그리고 난민 선교를 위한 선교 동원적 차원에서 한국교회가 난민 선교에 적극 관심을 갖고 참여해야 하는 성경적 근거와 선교 동원 및 선교 교육과 관련된 로잔 LOP(Lausanne Occasional Paper)를 살펴보고자 한다. 난민 선교를 위한 선교 동원에 있어서 인적 자원과 물적 자원을 일으키는 것은 무엇보다 중요한 선교 전략임에 분명하다.

이에 2004년 파타야 포럼에서 발표된 LOP. No. 56 'Funding for Evangelism and Mission'은 선교 동원에 대한 내용으로 난민 선교를 위한 자원을 어떻게 일으키고 관리해야 하는지 기본적인 지침을 제공하고 있다.[10]

마지막으로 난민 인식 조사 결과를 통하여 현재 한국 기독교인들의 난민 인식 상태를 점검하고, 난민 선교를 위한 선교 동원을 위하여 한국교회의 선교 교육 필요성을 로잔 LOP. No. 57 'Effective Theological Education for World Evangelization'에 근거하여 제언하고자 한다.

해준다." 김광성, "로잔 운동이 제시한 총체적 선교 관점에서 바라본 대한민국 교회의 난민 사역 고찰,"「복음과 선교」 35 (2016): 20.
9 로잔 운동, 『케이프타운 서약』, 62.
10 https://www.lausanne.org/content/lop/lop-56, 2018년 10월 1일 접속.

1. 한국의 난민 제도 및 현황

1) 한국의 난민법

대한민국에서 난민은 난민법(법률 제11298호로 제정된 것)의 개념 정의에 부합하는 사람을 지칭하는데, 난민 협약의 개념 정의를 번역한 난민법 제2조, 1호에서는 난민을 다음과 같이 정의하고 있다.

> 인종, 종교, 국적, 특정 사회 집단의 구성원인 신분 또는 정치적 견해를 이유로 박해를 받을 수 있다고 인정할 충분한 근거가 있는 공포로 인하여 국적국의 보호를 받을 수 없거나 보호받기를 원하지 아니하는 외국인 또는 그러한 공포로 인하여 대한민국에 입국하기 전에 거주한 국가(이하 "상주국")로 돌아갈 수 없거나 돌아가기를 원하지 아니하는 무국적자인 외국인을 말한다.[11]

일반적 의미의 난민은 기아, 전쟁, 재해 등으로 곤경에 빠진 이재민 또는 곤경을 피하여 원래의 거주지를 떠나 대피하는 피난민으로서 거처와 식량 등 구호를 받아야 할 사람으로 인식된다. 법률상 난민은 인종, 종교, 국적, 특정 사회 집단의 구성원 신분 또는 정치적 의견을 이유로 박해를 받을 우려가 있어 모국의 보호를 원치 않는 자를 뜻한다.[12]

한국에서 난민 제도가 운용되기 시작한 것은 1994년으로, '난민의 지위에 관한 협약(1992년)'과 '난민의 지위에 관한 의정서(1993년)'에 가입함

---

[11] 김종철, "난민 관련 한국 법 규정과 판례의 비판적 분석: 1951년 난민의 지위에 관한 협약 제1조 A(2)와 관련하여" (석사학위논문, 고려대학교 법학대학원, 2015), 8.
[12] 한충희, "전 세계 난민 상황과 정책," 「한국이슬람연구소」 9 (2016): 57.

으로 국내법적 효력을 가지게 되었다. 그러나 외국인의 입·출국을 적절하게 통제하기 위한 출입국관리법과 난민 보호가 이루어지지 않고 있다는 반성적 고려하에 2013년 7월 1일 아시아 최초로 난민법이 시행되었다.[13]

난민법 시행 이전 난민 인정 절차는 거의 법제화되어 있지 않은 상황 속에 통역과 변호 등 절차 보장이 미비하여 사실상 난민 인정이 제대로 이루어지지 않는다는 비판이 있었다. 그러나 난민법 시행 이후 현재는 난민 신청 방식과 처리 기간, 출입국항에서의 난민 신청, 통역, 변호, 신뢰 관계 있는 자의 동석, 동성 면접관 요구 등, 규정에 따른 인정 절차가 이루어지고 있다.

현재 한국에 온 난민들은 난민 신청을 하게 되면 기타(G-1-5) 비자를 받고 난민 인정 심사 기간(인터뷰 기간, 법무부에 대한 이의 신청 기간, 행정 법원에서 대법원까지의 행정 소송 기간) 동안 강제 퇴거를 당하지 않게 된다. 그리고 제한된 예산하에 생계비를 6개월에 한해 지원받을 수 있으며, 신청 후 6개월이 지나면 취업 허가를 받을 수 있게 되고, 초중등교육을 받을 수 있게 된다.[14]

난민들에 대한 처우와 관련해서는 가장 문제가 되었던 것이 난민 신청자의 생계 지원 문제이다. 이에 정부에서는 난민들에게 생계비, 주거, 의료, 교육 지원을 할 수 있도록 하고, 난민 신청 후 6개월 이후 취업을 허가할 수 있도록 제도화하였다. 소송 중인 신청자와 재신청자, 체류 기간 연장 목적으로 남용 신청하는 경우가 있기 때문에 간이 절차로 심사하는 난민 신청자에 대하여는 생계비 지원이 제한될 수는 있지만, 취업은 허가될 수 있다.

---

[13] 김세진, "한국사회는 난민을 어떻게 바라보는가," 「기독교 사상」 708 (2017): 41.
[14] 이일, "한국 내 무슬림 난민의 현황, 난민 제도의 이해 및 한국 기독교 교회의 과제," 「한국이슬람연구소」 9 (2016): 92.

난민 신청자들에 대한 생계비 지원은 최근 6개월 이내 입국자 기준으로 1인당 월 약 43만 원 수준의 생계비가 6개월간 지급되고 있다. 난민 인정자의 한국어 교육 등 사회 적응 교육과 난민 신청자의 주거 및 의료 지원 업무를 효율적으로 수행하기 위하여 난민 지원 시설을 설치하여 운영하고 있는데, 현재 영종도에 82명 수용 규모의 출입국 외국인(난민) 지원 센터가 있다.[15]

2) 한국의 난민 현황과 실태

한국에서 난민 제도가 운영된 1994년 이후부터 2018년 5월 말까지 난민 신청자는 40,470명이며, 심사 결정 종료자는 20,361명이다. 이 중 839명이 난민 인정을 받았고, 1,540명이 인도적 체류 허가[16]를 받아 총 2,379명이 난민 인정(보호)을 받고 있다.[17] 난민 신청자 증가 추이를 살펴보면, 난민법 시행 이전인 2013년 6월까지 20년간은 난민 신청자가 5,580명으로 한 해 평균 약 280명이었으나, 난민법이 시행된 2013년 7월부터 금년 5월까지 약 5년 동안 누적된 신청자는 34,890명이고, 연평균 6,978명으로 집계되었다.

난민법 시행 이전 누적 신청자와 비교할 때 약 6.3배 증가한 것으로 나

---

15 이호택, '난민 보호의 관점에서 본 망명권 신설의 위험성: 난민법의 취약점과 유럽의 난민 사태가 주는 시사점,' 「외국인 기본권 확대 개헌안의 문제점에 관한 포럼에서 발췌」 (2018): 25.
16 인도적 체류 허가란 법률상 난민 인정 사유에는 해당하지 아니하지만 고문 등의 비인도적인 처우나 처벌 또는 그 밖의 상황으로 인하여 생명이나 신체의 자유 등을 현저히 침해당할 수 있다고 인정할 만한 합리적인 근거가 있는 사람으로서 대통령령으로 정하는 바에 따라 법무부 장관으로부터 체류 허가된 것을 말한다. https://ko.wikisource.org/wiki/%EB%82%9C%EB%AF%BC%EB%B2%95, 위키백과사전 참고.
17 출입국·외국인 정책 통계월보 2018년 5월호 자료에서 발췌.

타난다. 특히 금년 2018년 1-5월 신청자는 7,737명으로 지난해 같은 기간 3,337명보다 132% 증가하였고, 이러한 증가 추세로 볼 때 올해 난민 신청자는 18,000명에 이를 것이며, 향후 3년 내 누적 신청자가 12만 명을 넘을 것으로 예상된다. 94년 이후 부터 2018년 5월까지 국적별 난민 신청자 현황은 다음과 같다.[18]

('94. 1.-'18. 5. / 2018. 5. 31. 기준, 단위 : 건)

국가명	총계	파키스탄	중국	이집트	카자흐스탄	나이지리아	인도	방글라데시	기타
건 수	40,470	4,740	4,253	3,874	3,069	2,031	1,935	1,745	18,823

다음은 올해 1월부터 5월까지의 국적별 난민 신청자 현황이다.

('18. 1.- 5. / 2018. 5. 31.기준, 단위 : 건)

국가명	총계	카자흐스탄	인도	러시아	이집트	중국	예멘공화국	파키스탄	기타
건 수	7,737	1,259	656	654	630	609	552	472	2,905

위의 통계에서 볼 수 있듯이 한국을 선택한 난민 신청자 수는 금년에 더욱 급증하고 있으며, 난민 신청자들의 국적을 살펴보면 이슬람권 국가가 대다수 차지하고 있음을 알 수 있다.

한편, 2018년 5월 기준 국내 난민 인정률은 4.1%이며, 인도적 체류 허가를 포함하면 11.7%라고 한다. 이에 대하여 2014년 전세계 난민 인정률

---

18 http://www.moj.go.kr/HP/COM/bbs_03/BoardList.do?strOrgGbnCd=100000&strRtnURL=MOJ_30200000&strFilePath=moj/&strNbodCd=noti0005, 법무부 보도 자료에서 발췌.

27%와 인도적 보호를 포함한 59%에 비하면 국내 난민 인정률이 낮기에 난민 인정률 제고의 필요성이 강조되기도 하였다.[19] 그러나 필자의 입장에서 살펴보면 난민 인정률 제고를 주장하고 있는 인권 단체들의 견해는 부적절한 난민 신청자들의 신청으로 인하여 신청자가 많은 것을 감안할 필요가 있다고 생각된다. 신청자 중 허수가 많기 때문에 상대적으로 난민 인정률이 낮은 면도 있다는 것이다.

그렇다면, 현재 한국에 온 난민들의 삶은 어떠한가?

난민 협정 이후 한국은 난민에게 입국은 잘 허가하는 반면, 난민을 인정하고 배려하며 보호하는 데는 인색하다고 한다. 수단에서 온 난민 청년 아담이란 사람은 한국에서 직장 생활을 하던 중 난민이라는 사실이 알려지면서 잘 다니던 직장에서 해고를 당했다고 한다. 그의 말에 의하면, 기본적으로 한국 사람들은 난민 문제에 관심을 갖지 않기 때문에 난민이 누구인지, 난민이 왜 한국에 왔는지, 난민들이 무엇을 필요로 하는지 모른다는 것이다.[20]

한편, 인도 서북부의 카슈미르 독립운동가로 지내다가 한국의 난민이 된 청년 '사다르'는 당시 난민 신청서를 받는 일도 하늘의 별 따기였다고 언급하며, 신청서와 함께 1,600여 페이지의 증명 자료를 제출해야 했으며, 신청이 기각되자 바로 이의 신청하고 다시 행정 소송에 이르기까지 힘든 과정 속에서 우울증과 자살 충동에 시달렸었다고 말한다. 그리고 한국의 난민 중에는 긴 난민 심사 기간 동안 끼니 걱정을 해야 하는데 한국말이나 영어가 안 되어서 일을 구하기 힘드니, 정식 난민이 아닐지라도 한국어를

---

19 이호택, '난민보호의 관점에서 본 망명권 신설의 위험성: 난민법의 취약점과 유럽의 난민 사태가 주는 시사점,' 「외국인 기본권 확대 개헌안의 문제점에 관한 포럼에서 발췌」 (2018): 27.
20 유선희, '보통 사람으로 살고 싶습니다; 아담 이야기' 「새 가정」 (2018): 84.

배울 기회를 주었으면 좋겠다는 난민도 있었다.[21]

한국의 난민 인정률이 높지 않은 이유 중 핵심 이슈는 최근 몇 년간 난민 신청자가 급증하면서 국제적인 브로커까지 활동하고 있고,[22] 난민 제도를 악용하여 국내 취업을 목적으로 입국하고 있는 많은 난민 신청자 때문이다(한국의 난민 인정률이 높지 않은 이유 중 핵심 이슈는 최근 몇 년간 난민 신청자가 급증하면서 국제적인 브로커까지 활동하고 있고,[23] 난민 제도를 악용하여 국내 취업을 목적으로 입국하고 있는 난민 신청자가 많기 때문이다). 신청자가 많기 때문에 상대적으로 난민 인정률이 낮을 수밖에 없다고 생각된다. 소위 '가짜 난민' 문제는 연일 시청 앞에서 제주도민들을 중심으로 시위를 일으키고 있는 상황이다.

급증하고 있는 난민 신청자들로 인하여 진짜 보호받아야 할 난민들에 대한 심사 처리가 늦어지고 이로 인하여 난민들의 생계 문제, 심리적 문제 등이 발생하고 있는 것을 볼 때 한국의 난민 제도는 필연적으로 개선이 불가피해 보이며 국가정책과 법 개선과 더불어 국민들의 성숙한 의식 함양이 동반되어야 할 것으로 보인다. 국가적으로 법 제도를 강화하여야 할 뿐만 아니라 국민들은 난민들의 삶에 좀 더 깊은 관심과 사랑의 마음을 기울여야 할 것으로 보인다.

---

21 http://news.naver.com/main/ranking/read.nhn?mid=etc&sid1=111&ranking-Type=popular_day&oid=020&aid=0003112359&date=20171202&type=1&rankingSeq=5&rankingSectionId=102, (검색일 : 2018.6.10)

22 https://news.joins.com/article/22823788, 2018년 7월 28일 접속, 중앙일보 2018년 7월 23일자, '난민 만들어줍니다' 인터넷 광고 … 가짜 난민 브로커 활개.

23 https://news.joins.com/article/22823788, 2018년 7월 28일 접속, 중앙일보 2018년 7월 23일자, '난민 만들어줍니다' 인터넷 광고 … 가짜 난민 브로커 활개.

3) 한국의 난민 수용에 대한 다양한 시각

(1) 부정적 측면

첫째, '가짜 난민'에 대한 우려이다.

진정한 난민이 아니라 취업이나 다른 목적으로 난민을 가장하여 난민 신청을 하는 경우이다. 난민 신청 사건의 적체와 지연되는 절차로 인해 장기적 체류 혜택을 노리는 거짓 신청자가 있다는 것이다. 작년 제주 지검에서는 특정 종교로 속여 허위 난민 신청을 한 브로커 조직이 적발되었다는 보도가 있었다.[24] 이로 인해 청와대 게시판에는 난민 신청 허가 제도를 아예 폐지하자는 청원 글이 올라오기도 했었다.[25]

---

[24] http://www.newshankuk.com/news/content.asp?fs=1&ss=3&news_idx=201707210905491315(검색일: 2018.6.10)

[25] http://news.donga.com/3/all/20180801/91334432/2?f=o, 2018년 7월 30일 접속, 동아일보, 2018년 8월 1일 자, "靑, '난민 수용 반대' 청원에 "난민법 폐지 어려워 … 신원 검증 강화": 2018년 6월 13일부터 7월 13일까지 청와대 게시판에 714,875명이 청원한, '제주도 불법 난민 신청 문제에 따른 난민법, 무사증 입국, 난민 신청 허가 폐지 및 개헌 청원합니다'라는 제목의 국민 청원에 대하여 청와대는 박상기 법무부 장관을 통하여 8월 1일 "난민 수용에 반대하는 국민 청원과 관련, 난민 협약 탈퇴나 난민법 폐지는 현실적으로 어렵다"는 입장을 밝혔다. 기사 주요 내용은 다음과 같다. - 박 장관은 먼저 '허위 난민' 우려와 관련해 "난민 신청자의 SNS 계정 제출을 의무화하는 등 신원 검증이 강화된다. 박해 사유는 물론, 마약 검사, 전염병, 강력 범죄 여부 등 엄정한 심사를 진행하겠다"고 밝혔다. 이어 "난민 제도를 악용하는 것이 명백한 신청자는 정식 난민 심사 절차에 회부하지 않는 방안을 적극 검토하겠다"며 "신청인이 심사 기간 동안 본국을 방문하는 경우에는 신청을 철회한 것으로 간주해 심사를 즉시 종료하는 방안도 도입하겠다. 불법 행위를 조장하는 난민 브로커에 대한 처벌 조항도 명문화할 계획"이라고 설명했다. 무사증제도 폐지 요구에 관해선 "부작용이 있는 것은 사실이나 제주 지역 관광 활성화에 도움이 된다는 평가도 있으므로 제도의 폐지에 대해 쉽게 말씀드리기는 어렵다"며 "제주 무사증 제도는 제주특별자치도 법에 의

둘째, '가짜 난민'으로 인한 경제적인 문제이다.

2018년 10월 난민 신청자가 생계 지원비 요청 시 법무부 승인하에 매월 약 43만 원이 지급(현재 생계지원비 예산 약 8억)된다.[26] 이때 '가짜 난민'에게까지 주거비, 의료비, 교육비, 소송비 지원 등을 제공해야 하는 것과 또한, 오랜 난민 심사 기간으로 3-7년간 체류하며 불법 취업을 할 가능성을 제기하며, 이로 인해 국가적인 경제 손실을 가져올 것에 주목한다. 이번 예멘 난민 신청자의 경우에는 아직 정부로부터 생계 지원비를 지급받은 경우는 없다. 그리고 외국에서 온 난민들로 인해 한국 국민들이 일자리를 빼앗기고, 한국 국민들이 누려야 할 것들이 부족하게 된다고 생각한다.

셋째, 안보적 차원의 문제를 거론한다.

2011년 아랍의 봄 사태 이후 시리아, 이집트, 예멘, 이라크, 사우디아라비아, 모로코 등 중동과 아프리카 지역 출신의 무슬림들이 난민 신청 주류를 이루고 있다는 점이다. 무슬림 난민 신청자들은 종교적, 언어적 이유로 한국인들과 쉽게 동화되지 못하고 그들만의 커뮤니티를 이루며, 이슬람 개종 강요가 잇따를 수 있다는 측면과 유럽에서 일어난 테러리즘에 대한

해 시행되고 있어 법무부 단독으로 제도 폐지 또는 개선을 추진할 수는 없으며 제주도와 협의가 필요하다. 제주도와 긴밀히 협의해 나가도록 하겠다"고 말했다.

또 박 장관은 난민으로 인정된 이들을 대상으로 대한민국의 법질서와 문화에 대한 사회통합 교육을 의무화하고 멘토링 시스템을 도입해 정착 지원 및 관리를 할 예정이라고 밝혔다. 그는 "난민이 수동적으로 지원과 보호를 받는 존재로만 남지 않고 역량을 최대한 발휘해 자립할 수 있도록 하여, 재정 및 사회질서 면에서 우리 사회에 부담이 되지 않도록 관련 정책을 마련해 나가겠다"며 "만일 이들이 우리의 법질서, 문화, 가치 등을 훼손하거나 위반하는 행동을 하는 경우에는 난민 인정 취소나 철회, 체류 상 불이익 등 다양한 조치를 취하는 방안을 검토하겠다"고 덧붙였다. 아울러 박 장관은 "우리나라의 국제적 위상, 협약 탈퇴 시 국제 사회 발언권 약화, 국제적 고립 등 국익에 미치는 문제점을 고려할 때, 난민 협약 탈퇴나 난민법 폐지는 현실적으로 어려움이 있다"고 밝혔다.

[26] http://news.chosun.com/site/data/html_dir/2018/06/20/2018062002696.html, 2018년 6월 20일 조선일보, '月 생계비 138만 원? 예멘 난민에 대한 오해와 진실,' 2018년 10월 1일 접속.

우려이다.[27] 아울러, 외국인들의 범죄로 인한 대한민국 국민의 보호가 우선되어야 한다고 지적한다.

(2) 긍정적 측면

첫째, 법적 책임으로서의 입장과 난민을 국가의 자산으로 이해하는 부분이다.

한국이 난민을 수용하고 도와야 하는 이유 중 하나로 한국 전쟁 당시 피난민이었던 한국인들을 돕기 위해 유엔한국재건단(UN Korea Reconstruction Agency)이 설립돼 한국이 먼저 도움을 받았다는 것이며, 또한 난민 협약에 가입하여 난민을 돕기로 한 국제적 약속에 대한 법적 책임으로서의 의무를 다해야 한다는 것이다. 그리고 부가가치세 비율이 높은 한국 세제상 난민들로부터 얻는 경제적 이익과 문화적 다양성으로 얻게 되는 효율적 측면을 강조한다.[28] 예컨대, 뉴질랜드의 경우 문화적 인종적 다양성을 문제나 도전으로 여기지 않고 기회와 국력으로 인식하여, 난민들이 뉴질랜드의 노동 시장을 더욱 개혁적인 것으로 만들어 생산성을 높였다고 한다.[29]

둘째, 인도적 차원의 이해를 강조하는 부분이다.

이것은 인권과 인도주의적 차원을 강조하는 국제 사회의 흐름에 국가가 함께 해야 할 부분이라고 주장한다. 난민들을 범죄 가능성이 있는 사람들로 판단하는 것은 문제가 있는 것이며, 또한 범죄자나 테러리스트로 난민들을 취급해서는 안 되며, 우리와 똑같은 평범한 사람들로 인식해야 한다

---

[27] 이호택, '난민 보호의 관점에서 본 망명권 신설의 위험성; 난민법의 취약점과 유럽의 난민 사태가 주는 시사점' (2017): 28.
[28] 김세진, '한국 사회는 난민을 어떻게 바라보는가,' 「기독교 사상」 708 (2017): 44.
[29] 이호택, '한국의 난민 상황,' 「연세대학교 의대 강의안」에서 발췌, 2017.

는 것이다.³⁰ 또한, 난민들은 고문과 구금, 상해 그리고 살해의 위험을 피해 온 사람들이기에 정치적 경제적 국가의 이유를 떠나 타인이 처한 어려움에 공감하며 역지사지의 마음으로 배제가 아닌 포용으로서 난민들을 품어야 한다고 주장한다. 한편, 난민이나 이민자들에 대한 무시와 소외 및 차별을 오늘날 프랑스 테러의 본질적 원인으로 보고 있기에 난민들이 소외와 차별이 아닌 따뜻한 환대를 경험케 하며 한국 사회의 일원으로 보아야 한다는 입장이다.³¹

셋째, 무슬림 선교의 기회로 보는 입장이다.

이것은 인도적인 차원에서 더 나아가 성경의 가르침을 실천하고 그리스도의 사랑을 베풀 수 있는 기회로 보는 측면이다. 이러한 입장은 로잔 운동 정신에 부합하는 입장이다. 특별히 2018년 6월 제주도에 예멘 난민들이 대거 난민 신청을 하였는데 이것은 선교의 기회가 될 수 있다고 말한다. 한 선교사에 의하면 한국 선교사가 갈 수 없는 이슬람 국가 예멘에서 현지인들이 스스로 한국을 찾아온 것은 복음을 전할 더 없는 기회라는 것이다.³²

교회와 기독교인마저 난민들을 배척하고 거부한다면 도리어 극단적 이슬람주의로 변할 수 있는 동기를 제공하는 것이 되므로, 난민들을 이웃사랑의 관점으로 긍휼과 사랑의 시선으로 바라보며 난민들을 환영해야 한다는 것이다.³³

---

30 http://v.media.daum.net/v/20180620095418743, (검색일: 2018.6.20)
31 김세진, '한국 사회는 난민을 어떻게 바라보는가,' 「기독교 사상」 708 (2017): 45-46.
32 http://www.cts.tv/news/view?ncate=all&dpid=237126, 2018년 7월 30일 접속, CTS 뉴스 2018년 7월 24일 보도 내용, 박세현 기자 '난민 문제, 기독교도 시선 엇갈려,' 마크 하우스 펠트 (Mark Hausfeld) 미국 AGTS 이슬람 연구소 소장 인터뷰 내용.
33 http://news.kmib.co.kr/article/view.asp?arcid=0923968297&code=23111111&cp=nv, (검색일: 2018. 6. 21.)

루펜 다스(Rupen Das)는 시리아나 이라크에서 발생하는 이러한 난민들의 위기가 무슬림 선교라는 관점에서 해석되어야 한다고 말한다.[34] 루펜 다스의 입장에서 이해할 때, 역시 국내에 들어오는 시리아, 이라크, 예멘 무슬림 난민들에 대한 하나님의 뜻과 계획하심 가운데 선교적 기회로서 그들을 바라보는 것은 타당하다고 여겨진다.

이처럼 한국에서 난민들에 대한 다양한 입장들이 논의되고 있는 가운데 지금이 바로 난민들에 대한 한국 기독교인들의 관심과 사랑이 절실히 필요한 시기로 보인다. 그렇다면, 성경에서는 난민에 대해 어떻게 정의하고 가르치고 있는지, 로잔 운동은 난민 선교를 위하여 한국교회가 해야 할 것들에 대하여 어떻게 이야기하고 있는지 살펴보고자 한다. 한국교회가 난민을 맞아 선교의 기회를 최대로 활용하기 위하여서는 무엇보다 한국교회 선교 동원이 시급하다고 생각한다.

4) 난민에 대한 선교 신학적 근거

(1) 성경에 나타난 난민

성경에서 '게르'라는 단어는 히브리어 'גר'를 음역한 것으로 '나그네,' '객,' '우거하는 자' 그리고 '이방인'(예레미야 22:3)과 '타국인' 혹은 '외인'(민 19:10) 등으로 다양하게 번역한다.[35] 이는 고아나 과부 또는 가난한 자들과 마찬가지로 특별히 보호받아야 할 사람으로 지칭되기도 하며, 정치적 권리가 없는 피보호자 이방인으로 당시 가나안 사람들, 멸망당한 북이스라엘에서 온 난민들, 그리고 야훼 종교로 개종한 개종자 등을 지칭하

---

34 Rupen Das, '난민 사역의 기초와 철학,'「난민을 생각하며, 2015년 암만 난민 사역 써미트 자료집」(서울: 이슬람 파트너십, 2015), 18.
35 정중호, '고대 이스라엘 사회의 게르에 관한 연구,'「한국사회과학연구」23 (2004): 513.

는 의미로 쓰였다.[36]

따라서 오늘날 이 시대의 난민은 성경의 '게르'처럼 피보호자로서 이방인과 타국인에 해당 된다고 볼 수 있다. 한편, 자기의 고향이나 거주하고 있는 땅에서 뽑힌 자를 난민으로 이해한다.

이러한 차원에서 볼 때, 성경에서 나타나는 난민들을 주목해볼 수 있다. 구약성경에서는 에덴 동산에서 불순종으로 쫓겨난 아담과 하와를 난민의 시초로 볼 수 있으며, 가인 역시 질투와 살인으로 집에서 쫓겨난 난민이었다. 그리고 이스라엘 민족의 조상인 아브라함은 메소포타미아 지역을 떠나 약속의 땅 가나안에서 체류하게 되고, 흉년으로 인해 이집트로 난민 신분으로 간다. 그리고, 야곱 족속도 400년 동안 이굽에서 노예 생활을 하는 난민이었다.

그런데, 중요한 것은 어떠한 이유로 난민이 되었든지 하나님은 이들을 향해 은혜와 풍성한 긍휼을 베푸신다는 사실이다. 죄로 말미암아 뽑혀났지만, 하나님은 아담과 하와에게 옷을 지어주셨고, 또한 애굽의 노예로 난민이 된 야곱 족속을 버리지 아니하시고 하나님의 인도와 보호하심 가운데 그들을 출애굽 시키신다는 것이다.[37]

특히, 출애굽기 23:9와 레위기 19:34에서 주목되는 부분은 이스라엘 백성들 자체도 '게르'였다는 사실이다. "너는 이방 나그네를 압제하지 말라 너희가 애굽 땅에서 나그네 되었었은즉 나그네의 사정을 아느니라"(출 23:9)라는 말씀과 "너희와 함께 있는 거류민을 너희 중에서 낳은 자 같이 여기며 자기 같이 사랑하라 너희도 애굽 땅에서 거류민이 되었었느니라"(레 19:34)라는 말씀에서 보이듯, 하나님은 이스라엘 백성 자신들이 이

---

[36] 하경택, '구약 성서의 관점에서 본 다문화 사회와 대응 방안: <노크라>와 <게르>에 대한 이해를 중심으로,' 「장신논단」 39 (2010): 69.
[37] Rupen Das, '난민 사역의 기초와 철학,' 「난민을 생각하며, 2015년 암만 난민 사역 써미트 자료집」 (서울: 이슬람 파트너십, 2015), 10.

집트에서 게르 신분으로 살았던 것을 상기시키며 타국인들을 압제하지 말며, 그들 자신들처럼 이방인 타국인들을 사랑해야 한다고 말씀한다.

이렇듯, 성경에서는 난민이 될 수밖에 없는 어떠한 이유에도 불구하고 하나님은 끝까지 난민들을 버리지 아니하시고 사랑하시며 책임지신다는 것을 볼 수 있다. 그리고 하나님이 이스라엘 백성들에게 자신이 나그네였던 적을 기억하며 자기들 중에 있는 나그네를 사랑하라고 하신 것처럼, 한국의 기독교인들이 하나님을 알기 전 이방인이었었던 때를 기억하며, 하나님의 은혜와 사랑을 전하는 자가 되어야 하겠다. 또한, 실제적으로 한국의 전쟁 속에서 피난의 아픔을 경험했던 자로서, 한국에 온 난민들을 하나님 사랑으로 더욱 사랑하고 관심을 가져야 할 것이다.

(2) 난민을 향한 그리스도인의 태도

신명기 말씀에서는 게르, 즉 난민들을 향해 그리스도인들이 어떤 자세를 취해야 할지에 대해 잘 보여준다. 특히 신명기 14:28-29에는 다음과 말씀하고 있다.

> 매 삼 년 끝에 그 해 소산의 십분의 일을 다 내어 네 성읍에 저축하여, 너희 중에 분깃이나 기업이 없는 레위인과 네 성중에 거류하는 객과 및 고아와 과부들이 와서 먹고 배부르게 하라 그리하면 네 하나님 여호와께서 네 손으로 하는 범사에 네게 복을 주시리라(신 14:28-29).

'게르'는 공동체의 도움과 배려 속에서 보호를 받고 있다는 것을 알 수 있다. 매 삼 년마다 모인 십일조는 공동체 안에서 생활력이 부족한 사람들을 위해 사용된다. 이러한 수혜 대상에는 자신의 기업이 없는 레위인이나 고아와 과부, 즉, 타국에 나와 공동체의 도움을 필요로 하는 오늘날의 난민도 포함되고 있다는 것을[38] 알 수 있다.

또한, 하나님은 공동체에게 난민들을 향해 배부르게 하라고 말씀하신 것을 볼 때에, 공동체가 난민에 대한 보호와 책임이 주어지고 있음을 보게 된다. 이러한 점에 있어서 한국 기독교인들이 난민을 보호하고 사랑하며 책임 의식을 가져야 될 이유를 찾게 되는 부분이라 여겨진다.

한편, 신명기 31:12에는 "곧 백성의 남녀와 어린이와 네 성읍 안에 거류하는 타국인을 모으고 그들에게 듣고 배우고 네 하나님 여호와를 경외하며 이 율법의 모든 말씀을 지켜 행하게 하고"라고 기록하고 있다. 타국인을 모으라고 하나님은 명령하시면서, 이들에게 하나님의 말씀을 지켜 행하게 하라고 말씀하신다. 이러한 측면에서 한국 기독교인들 역시 난민들을 수용하며 하나님의 관점으로 바라보는 것이 필요하고 이들에게 사랑과 관심을 쏟되 무엇보다 하나님을 알 수 있도록 하는 데 궁극적 목적이 되어야 할 것이다.

또한, 난민들을 향한 그리스도인의 올바른 성경적 태도는 예수님의 삶과 사역을 통해 더욱 분명히 드러난다. 복음서의 인물 중 75-80%는 가난한 자들이다. 이러한 가운데, 예수님은 사회적 약자들, 가난한 자들을 향해 긍휼을 보이는 것에 관한 구약적 전통을 철저하게 따르셨다.[39] 예컨대, 우물가에 사마리아 여인과의 대화에서 예수님의 사랑을 엿볼 수 있다. 사마리아는 당시 유대인들로부터 멸시되고 소외되었던 공동체였으며, 유대인은 사마리아인을 멸시하고 서로간의 대립과 반목의 상태였다.

그러나, 예수님은 사마리아인에 대한 편견이 없으셨고, 도리어 그 여인에게 다가가 대화를 요청하셨으며, 그 여인을 향해 존중과 긍휼과 이해를

---

38 하경택, '구약성서의 관점에서 본 다문화 사회와 대응방안: <노크라>와 <게르>에 대한 이해를 중심으로,' 「장신논단」 39 (2010): 75.
39 Rupen Das, '난민 사역의 기초와 철학,' 「난민을 생각하며, 2015년 암만 난민 사역 써미트 자료집」(서울: 이슬람 파트너십, 2015), 14.

보이셨다.[40] 이렇듯, 예수님은 당시의 통념과 시대의 흐름에 도전하시며, 가족과 공동체의 개념을 넘어서서 사랑과 긍휼로서 경계선을 허무시고 들어가시는 것을 볼 수 있다.

그뿐만 아니라, 신약에서도 나그네를 선대하는 것은 중요한 덕목으로 나타난다.[41] 예수님은 나그네(난민)를 영접하는 것이 곧 예수님 자신을 영접하는 것이라 하셨다.

> 주릴 때에 너희가 먹을 것을 주었고 목마를 때에 마시게 하였고 나그네 되었을 때에 영접하였고 헐벗었을 때에 옷을 입혔고 병들었을 때에 돌보았고 옥에 갇혔을 때에 와서 보았느니라(마 2:34-36).

예수님의 말씀처럼, 이것은 주리고 목마르고 갈 곳 없는 오늘의 난민들을 향해 선대해야 할 그리스도인들의 태도를 보여주는 것이라 하겠다. 또한, 예수님은 "네 이웃을 네 몸과 같이 사랑하라"(마 22:39)라는 계명을 주셨고, "하나님이 이같이 우리를 사랑하셨은즉 서로 사랑하는 것이 마땅하다"(요일 4:11)라고 말씀하시는 것처럼, 예수님은 가난한 자, 소외된 자, 때론 마음이 상한 자 등 약자들에게 주목하고 계시다는 것을 알 수 있다. 이러한 약자들에게 예수님은 관심을 가지고 사랑을 베풀어야 한다고 강조하신다. 이처럼, 한국 기독교인들이 이웃으로 다가온 난민들을 향해 냉수 한 그릇을 떠주는 작은 사랑의 실천을 보여야 할 때라 여겨진다.

또한, 예수님이 사마리아 여인을 찾아가 그 경계선을 허물고 생명을 주었듯이 한국 기독교인들이 우리 민족, 우리 공동체라는 의식을 넘어서서

---

[40] 고영민, 『히브리어 · 헬라어 원문 번역 주석 성경』(서울: 쿰란출판사, 2015), 604.
[41] 성남용, '난민 사역의 기초와 철학,' 「난민을 생각하며, 2015년 암만 난민 사역 써미트 자료집」(서울: 이슬람 파트너십, 2015), 25.

예수 그리스도의 마음으로 난민들을 바라보아야 하겠다.

(3) 난민을 향한 하나님의 관심

첫째, 하나님은 난민들의 정체성에 관심이 있으시다.

그것은 영원한 하나님 나라와 하늘 가족에 속한다는 하늘나라 시민권으로서 정체성을 의미한다. 정체성은 곧 사람이 거주하며 속하고 있는 땅의 문제와도 관련되는 것으로서, 난민들이 자기의 고국 땅에서 이탈됨으로 인해 정체성 상실을 경험하게 된다. 그렇기에, 인간이 어느 땅에 소속되어 있는가에 대한 의미를 이해하지 못하고서는 하나님 나라에 속한다는 의미를 진정 이해할 수 없다고 루펜 다스(Rupen Das)는 말한다.[42]

하나님은 히브리서 11:16에서 "이제는 더 나은 본향을 사모하니, 곧 하늘에 있는 것이라"라고 말씀하시는 것처럼 이 땅에서는 난민들이 외국인과 나그네로 살아가지만, 더 나은 본향인 하나님 나라에 들어오기를 초청하신다. 즉, 난민들이 자신의 고국 땅을 떠나와 잃어버린 자신의 고향을 갈망하듯이, 비록, 이 땅에서 고향을 잃었을지라도, 하나님의 은혜를 받아들이고 영원한 하나님 나라의 본향을 추구하는 새로운 정체성이 회복되길 원하시는 것이 난민을 향한 하나님의 관심이다.

이러한 점에서 새로운 정체성 회복을 위해 최근 제주도로 입국한 예멘 난민과 같은 무슬림 난민의 경우 새로운 정체성을 구축하기 위하여서는 구습을 쫓아 자신이 거하던 땅에서 행하던 이슬람적 관습을 탈피할 것이 요구된다. 루펜 다스가 강조하고 있는 것은 땅에 대한 소속감이다. 루펜 다스가 말하고 있는 강제적 이주에 따른 정체성 상실은 난민이 되어 타국

---

[42] Rupen Das, '난민 사역의 기초와 철학,' 「난민을 생각하며, 2015년 암만 난민 사역 써미트 자료집」 (서울: 이슬람 파트너십, 2015), 12.

에 거하는 무슬림들이 타국에서도 무슬림으로서 자신들의 정체성을 고수하고자 하는 경우 해당하지 않는다.

그러므로 난민 신청자의 경우 무슬림이라 할지라도 교육을 통하여 새로운 정체성을 가지도록 하는 것이 사회 통합 정책의 기본이 되어야 할 것이며, 이와 같은 과정에서 영원한 하나님 나라의 본향을 추구하도록 궁극적인 정체성을 회복하게 하는 것이 바로 난민을 향한 하나님의 관심이다.

둘째, 난민을 향한 그리고 난민을 통한 하나님의 구원 계획이시다.

하나님의 구원 계획은 하나님의 선민 백성으로 제한하지 않으시며, 이방인까지 미친다. 로마서 1:5에는 "그로 말미암아 우리가 은혜와 사도의 직분을 받아 그 이름을 위하여 모든 이방인 중에서 믿어 순종케 하나니"라고 기록하고 있다. 또한, 로마서 11:11에는 "그러므로 필자가 말하노니 저희가 넘어지기까지 실족하였느뇨 그럴 수 없느니라 저희의 넘어짐으로 구원이 이방인에게 이르러 이스라엘로 시기나게 함이니라"라고 말씀하고 있다.

하나님은 로마 백성들인 이방인을 구원코자 바울을 로마로 보내신다. 즉, 바울은 유대인이었지만 하나님의 구속 경륜에 동참하기 위해 이방인의 사도가 된다. 하나님의 관심은 오직 이방인들을 향한 구원 계획에 초점 두고 있다는 것을 알 수 있다. 난민들이 한국에 이방인이 되어 물밀 듯 들어오고 있는 이 시대에, 하나님은 이방인 난민들을 구원코자 먼저 한국의 기독교인들을 이방의 사도로, 난민의 사도로 부르셨다는 것을 볼 수 있어야 하겠다.

디모데전서 2:4에 의하면 "하나님은 모든 사람이 구원을 받으며 진리를 아는 데에 이르기를 원하시느니라"라고 말씀하신다. 이처럼, 그리스도인들이 한국에 온 난민들을 바라볼 때 하나님의 구원 계획에 포함된 구원의 대상자로 먼저 인식하는 태도가 있어야 하겠다.

2018년 제주도 예멘 난민 신청 이슈와 관련하여 앞으로도 국내에 물밀듯 들어오는 난민들로 인한 사회적 이슈가 더해 갈 것이 자명해 보인다. 이는 한국 사회가 아직 충분한 준비가 되어 있지 않기 때문이다. 무엇보다 난민들의 국적이 무슬림 국가가 많다보니 테러리즘과 IS에 대한 우려도 만만치 않다.

이러한 안보 문제는 국가적 차원에서 제도적으로 철저히 준비되어야 할 것이다. 난민 신청자가 한국에서도 자신들의 종교적 가치관을 실현하고자 한다면 이는 분명 사회적으로 이슬람 국가가 아닌 한국적 상황에서 재고해야 할 문제이다. 그러나 한편으로 새로운 정체성을 갈망하는 난민 신청자들에 대하여서는 거시적 관점에서 난민들을 향한 하나님의 뜻과 마음을 품는 것이 무엇보다 중요하리라 여겨진다.

5) 난민 선교와 한국교회

(1) 한국 기독교인의 난민 인식 조사 분석 결과
본 설문을 통해 알고자 하는 것은 다음과 같다.

첫째, 성도들이 난민이란 개념을 얼마나 알고 있으며, 한국에 난민 신청자가 급증하고 있는 이 시점에 성도나 교회가 이에 대해 얼마나 인식하며 관심을 가지고 있느냐 하는 것이다.

둘째, 한국에 난민들이 증가하고 있는 부분에 대해 어떻게 생각하고 있는가이다.

셋째, 성도들이 국내에 들어온 난민들을 직접 섬기고 그들에게 복음을 전할 의사가 있는지의 여부이다.

넷째, 난민들을 위해 교회가 힘써야 할 역할이 무엇이냐 하는 부분이다. 필자는 본 설문 대상을 한국교회 성도들과 목회자 중심으로 진행하였다. 설문에 응답한 성도들의 대상은 대형 교회 성도 20명, 중형 교회 성도 9명, 개척 교회 성도 11명으로, 총 40여 명 성도들의 응답을 합계하여 산출한 결과이다. 그리고, 그 밖의 다른 교회에서 사역하시는 목회자(담임 교역자, 부교역자) 11명을 중심으로 설문 조사하였다.

먼저, 40명의 성도들을 대상으로 조사한 결과와 분석이다.

1) '난민'의 개념에 대해 잘 알고 계십니까?
    ① 전혀 알고 있지 않다(3명 응답).
    ② 들어봐서 대충 알고 있다(25명 응답).
    ③ 정확히 알고 있다(12명 응답).

2) 한국에 난민들이 많이 들어오고 있다는 소식을 들어본 적은 있습니까?
    ① 전혀 들어보지 않았다(18명 응답).
    ② 보통(20명 응답).
    ③ 많이 들어봤다(2명 응답).

3) 한국에 들어오는 난민에 대해 어느 정도 관심이 있으십니까?
    ① 전혀 관심이 없다(16명 응답).
    ② 보통(20명 응답).
    ③ 관심이 많다(4명 응답).

4) 한국에 난민 수가 증가하는 것에 대해 어떻게 생각하십니까?
    ① 더 이상 받지 말아야 한다(2명 응답).
    ② 난민이 증가하는 것은 나라의 경제적 손실이다 (1명 응답).
    ③ 사랑으로 돌보고 관심 가져야 한다(30명 응답)-복수 응답함.
    ④ 복음 전할 기회이다(11명 응답)-복수 응답함. 무응답 -1명.

5) 교회에서, 난민과 관련하여 설교를 들어보았거나, 혹은 기도회를 가져본 적이 있습니까?
    ① 전혀 없다(25명 응답).
    ② 1-2회(9명 응답).
    ③ 보통(6명 응답).
    ④ 많이 있다.

6) 한국에 들어온 난민들을 섬기고 그들에게 복음을 전할 기회가 있다면 해보고 싶습니까?
    ① 별 관심 없다(12명 응답).
    ② 한번 해보고 싶다(22명 응답).
    ③ 선교지라 생각하고 꼭 해보고 싶다(6명 응답).

> 7) 난민 문제를 위해 교회가 할 수 있는 일은 무엇이라고 생각하십니까?(복수 응답)
>   ① 교회가 신경 쓸 일은 아니다(12명 응답).
>   ② 난민 선교의 중요성을 인식하고, 복음전할 기회를 찾도록 한다(34명 응답).
>   ③ 시리아, 이라크 등 외국에서 오는 난민들을 접촉하기 위해 아랍어나 혹은 영어를 준비하도록 한다(7명 응답).
>   ④ 난민들이 거주할 수 있도록 교회 일부를 임시 처소로 활용한다(9명 응답).
> 8) 난민 문제를 위해 교회의 역할이 어느 정도 중요하다고 생각하십니까?(복수 응답)
>   ① 교회의 역할은 별로 중요하지 않다(9명 응답).
>   ② 난민들을 위해 기도로 중보하는 것이 제일 중요하다(13명 응답).
>   ③ 교회에서 전도 전략들을 세워 실제적으로 도와야 한다(29명 응답).

위의 설문 응답한 결과에서 주목해 볼 부분은 다음과 같다.

첫째, 한국 성도들과 한국교회 공동체의 난민 인식 수준이다.

'한국에 난민들이 많이 들어오고 있다는 소식을 들어보았습니까?'

이런 질문에 '전혀 들어보지 못했다'는 응답이 40명 중 18명이었고, 20명은 '보통'으로 응답하였다. 그리고, '한국에 들어오는 난민에 대해 어느 정도 관심이 있습니까?'

이런 질문에는 16명이 '전혀 관심이 없다'로 응답하였고, '관심이 많다'는 응답은 4명뿐이었다. 또한, '성도들이 교회에서 난민과 관련된 설교를 들어보았거나 기도회를 가져본 적이 있습니까?'

이런 질문에는 25명이 '전혀 없다'라고 응답하였다.

위의 응답에서 나타나듯, 현재 한국에는 제주 난민 사태로 인해 큰 이슈가 일고 있음에도 불구하고 한국 기독교인들이 난민에 대한 관심과 인식률이 많이 저조하다는 것을 보게 된다. 특히, '난민에 대해 전혀 관심이 없다'라고 응답한 비율은 '교회에서 난민과 관련된 설교나 기도회를 가져본 적이 전혀 없다'에 응답한 비율과도 상응하고 있음을 알 수 있었다.

이번 설문의 대상이었던 대형 교회는 만여 명 출석하는 교회였지만, 성도들이 난민에 대한 설교를 들어보거나 기도회를 가져본 적이 전혀 없다는 답변에, 총 20명 설문 대상 중 12명 응답으로 비율이 매우 높게 나타났다. 이것은 다시 말해 난민에 대한 성도들의 관심과 인식 수준은 기독교인들의 개인차로만 치부할 수 있는 것이 아니라, 개인차를 넘어서서 교회 공동체의 인식 문제와 책임으로도 연관된다고 볼 수 있겠다.

둘째, '한국에 난민 수가 증가하는 것에 대해 어떻게 생각하십니까?'
위의 질문의 응답이다.

27명은 '사랑으로 돌보고 관심 가져야 한다'고 답했고, 9명은 '복음을 전할 기회'라고 답했으며, 나머지 3명은 한국에 난민 수용이 거부되어야 한다는 응답이었다. 난민 수용 거부에 대한 이유로는 나라의 경제적 손실 측면과 무슬림의 증가에 대한 우려라고 말했다.

본 설문의 응답에는 난민 수용의 긍정적 답변이 우세하게 드러났으나, 이 사안은 제주 난민 사태로 인해 한국 기독교인들의 반응을 첨예하게 대립시키는 부분이라 하겠다. 한편, 본 응답에서 또 하나 관심 두게 되는 것은, '난민들에게 사랑과 돌봄과 관심을 가져야 한다'라고 응답한 30명에 비해서, '복음을 전할 기회이다'라고 응답한 숫자는 11명뿐이었다. 두 응답의 내용이 비슷하게 보여서 중복 체크한 사람도 몇 명 있었으나, 성도들이 복음 전파의 기회와 사명보다는 단순히 난민을 사랑으로 돌보고 관심을 갖는 인도적 차원에 더 포커스 되어 있음을 알 수 있었다.

셋째, 난민에 대한 교회의 역할과 중요성에 대한 부분이다.
'난민 문제를 위해 교회가 할 수 있는 일은 무엇이라고 생각하십니까?'
이런 질문에는 34명이 '난민 선교의 중요성을 인식하고 복음 전할 기회를 찾도록 한다'에 응답했고, 29명은 '전도 전략을 세워 실제적인 도움을 주어야 한다'에 응답했다. 교회가 중보기도로써 난민들을 돕는 것이 중요할 뿐만 아니라, 난민들의 생계를 위해 교회 일부를 임시처소로 활용해야 한다는 내용에도 답변하였다. 그럼에도 불구하고 성도들 중에는 '교회가 신경 쓸 일은 아니다'라고 12명이 답했고, '교회 역할은 중요하지 않다'라고 9명이 답변했다.

이렇듯, 한국교회 공동체 안에 성도들 중에는 난민 문제가 교회와는 별개의 문제로 인식하고 있는 사람들이 있다는 것을 보게 된다. 이것은 한국교회가 난민 선교의 중요성에 대한 인식 개선과 함께 선교 실천적 책임으로서 교회의 사명을 재확인해야 함을 드러내 준다.

다음은 목회자 11명을 중심으로 설문에 응답한 결과와 분석이다. 11명 중 3명은 담임 교역자이며, 나머지 8명은 부교역자이다.

1) '난민'의 개념에 대해 잘 알고 계십니까?
   ① 전혀 알고 있지 않다.
   ② 들어봐서 대충 알고 있다(4명 응답).
   ③ 정확히 알고 있다(7명 응답).

2) 한국에 난민들이 많이 들어오고 있다는 소식을 들어본 적은 있습니까?
   ① 전혀 들어보지 않았다(1명 응답).
   ② 보통(5명 응답).
   ③ 많이 들어봤다(5명 응답).

3) 한국에 들어오는 난민에 대해 어느 정도 관심이 있으십니까?
   ① 전혀 관심이 없다.
   ② 보통(8명 응답).
   ③ 관심이 많다(3명 응답).

4) 한국에 난민 수가 증가하는 것에 대해 어떻게 생각하십니까?
   ① 더 이상 받지 말아야 한다(1명 응답).
   ② 난민이 증가하는 것은 나라의 경제적 손실이다.
   ③ 사랑으로 돌보고 관심 가져야 한다(6명 응답).
   ④ 복음 전할 기회이다(4명 응답).

5) 교회에서, 난민과 관련하여 직접 설교를 하였거나, 다른 분을 통해 들어보았거나, 혹은 기도회를 가져본 적이 있습니까?
   ① 전혀 없다(5명 응답).
   ② 1-2회(3명 응답).
   ③ 보통
   ④ 많이 있다(2명 응답).

> 6) 한국에 들어온 난민들을 섬기고 그들에게 복음을 전할 기회가 있다면 해보고 싶습니까?
> ① 별 관심 없다(3명 응답).
> ② 한번 해보고 싶다(5명 응답).
> ③ 선교지라 생각하고 꼭 해보고 싶다(3명 응답).
>
> 7) 난민 문제를 위해 교회가 할 수 있는 일은 무엇이라고 생각하십니까?(중복 체크 가능)
> ① 교회가 신경 쓸 일은 아니다.
> ② 난민 선교의 중요성을 인식하고 복음전할 기회를 찾도록 한다(9명 응답).
> ③ 시리아, 이라크 등 외국에서 오는 난민들을 접촉하기 위해 아랍어나 혹은 영어를 준비하도록 한다(2명 응답).
> ④ 난민들이 거주할 수 있도록 교회의 일부를 임시 처소로 활용한다(2명 응답).
> (기타 의견: 무료 급식, 한국어 교육, 우리 지역 소개하며 친구 맺기)
>
> 8) 난민 문제를 위해 교회의 역할이 어느 정도 중요하다고 생각하십니까?(중복 체크 가능)
> ① 교회의 역할은 별로 중요하지 않다.
> ② 난민들을 위해 기도로 중보하는 것이 제일 중요하다(6명 응답).
> ③ 복음 전할 기회로 생각하고 교회에서 전도 전략들을 세워 실제적으로 도와야 한다(7명 응답).

목회자를 중심으로 설문 조사한 내용에서는 위의 성도들을 대상으로 했던 설문 내용과 동일하며, 5번 질문의 내용만 약간 상이하다. 전반적으로, 위의 설문 결과 분석 내용과 비슷한 양상을 보이고 있으나, 몇 가지 주목할 부분은 다음과 같다.

첫째, 목회자들이 한국의 난민에 대한 관심 수준은 보통(8명 응답), 관심이 많다(3명 응답)로 11명 전체 응답으로, 성도들이 응답한 비율보다는 비교적 높은 수준으로 나타났다.

특이한 것은 목회자들이 난민에 대한 관심 수준이 '보통 이상'으로 나타났던 것에 비하여 '본인이 직접 복음 전할 의사가 있느냐'에 대한 질문에는 별 관심이 없다(3명 응답)고 답하였다는 사실이다. 이것은 한국교회 목회자들이 선교에 있어서 이론과 지식이 아닌 실제적인 선교 현장에서 복음을 증거하는 자로 선 것이 미흡함을 보여주고 있다.

둘째, 난민 수용에 대한 의견이다.

난민 수용에서 한 목회자는 '더 이상 난민을 받지 말아야 한다'라고 응답했다. 그 이유에 대해서는 다음과 같이 응답했는데, '무슬림들이 국내에 들어와 퍼지는 속도가 복음을 받아들이는 속도보다 빠르기 때문에 무슬림 난민들을 더 이상 받지 말아야 한다는 것이었다.

셋째, 난민 문제에 대한 교회가 할 수 있는 일에 적극적 의견들을 제시해 주었다.

난민들을 위해 '교회에서 무료 급식이나 무료 봉사하기,' '한국어 교육 실시하기,' '지역의 간단한 주요 명소들을 안내하면서 친구 맺기' 등의 다양한 의견들을 제시해 주었다.

이상, 한국의 난민에 대해 한국 기독교인들의 관심도와 인식률을 조사해 보았는데, 성도들의 경우, 전반적으로 난민에 대한 관심과 인식이 저조하다는 것을 알 수 있었고, 목회자의 경우, 난민 선교의 인식 차원을 넘어서서 세상으로의 헌신적인 참여율이 많이 미흡하다는 것을 알 수 있었다. 아울러, 성도들이나 목회자들 모두가 교회가 적극 관심을 갖고 실제적인 도움을 주어야 한다는 의견에는 모두 적극적인 반응을 보였다. 그렇다면, 이제 한국교회가 한국의 난민 사역을 위해 어떻게 반응해야 하며, 교회의 역할이 무엇인지 위의 설문 응답의 자료를 토대로 간단하게 제언하고자 한다.

2. 난민 선교 동원을 위한 선교 교육의 중요성

1) 난민에 대한 인식 개선 필요

필자가 위의 설문을 조사한 시기는 제주 예멘 난민 사태로 사회적 논란이 급부상하고 있는 무렵이었다. 이러한 시대적 상황에도 불구하고, 위의 설문에서 조사된 것처럼 한국 기독교인들이나 한국교회가 난민에 대한 관심이 많이 미흡하다는 것을 볼 수 있었다.

하나님의 선교를 위한 복음주의 헌장인 케이프타운 서약[43]에서는 다음과 같이 제시한다.

우리는 그리스도인들이 종족 간 폭력과 억압이라는 가장 파괴적인 상황에서 공범자가 된 것과, 그러한 분쟁이 일어날 때 수많은 교회들이 통탄할 정도로 침묵하는 것을 슬픔과 부끄러운 마음으로 인정한다. … 우리는 또한 그리스도인들이 침묵, 무관심, 중립을 지킨다는 핑계, 또는 잘못된 신학적 정당화를 통해 그러한 악에 수없이 공모했던 일에 회개를 요청한다.[44]

난민 발생의 주요 원인 중 하나가 종족 분쟁이라고 볼 때,[45] 케이프타운 서약에서 강조하는 바, 이러한 분쟁 가운데 발생한 난민 사태를 보며 침묵과 무관심한 것은 교회가 하나님 앞에 회개해야 하는 부분임을 보여준다. 다시 말하면 현재 한국 사회에 일어난 난민 문제에 대해 교회가 적극적으

---

[43] 케이프타운 서약은 2010년 제3차 로잔대회 공식 문서이다. 빌리 그레이엄이 주축이 되어 시작된 로잔 운동은 '온 교회가 온전한 복음을 온 세상에 전하자'라는 정신으로 예수님의 가르침을 증거하기 위한 세계적인 운동이며, 이 로잔 정신에 입각하여 열린 로잔 대회가 제1차, 2차, 3차로 이어져 온 것이다. 로잔 운동, 『케이프타운 서약』, 참고.
[44] 로잔 운동, 『케이프타운 서약』, 80.
[45] 김광성, '로잔 운동이 제시한 총체적 선교 관점에서 바라본 대한민국 교회의 난민 사역 고찰,' 「복음과 선교」 (2016): 35.

로 관심을 갖고, 하나님의 뜻을 물으며 하나님의 지혜 속에서 예수 그리스도의 사랑을 실천할 기회로 인식해야 함을 말해준다. 한국 사회에 난민을 보내신 하나님의 뜻과 하나님의 섭리 가운데 난민들을 이해하고 바라보는 인식이 필요하겠다. 이를 위하여서는 무엇보다도 한국교회가 선교 교육의 장을 더욱 구체화해 발전시켜야 할 것이다.

로잔 LOP 57에 따르면 교육을 통하여 거국적 하나님 나라의 비전을 공유할 수 있도록 더욱 폭넓게 믿음 공동체를 세워나가야 한다고 강조하고 있다. 이는 교회가 자신들의 지역 교회 부흥만을 목적으로 하는 것이 아니라 전 세계에 복음이 증거될 수 있도록 전략적인 교육을 받아야 한다는 것이다.[46] 그러므로 효과적인 난민 선교를 위하여 한국교회는 난민 선교 학교를 운영하고 변화하는 선교 현장과 한국 상황에 탄력적으로 대응하고 선교의 기회를 선용할 수 있도록 준비되어야 할 것이다.

최근 동북아 한 국가에서 한국 선교사들이 대거 추방당한 것을 비롯하

---

[46] "1.1 Educating Faith Communities: The Issue Group has deliberately chosen the more inclusive term 'faith communities' as this embraces the range of groups who we are seeking to educate. In particular, we are addressing churches and educational training institutions. Firstly, churches need to be educated. Many churches have a commitment to local evangelism and yet have not grasped or understood the implications for them of God's global purposes for his creation. Other churches are so caught up in world mission that they do not see the harvest in their own local contexts. Training institutions vary enormously in their purposes and their methods of teaching. Some adopt a traditionally formal model of education built around imparting the content and skills necessary for the life of faith and works of Christian ministry. Others adopt more non-formal methods of education emphasizing, for example, experiential learning or a mentoring approach to education. Whether formal or non formal, training institutions are critical in infusing the wider faith communities with a vision for, and commitment to, world evangelization, and the skills and strategies required to implement this vision."EFFECTIVE THEOLOGICAL EDUCATION FOR WORLD EVANGELIZATION" Lausanne Occasional Paper No. 57, https://www.lausanne.org/content/lop/lop-57, 2018년 10월 1일 접속.

여 최근 몇 년 동안 전 세계적으로 선교사 추방 사례가 급격히 늘고 있다.[47] 그리고, 중동이나 이슬람권 선교는 김선일 피랍 사건 이후로 위험한 선교지, 선교를 갈 수 없는 곳으로 한국교회에서는 불편한 시선을 던지고 있다. 예멘의 경우, 몇 년 전부터 한국 선교사가 전혀 들어갈 수 없는 곳이 됐다. 이러한 상황 속에서 하나님이 난민들을 한국에 보내시고 우리의 이웃으로 보내셨다는 사실은 한국교회가 참 생명이신 예수 그리스도를 난민들에게 전해주어야 할 책임을 받았다고 볼 수 있겠다.

따라서, 한국 기독교인들이 제주 예멘 난민 사태로 인해 실제적인 국민의 안위 문제, 경제적 문제, 무슬림의 수적 증가 문제 등으로 고민하며 정부의 난민 정책에도 민감하게 귀 기울여야 하겠지만, 무엇보다 그리스도인의 생각과 의식 속에 '너는 말씀을 전파하라 때를 얻든지 못 얻든지 항상 힘쓰라'(딤후 4:2)라는 말씀처럼, 한국의 난민에게 복음을 전파할 기회라는 것을 먼저 잊어서는 안 될 것이다.

또한, 이를 위해 교회에서는 난민 영상이나 강연 등을 통해 그들이 난민이 될 수밖에 없었던 정치적, 사회적 배경과 아픔을 한국 기독교인들이 공유하며, 그들의 삶과 마음을 함께 느낄 수 있도록 공감하는 자세와 태도를 갖도록 하는 것이 무엇보다 중요하겠다. 이러한 난민들에 대한 공감은 그들이 왜 난민이 되었으며, 또한 어떻게 난민들을 대할 수 있는지에 관해 그리스도인의 역할과 책임을 올바르게 규명할 수 있으리라 여겨진다.

2) 하나님 나라 안에서의 공동체 회복하기

대부분의 난민들은 그들의 집과 삶의 터전 전체를 잃어버린 자들이다. 이로 인해 가족이 해체되고, 사회 공동체, 국가 공동체에서 분리되어 외로

---

[47] http://www.kidok.com/news/articleView.html?idxno=101606, (검색일 : 2018. 6. 10.)

운 길을 가고 있는 자들이다. 이들의 경우 인종, 종교, 문화가 다르다 보니 공동체에서 통합되지 못하고 소외되고 고립되고 가난한 자로 전락하여 살아가는 경향이 짙다. 이것은 문화 인류학적 측면에서 볼 때, 한 국가 공동체 안에 인종 차별이라는 또 다른 문제를 야기시키는 난제라고 할 수 있겠다.

예컨대, 프랑스의 이주민 폭동의 경우가 그렇다. 이주민들과 본토인들과의 차별은 빈부 격차와 사회적 갈등으로 나타났고, 특히, 무슬림 이민자들의 밀집 지역이 게토화 되면서 결국은 이주민 폭동 사태까지 벌어지게 되었던 것을 볼 수 있었다.[48]

이것은 한국의 제주 예멘 난민 사태에도 시사해주는 바가 크다 하겠다. 그래서인지 국민들은 난민이 급증하는 문제에 대해 이슬람 IS 증가나 이슬람 세력이 확장될 것에 대해 함께 우려하는 경향이 많다. 이는 한국 사회의 안보와 사회 발전적 차원에서 사회 통합 교육과 제도적 보완을 통하여 해결해 나가야 할 문제이다. 유럽의 경우를 교훈으로 게토화된 무슬림 이민자들이 왜 폭동에 이르렀는지 주도면밀하게 분석하고 온정주의에 치우치지 않도록 현실적 대책을 간구하는 것이 진정한 사회 통합 정책이 될 것이라고 생각한다. 난민 신청을 하는 단계에서 한국 사회의 보편적 가치관에 순응하지 않는다면 고려해야 할 것이다.

그렇다면, 이러한 상황 속에서 교회 공동체가 할 수 있는 것은 무엇일까?

루펜 다스(Rupen Das)는 이러한 난민 사태와 같은 상황 속에서 지역 교회의 역할이 매우 중요하다고 말한다. 그는 그리스도의 사랑과 긍휼을 현실적이고, 지속적이고, 확실하게 전달 할 수 있는 곳이 지역 교회라고 말

---

[48] 소윤정, "유럽 이주 무슬림 정착 문제와 기독교 선교: 프랑스를 중심으로," 「성경과 신학」 78 (2016): 262.

한다. 더욱이, 교회는 난민들의 잃어버린 정체성을 교회 공동체를 통해 회복케 할 수 있으며, 공동체적 근간을 교회가 제공해줄 수 있다고 말한다.[49]

이렇듯, 난민 사역을 위해 교회가 할 수 있는 가장 큰 차별성과 독특성은 단순히 난민들에게 물자와 필요를 공급하는 것에 있는 것이 아니라, 난민들을 하나님 나라의 백성으로서 믿음의 공동체가 되도록 만드는 것이 중요하다 하겠다. 이를테면, 2015년을 기점으로 수많은 난민들이 유럽으로 왔을 때, 교회들이 정부와 함께 집과 의복, 음식 제공 등 구호로 섬기는데는 힘을 썼지만, 복음까지 전할 엄두는 생각하지 못 했다고 한다.[50]

또한 일반적으로 무슬림들의 경우, 자기들의 정체성을 움마라는 이슬람 공동체 안에서 강화하려는 경향이 있으며, 그 공동체 안에서 무슬림 형제애를 발휘하고, 정신적 토대로서의 안위를 공급받으려 하는 특성을 지닌다.[51] 그렇기에, 한국교회 공동체는 무슬림들이 교회 공동체를 통해 그들이 상실했던 형제애, 정신적 힘, 참 사랑을 느낄 수 있도록 형제애 사랑과 예수 그리스도의 사랑을 보여주어야 하겠다. 또한, 한국교회는 무슬림들끼리 게토화가 형성되지 않도록, 난민들이 하나님 나라 백성으로서 믿음의 공동체가 되도록 힘써야 할 것이다.

이를 위해, 무엇보다 한국 기독교인들은 난민을 대할 때, 우리보다 못한 이등 시민으로 보거나, 어렵고 가난하여 난민을 동정하는 눈빛으로 돕는 우월 의식의 태도를 가져서는 안 될 것이다. 실제적으로 난민은 우리와 종교도 다르고 문화도 다르며 국적도 다른 공동체일 수 있지만, 근본적으로는 하나님 나라 안에서 한 공동체라는 인식을 심어주고, 그들로 하여금 차

---

[49] Rupen Das, '난민 사역의 기초와 철학,' 「난민을 생각하며, 2015년 암만 난민 사역 써미트 자료집」, 22.
[50] 2017년 그리스 난민 포럼 강의안에서 발췌.
[51] 정은배, "이슬람 공동체 '움마'와 기독교 공동체 '교회'의 정체성 연구," 「복음과 선교」 41 (2018): 245.

별성이나 모멸감, 이질감 등을 느끼도록 해서는 안 될 것이다.

요컨대, 한국의 난민들을 위해 한국 사회가 여러 정책들을 펼치며 구호적, 인도적 접근을 해가고 있지만, 한국교회는 한국 사회가 할 수 없는 가장 본질적인 것들을 제공해주어야 할 것이다. 즉, 그것은 믿음의 공동체 사랑의 공동체로서 난민들을 우리의 형제자매로 인정하는 것이며, 또한 예수 그리스도의 사랑을 삶 속에서 함께 나누며 증거하는 일이라 하겠다.

3) 네트워크를 통한 협력 구축

모든 사역이 그렇지만, 특히 난민 사역은 협력 사역이 중요하다. 얼마 전, 제주도에 난민 사태가 발생한 이후, 임시 주거와 관련해서 난민들이 정부에서 제공한 호텔에서 나와 노숙을 해야 하는 상황이 발생하였다. 이에 사단법인 '피난처'에서는 난민들이 약 1달간의 임시 주거가 필요할 것으로 예상되어 교회나 단체에 수련원 연수원 등을 개방할 수 있는 방안을 구상하고 교회 등에 긴급 제안하였다. 이렇듯, 교회가 단순히 개 교회 중심으로 하는 개별적 자원봉사 차원을 넘어서서, 긴간단체와의 협력, 그리고 지역 교회 연합회나 선교 단체의 연합을 중심으로 국내 난민들을 위한 집중 선교 훈련 프로그램 등을 실시하고 성도들을 복음 전도자로 세우는 것이 중요하리라 여겨진다.

한편, 난민 사역에 있어서 협력을 절실히 필요로 하는 부분 중 하나는 언어 문제이다. 국적이 다양한 난민들을 돕기 위해서는 각 국가의 난민들과 소통할 수 있는 언어적 문제가 필수적이다. 이에, 아랍권에 계신 한 선교사님의 경우, 여름 방학 기간을 활용하여 한국에 방문하여서 아랍 난민들에게 복음을 전하기를 계획하고 있다는 것이다. 아랍권에서 사역하였기 때문에, 좀 더 아랍 난민들에게 친근하게 다가갈 수 있다는 이점이 있는 것이다. 이렇듯, 이제는 한국에 들어온 다양한 국적의 난민들을 좀 더 세밀하게 케어하고 그들에게 복음을 전하기 위하여 선교 단체나 현지 선교사님들과의 활발한 교류가 필요할 것으로 보인다.

따라서 이제는 아랍지역의 선교사들이 국내에 들어와 단기간 사역을 한다고 할 때, 이를 위해 사역자들에 대한 주거 및 안정적 생활도 지원이 되어서 난민 사역에 활발한 교류가 일어날 수 있도록 해야 한다. 그리고, 현재 한국 선교사들이 시리아, 레바논, 터키, 그리스, 독일 등 중동과 유럽 쪽으로 많은 난민 사역을 담당하고 있는데 이러한 사역자들과 국내 사역자들 간에 교류가 활발히 이루어지는 것도 중요하겠다.

그 밖에 난민들에게는 여러 가지 주거, 의료, 교육, 사회 복지 등의 문제들에 대한 필요를 공급해 주는 것이 중요하다. 예컨대, 교회들이 연합하여 사역할 때, 한 교회에서는 난민들의 질병이나 건강 관리 등을 체크해 주면서 그들의 육체적 필요에 관심을 가져 준다면, 또 다른 교회에서는 한글 교실, 음악 활동 등을 통해 난민 어린이 교육 파트를 담당하는 등의 협력과 연합을 통한 네트워크 사역이 이루어져야 하겠다.

특히, 한국교회는 선교 단체 혹은 지역 사회와 함께 네트워크 하면서 난민 선교에 전략을 세워나가되, 사회적 손길이 미치지 못하는 부분에 좀 더 세밀한 관심을 갖고 난민들을 도와야 하겠다.

결론적으로 한국의 제주도 예멘 난민 사태는 필자로 하여금 한국 기독교인들의 난민 인식 수준에 대한 문제의식과 연구 동기가 되었다. 이에 필자는 이번 질적 연구 설문 조사를 통하여 난민들에 대한 한국 기독교인들의 난민 인식 정도를 파악할 수 있게 되었고, 한국교회가 난민 선교를 위해 어떠한 구체적인 실천들이 필요한지 생각해보는 유용한 시간이었다.

난민 인식 설문 조사 결과 한국교회 성도들은 전반적으로 난민의 개념이나 난민 인식에 대한 부재가 있었고, 난민 선교에 대한 관심도가 많이 저조하다는 것을 알 수 있었다. 또한, 인도적 인권 수호 차원에서 교회가 난민에 대한 사랑의 돌봄과 실제적 도움을 주어야 한다는 인도적 차원의 의견들은 있었으나 복음 증거의 기회이며 선교적 사명이라는 인식이 부족하다는 것을 알 수 있었다.

한편, 조사 결과 난민 수용 문제에 있어서는 이슬람 종교의 교리와 원리주의자들과 관련된 테러 발생 위험 증가와 국가 안보 차원에서 우려하고 있는 것이 두드러진 현상이었고 그 밖의 대부분은 난민 수용을 반대하지 않는 것으로 드러났다.

실제적으로 드러나고 있는 현 한국의 난민 현황과 난민 실태에서는 난민 심사 기간이 너무 오랜 시간 걸린다는 점과 진짜 난민인지 '가짜 난민'인지를 구별해야 하는 어려움 등으로 진짜 보호받아야 할 난민들이 정신적 질환과 생활고를 겪고 있는 국내 난민들의 삶을 살펴볼 수 있었다. 실제로 2018년 6월 통계 자료에 의하면 난민 신청자의 가장 많은 난민 신청 이유가 종교 개종[52]인 것을 감안할 때 기독교 개종으로 인한 핍박과 탄압을 이유로 난민 신청을 하고 있는 사람들 가운데 진짜 난민이 누구인지 판단하는 것은 현 정부의 난민 심사 제도를 통하여서는 불가능해 보인다.

최소한 기독교 개종을 이유로 난민 신청을 하는 경우 국가 기관의 정부 공무원이 아닌 기독교의 종교 지도자가 심사 과정에 관여할 수 있도록 해야 난민 진위 여부를 판단할 수 있으며, 향후 기독교 개종으로 인해 유입되는 난민들에 대하여 교회가 효과적으로 사역할 수 있을 것이라고 생각한다.

이어서 필자는 한국 기독교인들과 교회가 난민 선교에 사회적 책임과 사랑의 관심을 가질 수밖에 없는 이유에 대하여 선교 신학적 입장에 근거

---

[52] http://www.moj.go.kr/HP/COM/bbs_03/BoardList.do?strOrgGbnCd=100000&strRtnURL=MOJ_40402000&strFilePath=moj/&strNbodCd=noti0703, 2018년 7월 30일 접속. '2018년 6월호 출입국 외국인 정책 통계 월보,' 3페이지와 33페이지 참조.

하여 난민의 개념과 그리스도인이 난민을 향해 가져야 할 올바른 태도에 대해 살펴보았다. 무엇보다 하나님은 난민들을 향한 구원 계획을 갖고 계시며, 궁극적으로는 이들이 하나님 나라 백성으로 올바른 정체성을 회복하길 원하신다는 것이다.

한국교회는 하나님의 관점에서 복음 전파의 기회로 한국의 난민 문제를 인식할 필요성, 그리고 난민들이 하나님 나라 안에서 믿음의 공동체에 속하도록 정체성을 회복시키는데 주된 관심을 갖고 주력해야 한다는 점, 아울러 선교 단체나 지역교 회들의 연합된 네트워크를 통해 협력 전략으로써 사랑과 관심 속에서 복음을 전파해야 한다는 점들을 살펴보았다.

이상, 한국의 난민 문제는 국가적 차원에서 법적, 경제적, 사회적 제도의 측면도 고려해야 할 상황이지만, 선교적 측면과 하나님 나라의 거시적 관점에서 이해할 때, 한국교회를 향한 하나님의 역사를 알 수 있다. 전쟁과 가난으로 굶주리며 피난길에 올라야 했던 난민의 삶을 체험한 한국의 기독교인들이 예수 그리스도의 복음으로 회복되었듯이, 이제는 하나님의 은혜를 맛본 한국 기독교인들이 우리의 형제로 온 난민들을 향해 사랑과 복음으로 손을 내밀어야 할 때라고 여겨진다. 하나님의 마음과 집중되어 있는 난민 선교 사역에 한국교회와 성도들이 하나님 나라 확장을 위하여 귀하게 쓰임 받길 소망한다.

제2부

무슬림 난민 선교

본 단원에서는 APEN 포럼 보고서 내용 중에 이집트와 레바논, 그리고 독일의 사역을 소개하고자 한다. 각 보고서를 발표한 집필자들의 동의로, 약간의 문장 수정 후 발표집에 수록되었던 그대로 기술하고자 한다.

제1장

이집트 허드슨

(이집션 사역자를 동원한 난민 전도와 난민 학교를 통한 접근 방법)[1]

1. 난민 학교를 통한 접근 방법

1) 난민 학교 설립 이전 사역 – 선교 훈련과 푸드 박스 사역

(1) 첫 번째 선교 훈련(2016년 11월)

3일간의 일정으로 선교의 기본적인 이론과 난민 선교를 주제로 이집트 기독인들 약 30여 명을 대상으로 훈련을 시작하였고, 현재까지 5번의 훈련을 통해서 약 200여 명의 이집트 현지인들을 훈련함.

(2) 푸드 박스 사역(2017년 1월-10월)

선교 훈련 참가자 중 1가정이 2017년 1월부터 3월까지 약 3개월 기간 동안 쎗따 옥토버 지역의 시리아 난민 지역에 가서 구제 및 푸드 박스 사역을 본인들의 재정과 물건으로 시작함. 이후 3개월 후에 연락이 와서 같이 가정 방문 사역을 시작했고, 특히 푸드 박스를 구입하는 비용을 한국인

---

[1] 2019년 2월 제5차 APEN 이스탄불 포럼에서 발표된 내용으로 허드슨 선교사의 선교 사례이다. 책 출판을 위하여 발표자 허드슨 선교사가 동의하여 게재하는 바이다. 허드슨 선교사는 현재 이집트 선교사이고, 前) MVP 선교회 본부장이었다.

사역자들이 지원함. 이러한 가정 방문 사역은 1달에 3-4회 정도 실시했고, 이집트 기독인 지원자들과 한인 사역자를 중심으로 계속해서 사역이 진행됨. 이러한 푸드 박스를 나누어주는 방문 사역을 현지인들의 자발적인 동참과 한인 사역자들이 같이 참여하고, 재정을 지원하면서 활성화됨. 10개월의 푸드 박스 사역은 B 지역에 한정되어 진행이 되었음. 처음부터 우리는 기독인들이라고 밝혔고, 교회에서 왔다고 이야기함.

2) 10개월간의 푸드 박스 사역의 결과와 장점

- 이집트 현지인 사역자들 중에 자발적인 난민 사역 헌신자를 발굴할 수 있었음.
- 지속적인 푸드 박스 사역이 중요함. 현재까지 푸드 박스 사역은 지속적으로 진행되고 있음.
- 10개월간 B 지역만을 한정해서 사역을 했기에 B 지역의 주민들과 좋은 관계를 형성했고, 처음부터 기독인들이라고 밝혔기 때문에 공개적인 사역을 할 수 있었음.
- 우리의 사역을 좋게 봐주는 아부 마그드라는 평화의 사람이 연결되었고, 이 평화의 사람은 B 지역에서 도움이 필요한 사람들을 소개해주면서 우리 사역을 적극적으로 도와줌.

3) 가정 방문 사역

- 주로 푸드 박스(10불) 정도의 수준으로 쌀, 식용유, 설탕, 치킨, 아이들 과자, 주스 등으로 구성하여, 3-4명의 팀이 3-4가정을 방문하는 것으로 진행이 됨.
- 가정 방문 시 아이들에게 간식과 선물을 나누어 주고, 난민들의 가정

사를 주로 듣고, 난민들을 위해서 기도해 주고, 복음을 제시하고, 성경을 나누어 주는 사역을 함.
- 가정 방문 시 효과적인 사역은 아픈 사람들을 위해 기도해 주는 것과, 난민 여성들에게 얼굴 크림을 직접 얼굴에 발라주었을 때 현지인들이 감동을 받는 것을 많이 보았고, 한 가정을 여러 번 지속적으로 방문하는 것도 필요함. 겨울철에는 담요를 선물하거나, 새 학기 시즌에는 아이들 가방을 선물하여 다양한 필요들을 채워줌.

4) 난민 학교 설립 이후 사역

(1) 난민 학교 설립 및 배경

에이펜 요르단 포럼 참가(2017년 5월)
- 푸드 박스 사역을 진행하면서 다음 스텝을 어떻게 진행할지에 대해서 고민하고 기도하고 있었는데 요르단 난민 포럼 때 작은 형태의 난민학교 발표 사례를 들으면서 이집트에서도 적용 가능하겠다는 생각을 하고 기도함.
- 푸드 박스 사역을 진행하던 중에 우연히 가정집을 빌려서 아이들에게 아랍어와 꾸란을 가르치는 공부방을 보면서, 공부방에 대해서 가능성이 있다고 생각함.
- 이런 공부방에 대한 비전을 현지인 동역자 자매 N에게 나누었을 때 시리아 난민 가정들이 그러한 요청을 이미 했고, 본인도 고려 중이라는 대답을 듣고, 9월 말에 학기 개학에 맞추어서 가방을 나누어주는 사역을 하면서 준비를 시작함.

학교를 시작함

- 학교를 시작할 때 시리아 난민 가정집을 빌려서 할 것인지 우리가 렌트를 해서 할 것인지에 대해서 의견이 갈렸지만, 생각보다 현지인 집을 빌려서 하는 것이 쉽지 않아서 비어있는 15평짜리 작은 공간을 렌트해서 학교를 시작하려고 했으나, 기독인들이 학교를 만드는 것에 대한 부정적인 인식으로 몇몇 집주인이 거절했으나, 한 집주인은 학교 간판 등을 달지 않는 조건으로 학교를 렌트해 줌.
- 현지인 이집션 사역자들이 자발적으로 학교 페인트칠과 청소를 하고, 현지인 사역자 N 자매를 교장으로 해서 학교 물품들을 구입하여 학교를 시작함.
- 학교 학생은 20명으로 제한하고, 주로 지난 10개월간 우리가 방문했던 가정의 자녀들을 우선순위로 해서 학교를 시작함.

(2) 난민 학교 설립 후 결과
- 학교 시작 후에 다양한 사역을 진행할 수 있음.

크리스마스 행사

- 학교에서 크리스마스 행사를 진행하려고 했으나, 주변 동네 사람들의 반대로 학교에서 차량으로 10분 정도 떨어진 곳에 장소를 빌려서 크리스마스 행사를 하고, 선물을 나누어줌.

부활절 행사

- 아웃 리치팀들과 같이 부활절 행사를 진행하고, 이집트의 전문 어린이 사역팀을 초대하여, 인형극과 상황극을 통해서 부활절을 소개하고, 간접적으로 복음을 소개함. 또한 함께 온 몇몇 학부모들을 따로 다른

방에 모아서 복음을 전함.

의료 사역
- 학교에서 의료 사역팀의 도움으로 여성과, 치과, 한방으로 나누어서 난민 학교 주변의 이웃들에게 의료 사역을 진행함. 의료 사역을 통해서 많은 사람들에게 도움을 주었고, 침 사역을 통해서도 팔을 들지 못하는 사람이 치료를 받고, 허리가 오랫동안 아픈 사람이 치료가 되는 일들을 통해서 많은 가정이 연결되고, 학교 주변의 이웃들이 학교를 긍정적으로 생각하는 계기가 됨.

동물원과 수영장 방문
- 난민 학교 아이들이 여름 방학 때 가장 가고 싶은 곳이 바로 동물원과 수영장이었는데, 학교에서 버스를 대절하고, 선생님들이 아이들의 샌드위치를 준비해서 동물원과 수영장을 여름 방학 동안에 아이들이 즐길 수 있도록 함.

(3) 난민 학교의 장점
- 학생들에게 복음 제시 및 학생들에게 기독교적인 세계관을 심어줄 수 있음.
- 학생들이 학교를 통해서 치유되고 회복되는 것.
- 학생들을 통해서 부모들과 좋은 관계를 형성할 수 있는 점.
- 난민 학교를 통해서 다양한 사역과 행사를 할 수 있는 점.
- 난민 학교를 통해서 사역을 시작할 수 있는 거점이 되고, 그 지역의 사역의 문을 여는 열쇠 역할을 함.

(4) 난민 학교의 어려운 점과 단점
- 기독인들이 시작한 학교여서 늘 무슬림들이 견제가 있음.
- 꾸준히 학생을 사랑으로 가르칠 선생님들을 구하는 어려움.
- 선생님들의 월급과 월세 등의 고정적으로 지출되는 재정.
- 학교의 여러 가지 일로 인한 지속적으로 케어를 해야 하는 어려움.
- 난민 지역이 카이로에서 1-2시간 떨어진 위성 도시여서 접근성의 어려움.

(5) 푸드 박스 사역과 난민 학교 사역을 통해서 얻는 사역의 교훈
- 이집션 동역자들의 특성을 이해하게 됨.
- 자발적인 동역자를 찾아야 함(난민 사역에 비전이 있는 사역자를 발굴하는 것의 중요성).
- 한 지역을 타겟팅하는 것의 중요성.
- 난민들의 필요를 민감하게 파악해야 하는 중요성.
- 평화의 사람이 되어야 함의 중요성.
- 사역자가 가까운 곳에서 거주해야 할 필요성.
- 구제 사역을 영적 사역으로 전환하는 것의 중요성.
- 포기하지 않고 지속적으로 난민 사역을 진행하는 것의 중요성.

2. 이집트교회 미션 플랜팅 사역

이집트교회의 잠재성: 2,000년의 역사를 가진 이집트교회는 많은 핍박 속에서 믿음을 지켜 오늘에 이르고 있고, 중동의 어느 나라 보다도 많은 약 천만 명의 기독인들과 교회가 있다. 이집트 콥틱교회는 생명력이 있고 활발한 편이다. 특별히 선교를 위해서 약 100만 명 가까운 이집트 개신교

성도들이 있다. 이집트교회는 2,000년의 교회 역사와 핍박 속에서 복음의 순수성을 지키기 위해 싸워 왔다. 특별히 지난 1,400년의 이슬람 통치하의 핍박과 차별을 이겨내고, 오늘에 이르렀다.

1) 이집트교회를 동원하는 데 따른 어려움

- 이집트교회의 선교적 사명과 헌신이 약함.
- 지금까지 외부 의존적인 이집트교회 문화.
- 이집트교회에서 선교 헌금의 부재.
- 전문적인 선교 단체나 교단 선교부의 부재.
- 이집트교회 내부의 선교 운동의 결여(외부 중심적인 선교 운동).

2) 미션 플랜팅 사역

(1) 선교 훈련
- 2016년 11월에 30명의 훈련생에게 1회 인텐시브 선교 훈련을 시작.
- 2018년 11월까지 5회에 걸쳐서 약 180여 명이 수료함.
- 선교적 사명과 비전을 심어줌.

(2) 선교 기도회
- 2016년 11월 훈련 이후 현재 2019년 1월까지 2주에 1회 선교 기도회를 지속적으로 진행해 오고 있음.
- 중동과 아랍 국가들을 위한 기도와 난민 사역을 위해서 지속적으로 함께 기도하고 있음.

(3) 아웃리치(outreach)

- 선교 훈련 수료자 180명 중에서 4회에 걸쳐서 약 50여 명이 터키와 레바논 아웃리치를 다녀옴.
- 같은 아랍어를 사용하는 이집션들은 시리아 난민들에게 환영받음.
- 장단기 사역자 발굴과 파송.
- 2019년 6월에 2유닛 이집트 선교사가 파송.
- 전문적인 선교 훈련 프로그램과 단체가 없어 어려움.

결론적으로 난민 선교는 구호 단체나 NGO만이 하는 사역으로 생각했기에 거리를 두고 있었는데, 난민 선교가 하나님의 시대적 사명임을 깨닫고 뛰어들게 되었습니다. 난민 선교를 시작할 때 이미 난민 선교를 해온 선배님들의 경험과 노하우는 난민 사역의 방향과 전략을 세우는 데 큰 도움이 되었습니다. 난민 사역을 처음 시작하시는 분들에게 난민 선교를 위해서 의도된 계획을 먼저 세우고, 그 계획을 과감히 실행하라고 조언해 드리고 싶습니다. 그러면 분명 길이 열릴 것이고, 계획을 실행하면서 부딪히는 난관들을 분명히 만날 것입니다.

그러나, 그때 포기하지 마시고, 그 난관을 극복하는 새로운 도전을 시도한다면 사역의 놀라운 장이 열릴 것입니다. 난민 사역을 하면서 하나님께서 얼마나 난민들을 사랑하시고, 안타까워하시는지를 배웁니다. 가장 낮은 자들에게 임하신 예수님의 사랑이 난민들에게 얼마나 필요한지 보고, 경험하게 됩니다. 난민 사역의 짧은 저의 경험이 처음 난민 사역을 시작하는 분들에게 조금이나마 도움이 되기를 소망합니다.

제2장

레바논 정바울,[1] 이민정

(사랑의하우스, 시리아 난민 사역, 레바논)

1. 사랑의하우스 사역 소개

시리아 난민 대상 (가정, 아동)으로 총체적, 전인적인 선교 전략을 활용하여 다이나믹한 난민 무슬림 사역을 2012년부터 현재까지 레바논 동부지역, 베카(Bekaa)에서 진행 중.

사역팀 : 2020. 2월 현재 스텝 8명(한국, 시리아, 레바논, 요르단 국적) + 난민 청소년 인턴 11명, 총 19명.

1) 주요 사역

- 전인적 아동 교육
  80명 난민 학생, 4개반으로 운영(아랍어 학습 능력별로 클래스 구분, 나이

---

[1] 정바울: 바울 선교회 파송. 1997년-2010년(이집트 선교사), 2011년-현재(레바논 선교사). 사랑의하우스 사역 대표(레바논 동부 지역 시리아 난민 대상 사역, 2012년-현재), 총체적, 전인적 지역 사회 선교 전략(CHE, chenetwork.org) 중동 지역 코디, 전문 매스터 훈련 강사, 2002년-현재, 146회 훈련세미나 강의(아랍어, 영어, 한국어). APEN(아랍권-페르시아권 유럽 지역 난민 사역 네트워크) 아랍어권 대표 코디(2016년-현재), -ACTS 세계지역연구소 아랍문화연구원 레반트 지역 릳지 연구원. 대한민국 국무총리 표창(2017년, 시리아 난민 봉사 공로).

별로 구분하지 않음), 월-목(9:00-13:15).

주요 과목: 아랍어, 수학, 미술, 과학, 영어, 체육, 하루 40분 예배와 성경 공부, 성경 암송.

- 양육반: 11명 청소년들(80명 학생 중) 성경 양육 및 영성 훈련(30분 집중 기도회).
- 난민 여성 사역.
- 수요 여성 성경 모임: 25-30여 명.
- 아랍어 문맹 퇴치 교실: 2개 반 운영(주 2일).
- 교회 사역 : 매주일 2회 예배 사역: 10:30-12:00(아동 대상 주니어 교회 사역, 50-60명, 헌금 포함), 13:00-14:30(난민 가정 대상, 25-30여 명). 교회 헌금은 취약한 난민 가정 및 기타 사역 지원금으로 사용, 연 2회 침례식(봄, 가을).
- 전도 사역 : 사랑의하우스 학부모 40여 가정 대상 및 주변 이웃, 난민촌 방문 전도 사역, 사랑의하우스 전도팀 활동(주 3일), 하드 카피 성경과 오디오 성경 보급, 미디어 활용 전도.
- 예수 영화 활용한 전도 사역: 총 110회 상영(주로 난민 천막 활용, 3,814명 참여).
- 가정 방문 및 개인 성경 공부: 사역팀이 난민촌 새신자 및 구도자들 다수 가정 방문해서 성경 공부 및 예배 드림. 가정 예배 모임들을 가정 교회로 발전 계획 중.
- 현장 인턴십 프로그램: 다국적 선교사 헌신자 훈련(6개월-1년).
- 단기 사역팀 협력 동원: 월 평균 1-2개 단기 사역 팀 방문 협력 사역
  사역 초기 사역들: 다수 모바일 스쿨(난민촌에 교사를 파견하여 아동 교육), 의료, 구제, 구호(솔라 램프, 식량, 겨울 용품, 의류), 취약 가정 지원, 여성 보건 예방 교육, 문맹자 아랍어 교육, 영어 교육, 컴퓨터 교육, 마이크로 엔터프라이즈 사업 (장갑, 뜨개질 용품), 아동 체육 프로그램.

2) 난민 사역을 통해서 하나님이 주신 은혜

하나님은 수많은 무슬림들을 만나서 온전한 복음을 전할 수 있는 기회를 주셨다. 과거 이집트(1997년-2010년)에서 사역하는 동안에는 5명도 안 되는 무슬림에게 복음을 전한 것으로 기억한다. 그것도 제대로 전한 것도 아니었다.

하지만 레바논에서는 한 예로, 시리아 난민 무슬림들에게 단 하루 동안 50여 권의 성경을 배포하며 복음을 전했고 수천 명에게 복음을 다양하게 나눴다. 무슬림 전도에 대한 다양한 실험과 경험을 할 수 있었고 적절한 아랍어 표현 및 접근 방식을 습득하게 되었다. 온몸으로 뛰어야 하는 것이 난민 사역이라서 전적으로 성령의 인도하심과 예수님을 온전히 신뢰하는 훈련이 매일 반복적으로 되었다. 또한 사도행전 같은 역사들을 경험할 수 있었다.

많은 사람들이 복음을 듣고 예수님을 믿는 모습뿐만 아니라 사역 현장에서 공갈, 협박, 위협, 핍박을 당하면서 선교사로서 사도행전의 원리를 깨닫게 되었다. 또한 난민 사역 초보자였지만 나의 계획이 아니라 하나님의 계획으로 살아가는 법을 배우게 되었고 돌발 상황과 변수에 유연한 대처와 빠른 시간 안에 해결책을 찾아내는 훈련이 되었다. 무엇보다도 온 가족이 함께 난민 사역에 참여할 수 있어서 큰 은혜였다.

특히 아내는 아동 교육을 하면서 선교사로서의 정체성을 확고히 했고 삶에 기쁨이 넘치게 되었다. 큰딸은 대학 3학년으로 아동 교육을 전공하면서 난민 아동 사역에 대한 꿈을 키워나가고 둘째 아들은 국제학과 1학년으로 난민 전문가가 되는 비전을 가지고 공부하고 있으며 막내아들은 (고 2) 매주 예배팀으로 섬기며 긍정적인 가치들을 삶에 담아내고 있다. 그 뿐만 아니라 많은 단기 사역팀과 방문팀들, 그리고 APEN 동역자들을 만나게 되어서 필자가 하는 작은 일만 보는 것이 아니라 하나님 아버지가

하시는 큰 사역, 큰 세계를 볼 수 있어서 정말 감사하다.

2. 앞으로 난민 사역 방향

청소년 리더들을 집중적으로 양육, 제자 삼기를 하여 사역자로 일으키는 일에 더욱더 집중하고자 한다. 교육 수혜자 숫자를 늘리는 것(Widening)보다 질적인 향상으로(Deepening) 청소년 제자 삼기를 강화하고자 한다. 그리고 현지인 스텝들을 대상으로 더욱더 선교적 목회를 하고자 한다. 사역자는 만들어지는 것인데, 스텝들을 목회하는 것이 중요하고 그들의 은사와 사역을 강화하고 플랫폼을 만들어서 사역을 확장하도록 돕고자 한다.

그리고 현지 교회들을 일깨우는 것이다. 많은 난민 무슬림 구도자(Seekers)와 회심자들이 지상 교회를 찾아가는데 체계적인 양육, 제자 훈련이 안 되어서 종교 혼합주의적 성향을 가진 형태의 신자들이 많이 관찰된다. 따라서 현지 교회 안에서 양육과 제자 훈련이 잘되도록 돕는 일이 필요하다고 생각한다. 그리고 인턴쉽 프로그램을 통해서 서구 교회 및 한국교회 차기 난민 사역자들을 현장에서 개발하고 세워가는 것이 필요하다. 이는 난민 사역자들(한국, 현지인)과 활발한 네트워크 활동으로 난민 사역 플랫폼을 형성하고 미개척지에 사역을 개척하고자 함이다.

제3장

독일 이중덕[2]

(아랍어권 교회 개척)[3]

필자는 2015년 소위 '유럽 난민 하이웨이'라 불리는 곳을 따라 난민 취재 길에 나섰다. 복음을 전하기도 듣기도 힘든 이슬람국가에서 무수한 난민들이 소위 '기독교의 대륙'이라 불리는 유럽으로 이동하는 이 역사적인

---

[2] 횃불트리니티신학대학원에서 목회학, 미국 트리니티 신학대학원과 사우스웨스턴 신학대학원에서 구약학과 이슬람학을 각각 전공하고 미 남침례교단 파송으로 시리아에서 6년간 사역함. 2011년 내전이 발생해 사역지를 요르단으로 옮겨 미국 「코리안 크리스천 저널」 중동 특파원으로 5년간 활동하며, 「Arirang TV」 제작 난민 다큐인 「자타리의 눈물」 출연과 「시리아 난민: 1,000일의 기록」 개인 사진전을 통해 포토저널리스트로서 난민 이슈를 국제 사회에 알림. 「World Magazine」, 「Religious Herald」, 「Baptist Press」, 「CGNTV」, 「내셔널 지오그라픽 (한국판)」, 「국민일보」, 「극동 방송」 등 국내외 다양한 미디어 채널을 통해 시리아 난민 이슈를 세상에 보도함. 시리아 난민 보도 사진들 중 2013, 2014, 2015년 국제단체 커뮤니케이션 협회 시상 대회에서 「국제뉴스 사진 부문」 1위를 3년 연속 차지함. 2015년 가장 큰 세계 이슈로 등장했던 유럽 내 대규모 난민 유입 사태를 다루기 위해 유럽 8개국, 3,000km에 걸친 난민 여정에 동행하며 「복음의 통로, 유럽 난민 하이웨이」 공동 다큐를 만들어 냄. 필자는 2016년 독일로 사역지를 옮겨 현재까지 시리아난민교회 개척 및 선교 동원 사역을 하고 있으며 2019년 『하나님 경륜의 렌즈로 바라 본 시리아 내전과 난민』 다큐 책을 저술함.

[3] 무슬림 난민 사역 사례로 본 저서의 필자인 소윤정은 이중덕 선교사의 동의를 얻어 난민 사역에 대한 이해를 돕기 위하여 2020년 이스탄불 APEN에서 발표된 글을 수록한다. 그러므로 이 글에서 '필자'는 이중덕 선교사를 말한다.

장면은 '현대판 엑소더스'가 아닐 수 없었다. 그러나 복음이 없는 곳을 떠나 복음이 있는 지역으로 이동하는 난민들을 기다리고 있는 유럽은 '기독교의 대륙'이 아닌 2.8% 미만의 복음주의자만 남아있는 '무신론(Atheism)의 대륙'을 넘어선 '신 이교주의'(Neo-Paganism)의 대륙으로 전락했다.

이 안타까운 사실 앞에 직접 유럽 땅으로 이주한 무슬림들에게 복음을 전할 필요와 소명을 따라 필자는 11년간 사역하던 중동을 떠나 2016년 독일로 사역지를 옮겼다. 예전에 시리아에서 사역했던 필자나 자신들 고국에 살았던 난민들이나 모두 시리아 땅을 떠나 5,000km 넘는 먼 거리에 있는 독일이라는 낯선 땅에 살아가고 있다. 시리아에서 독일로 필자와 시리아 난민을 함께 옮기신 이 신비는 복음으로 복 주시려는 하나님의 경륜을 빼면 설명될 수 없다.

아래의 글은 내전을 통해 흩으시는(Scattering) 하나님, 그러나 복음을 통해 그들을 모으시는(Gathering) 하나님의 스토리이며, 그분의 부르심을 따라가며 그 경륜의 신비를 날마다 조금씩 더 체험해 가고 있는 필자와 독일 내 한 난민교회 이야기의 기록이다.

1) 난민교회 개척 및 난민교회 형성 과정

(1) 구약성경 공부 ('알 마씨라') - 2016년

필자는 2016년 6월 약 10만 명의 시리아 난민이 살고 있는 독일 남부에 위치한 한 주(Bundesland)로 이주 후 우연히 놀이터에서 만난 한 독일인의 초청으로 독일교회를 처음 방문하게 되었다. 그때 방문한 복음주의 교회와의 인연으로 그 교회를 중심으로 40km 반경 내 난민촌을(대략 5,000여 명의 난민들) 방문하기 시작하였다.

독일에 온 지 3개월이 되었을 때 캠프촌에서 만난 18명의 난민을 대상으로 독일 파트너 교회에서 '알 마씨라'(아랍어 구약성경 공부)를 시작하였다. 아담, 노아, 아브라함, 모세, 다윗 등의 선지자들을 공부하며 이슬람 신학에 이미 형성돼 있는 구속적 유비를 통해 희생양으로 오실 메시아를 성경을 통해 난민들에게 가르쳤다. 이슬람 지역에서 그동안 많은 위험과 제한을 감내하며 사역했던 것과 비교해 볼 때 독일 내에서 이렇게 무슬림들을 교회에 초청해 복음을 자유롭게 전할 수 있다는 사실이 너무나 놀라웠다.

반면에 "모든 것을 잃고 온 난민들에게서 마지막 남은 보루인 종교(믿음)마저 뺏지 말라"며 루터란 교회 목사를 포함한 많은 유럽인들로부터 핍박과 방해를 받으며 정말 신 이교주의가 되어버린 유럽에 놀라움을 금할 수 없었다. 유럽인들의 박해로 '알 마씨라' 모임은 막바지 무렵 예수 영화 상영 이후 종결되었고 독일인들의 협박을 두려워 한 난민들은 교회에서 뿔뿔이 흩어져 버렸다. 그러나 그들 중 3-5명은 독일교회 예배에 정기적으로 출석하며 지속적인 교제를 하게 되었다.

(2) 요한복음 성경 공부 - 2017년

독일에 도착한 지 1-2년이 되자 많은 난민들이 캠프촌을 떠나 각자의 집에 살게 되면서 사역 전략을 캠프촌 방문에서 가정집 방문으로 전환하였다. 이로 인해 난민들과 더 자유롭게 신앙 이야기를 할 수 있었고, 많은 난민들을 필자의 가정에 초청해 함께 식탁 교제를 나누면서 더 깊은 관계를 형성해 나갔다.

이러한 시점에 교회에 나오는 몇 난민들에게 C2C(Creation to Christ)를 가르치려고 누가복음에 나온 몇 개 기적의 사건을 다루던 중 하루는 무함마드가, "성경에 혹시 무덤에 있는 사람을 예수님이 살린 이야기가 있지 않냐"고 묻게 되었다. 나사로의 부활은 그리스도가 정말 누구인지 이해하는데 너무나 중요한 것이지만 누가복음에는 그 이야기가 언급되지 않아

필자는 몇 주간 요한복음과 씨름하며 성경 공부 교재를 만들기 시작했다.

'하나님과 동행'(Journey with God)이란 제목으로 만든 요한복음 성경 공부는 교육 수준이 높지 않았던 시리아 난민들이나 아랍어가 조금 약한 쿠르드 난민들도 쉽게 알아들을 수 있도록 'the Good News Arabic Version'(at-tarjamah al-mushtarakah)으로 선택했고, 영화 클립은 2003년에 만들어진 요한복음(The Gospel of John)을 선택하여 난민들이 성경을 텍스트로 보고, 오디오로 듣고, 그리고 그에 대한 영화 장면을 보게 한 후 간단하게 의견을 나누는 식으로 성경 공부를 만들었다. 그 후에는 25명의 난민들을 (어린이 포함 40-45명) 교회로 초청해 아랍어로 매주 한 장씩 요한복음을 공부하게 되었다.

무슬림들에게 복음을 전할 때 가능하면 그들이 강력히 부정하며 논쟁거리가 되는 삼위일체, 예수님의 신성, 하나님의 아들, 십자가 사건과 부활 등의 가장 핵심적인 복음의 메시지를 피하는 것이 지혜라고 생각할 수도 있겠지만, 필자는 이 메시지가 바로 구원의 능력이기에 피해가지 않고 정면 돌파하기로 결정하였다.

그들에겐 받아들일 수 없는 강력한 메세지가 23주 동안 전달될 때 몇 명의 난민들이 최종까지 남게 될지, 또는 그들 중 몇 명이나 예수님을 124,000명의 선지자 중 하나가 아닌 하나님의 어린양으로서 희생되신 구속주로 인정할지 전혀 예측할 수 없는 상황이었다. 가끔 성경 공부 시간에 변론도 제기되곤 했지만, 요한복음 6:63에 "살리는 것은 영이니 육은 무익하니라 필자가 너희에게 이른 말은 영이요 생명이라"라고 말씀하신 것처럼 성경 말씀이 그들의 죽은 영혼을 살릴 수 있다는 확신 하나만으로 성경 공부를 마칠 수 있었다.

(3) 누가복음 성경 공부 -2018년

요한복음 공부 이후 소수의 난민이 예수님을 구세주로 시인하였고 침례를 받거나 지속적인 성경 공부를 원하여서 누가복음 성경 공부를 시작하게 되었다. 구약성경과 요한복음은 필자의 주도하에 진행되었지만 누가복음은 그동안 함께 도움자로만 참석했던 이집트 기독교인 형제에게 주도권을 넘겨주어 성경 공부를 진행케 했다.

이 모임은 믿음이 있는 난민들과 성경을 통해 예수님이 누구인지 더 알고자 하는 무슬림 관심자들(Seekers) 또는 무슬림 방문자들로 구성된 혼합 모임이었다. 이러한 특성을 살려 예전에는 삼위일체나 예수님의 신성이 언급된 찬양을 삼갔었지만 이제는 이러한 신앙 고백이 언급되어있는 아랍어 찬양을 자유롭게 부른 뒤 성경 공부를 하였다.

그러나 여전히 예수님을 영접한 MBB(Muslim Background Believers)들은 주변의 무슬림 공동체로부터 받을 박해나 불이익을 두려워해 자신들의 새로운 믿음의 신분을 감춘 비밀 신자들(Secret Believers)로서 살아가고 있었다. 이로 인해 주일 성경 공부 모임 참석자들 간에 누가 믿는 자인지 누가 무슬림인지 서로 전혀 모르는 상황이 지속되었다. 요한복음 그룹보다는 적었지만 매주 평균 7-10명이 찬양을 배우고, 성경을 공부하며, 토론과 중보 기도 등을 하며 모임이 지속되었다.

(4) 사도행전 성경 공부- 2019년 & 2020년

① 예배 형태의 전환

누가복음 공부가 거의 끝나갈 무렵 이제는 무슬림 관심자들(Seekers) 성경 공부 모임이 아닌 예배 공동체로의 전환의 필요를 느꼈다. 예전과는 달리 모임 참석자들 중 다수가 이제는 무슬림이 아닌 예수를 믿는 자들이 되었기 때문이었다.

즉, 성경 공부를 통하여 예수님에 대해 알아가는 모임에서 이제는 예수님을 경배하는 모임, 더 나아가서는 예수님의 지상 명령에 순종하는 예배 형태로 완전히 바뀌게 된 것이다. 이 사명과 비전을 갖기 위해 사도행전을 선택했고, 사도행전 2:42-47에 나오는 초대교회 형태의 믿음의 공동체를 모범 삼기로 하였다. 다섯 손가락으로 비유하는 'Church on the Hand'(손 위의 교회)의 5가지 요소인 말씀, 기도, 교제, 떡을 뗌, 서로의 필요를 채움 등을 강조하며 신앙 공동체를 만들어 가고 있다.

말씀과 관련해서는 난민들이 일방적으로 가르침을 받았던 이전의 수동적 방식을 탈피하여 난민이 직접 능동적으로 말씀을 가르치도록 하였다. 설교 방식이 아닌 4가지 질문만을 가지고 성경 말씀을 다루기 때문에 누구나 가르칠 수 있으며 재생산이 가능하게 되었다.

첫째, 성경 본문은 무엇을 말씀하는가?
둘째, 성경 본문은 하나님에 대하여 그리고 인간에 대하여 무엇을 가르치는가?
셋째, 오늘 말씀을 통해 무엇을 느끼는가?
넷째, 필자가 순종할 말씀은 무엇인가?

이렇게 한 난민이 묻고 서로 대답하는 방식을 통해 말씀을 배우는 방식이다.

기도와 관련해서는 난민들이 타국에서 살아가며 많은 어려움을 만나기에 사도행전에 나타난 기도의 삶을 살아감으로 어려움을 극복하고 승리의 삶을 살도록 강조하고 있다. 특별히 아직 예수님을 영접하지 않은 가족 구성원의 구원을 위한 '오이코스'(*Oikos*) 기도 리스트를 작성하며 가족들의 구원을 위하여 하루도 빠지지 않고 기도하고 있다. 이 '오이코스' 기도는 사도행전 16:31에 바울이 빌립보 간수를 향하여, "주 예수를 믿으라 그리하면 너와 네 집이 구원을 얻으리라!"는 말씀에 근거를 두고 온 가족의 구원에 비전을 두고 있다.

교제에 관하여서는 성도 간의 교제가 주로 주일 예배를 통하여 이루어지지만, 이외에도 구역 예배 형태로 주중에도 도여 기도와 교제를 하고 야유회 등 각종 모임을 통해 깊이 있는 교제를 만들어 가고 있다. 예전에 자신들이 속해 있던 이슬람 공동체인 움마(Ummah)를 떠났다는 이유로 주변 무슬림들에게 따돌림과 박해를 받을 가능성이 있기 때문에 새로운 신자들에게는 새 공동체 즉, 믿음의 공동체(Believing community), 소속감 있는 공동체(Belonging community), 성경적 공동체(Biblical community)를 제공받는 것이 너무나 중요한것이다.

떡을 뗌에 관해서는 이슬람 신앙으로부터 예수를 믿게 된 지 얼마 안 된 새신자들은 한 번도 성만찬에 참석해 보지 못했는데, 2020년이 되면서 매달 첫 주일 예배 아침에는 독일교회와 함께 예배를 드리며 성찬식에 참여하고 있다. 언어적인 장벽이 있어 독일어를 다 알아 듣지 못하는 불편함은 있을 수 있지만, 아랍어 공동체에만 국한되지 아니하고 우주적 교회를 경험하며 문화나 언어를 뛰어넘는 예배를 경험한다는 측면에서 좋은 영향력을 받고 있다.

또한 떡을 뗌에 있어서 성찬식 이외에 식탁 교제도 포함되어 있기에 주일 아랍어 예배 전에는 간단한 음식이긴 하지만 각자 가지고 온 음식을 나누며 꼭 식탁 교제를 나눈다. 예수님의 삶에서도 배울 수 있듯이 이 식탁 교제는 곧 관계의 깊이를 의미하기에 난민교회에 아주 중요한 요소가 되고 있다.

서로의 필요를 채움에 관하여서는 경제적인 어려움에 처해 있는 지체를 도왔던 사도행전적인 교회의 본을 따라 난민교회도 어려운 지체를 돌보고 있다. 예전의 구도자 성경 공부에서는 불가능했던 헌금을 시작했는데 넉넉지 않은 형편이지만 1유로라도 가지고 와 작은 헌금통에 드리는 예배자가 되도록 격려하고 있다. 지난 6개월간 모인 첫 난민교회 헌금은 비록 적었지만, 그동안 장소를 무료로 제공해 준 독일교회에 대한 감사와 부흥을 위해 쓰이도록 모두 헌금했고, 2020년부터 모이는 헌금에 대해서는 난민들의 어려움을 돌아보는데 모두 쓰일 예정이다.

② **사도행전적 난민교회**

MBB(Muslim Background Believers)로 구성된 교회는 일반 교회에서 볼 수 없는 다른 여러가지 이슈들이 산재되어 있다. 그 중에 하나는 두려움이다. 비록 유럽 땅에 살고 있다 할지라도 주변 무슬림들에 대한 차가운 시선이나 핍박, 불이익 또는 명예 살인 등을 MBB들은 늘 생각해야 하는 것이 현실이다. 이러한 상황에서 자신의 새로운 신앙 신분을 공개하라는 식의 처방(Prescription)은 무리가 될 수 있다. 그러나 사도행전을 함께 공부하면서 난민 공동체에 새로운 변화가 일어나기 시작했다.

사도행전에 성령의 역사가 임하자 초대교회 성도들 가운데 두려움이 사라지고 담대함으로 복음을 전한 것처럼, 난민교회도 두려움 대신 담대함으로 자신의 신앙 신분을 공개하게 된 것이다. 즉, 필자는 난민들에게 신분을 공개하라는 처방(Prescription)을 하지 않았지만 성령님이 직접 그들을 담대하게 만들었다고 묘사(Description)하고 있는 것이다. 그동안 비밀 신자였던 그들의 입 속에서 담대한 신앙 고백이 나오고, 무슬림 난민들 앞에서 담대하게 복음을 전하는 일이 생긴 것이다. 침례를 받은 자매들은 십자가 목걸이를 걸고 무슬림들이 많은 거리나 독일어 학원을 담대하게 다니고 있다.

더 나아가 난민교회는 사도행전 1:8의 "성령이 너희에게 임하시면 너희가 권능을 받고 예루살렘과 온 유대와 사마리아와 땅끝까지 이르러 내 증인이 되리라"는 말씀을 암송하며 증인으로서의 삶을 살아가길 간구하고 있다. 이 증인의 삶을 살아가도록 3가지 도구를 가지고 반복적으로 훈련을 하고 있는데, 이 도구들은 첫째, '오이코스' 리스트 작성 및 기도. 둘째, 'Three Circles'(세 개의 원). 셋째, 5분 간증(5 Minute Testimony)이다. 난민들은 이 도구들을 반복적으로 연습하는데, 간혹 주일 예배에 무슬림이 방문하는 경우 자신들의 5분 간증이나 세 개의 원(3분짜리 간단한 복음 프레젠테이션)을 자신 있게 제시할 수 있다. 더 나아가서 증인의 삶을 살기 위한 훈련의 일환으로 가끔 주변에 있는 교회(독일어권, 프랑스어권, 한국어권)들을 방문해 함께 예배를 드리며 자신들의 간증을 나눈다.

시리아난민교회의 특징 중 하나는 사도행전 9장의 사울과 아나니아의 환상 사건이지만 사도행전 10장의 고넬료와 베드로의 환상 사건처럼 꿈이나 환상을 통해 예수님을 만난 이야기들로 가득하다. 현재 난민교회 교인들 중 90% 이상은 놀랍게도 복음을 듣기 전 꿈과 환상 중에 흰 옷을 입고 나타나신 예수님을(계 1:13-16) 미리 만난 사람들이다. 이러한 이유로 필자는 난민교회를 '꿈꾸는 자들 클럽'이라고 부르기도 한다.

물론 꿈과 환상이 구원의 도구 자체는 될 수 없지만 믿음으로 나아오는 구원의 촉매제 역할로 쓰였음에는 틀림이 없다. 그들 각자의 이야기는 무슬림 영혼을 포기하지 아니하시며 그들을 만나시는 '하나님 열정의 이야기'라 할 수 있다.

또한 무슬림이라면 하루에 다섯 번씩 기도하며 최소한 하루에 Sura Al Fatihah, 꾸란의 첫 장을 17번 낭독해야 한다. 이 첫 장 6절에는, "저희들을 올바른(구원의) 길로 인도하여 주시옵소서!" 라는 기도문이 있다. 비록 그들의 기도가 꾸란의 이슬람식 기도문이라 할지라도 그들의 기도는 꿈과 환상을 통해 응답되고 있는 것이다.

즉, 예레미야 33:3처럼, "너는 내게 부르짖으라 필자가 네게 응답하겠다"라는 구절이 무슬림들에게도 문자적으로 이루어지고 있는 것이다. 이러한 기적적 간증을 가진 난민 이야기들이 허물어진 유럽 교회에 들리고 동료 난민들에게 들릴 때 유럽 교회에는 부흥의 역사가, 난민들에게는 R2R(Refugee to Refugees) 즉, 난민이 난민을 전도하는 복음의 역사가 일어나게 된다.

2020년이 되자 시리아난민교회에 몇 명의 시리아 난민 2세들이 구원을 받게 되었다. 난민 2세 선교는 아랍어에 익숙한 1세보다는 독일어로 교육을 받으며 언어적 문화적 공통점을 갖고 있는 난민 2세의 몫이라 할 수 있다. 이러한 측면에서 난민 2세의 구원과 제자 훈련은 독일 내 난민 2세의 미래에 선교적 희망을 던지고 있다.

　정리하면 지난 1,400년간 이슬람의 역사 가운데 복음은 철저하게 거부되어 왔고 무슬림 선교는 늘 열매가 적었다. 그러나 21세기 무슬림 선교에 있어서 전례 없는 일들이 일어나고 있다. 특별히 내전의 아픔과 함께 살아가고 있는 난민들 가운데 이 새로운 일들이 두드러지게 일어나고 있다.

　예수님은 니고데모와의 대화 요한복음 3:8에서 "바람이 임의로 불매 네가 그 소리는 들어도 어디서 오며 어디로 가는지 알지 못하나니 성령으로 난 사람들은 다 이러하니라"고 말씀하셨다.

　독일 내 시리아 난민들 가운데 이 바람이 불기 시작했다. 어디서 오며 어디로 가는지 알지 못하나 필자는 그 소리를 듣고 있다. 이 바람이 유럽 전역에 더 강력하게 불어 흩어진(Scattered) 시리아 난민들이 구원의 공동체로 더 많이 모이길(Gathered) 소원한다. 마지막으로 '이 바람 없는 난민 선교는 존재하지 않는다'는 말로 필자의 글을 마치고자 한다.

제3부

무슬림 이주민 선교

제1장

디아스포라 무슬림 이해[1]

자녀가 없고 절망적이었던 사라(Sarai)의 여종인 하갈(Hagar)은 아브라함(Abram)과 동침을 해 그 집안의 상속자를 낳으라고 설득하는 여주인인 사라의 말을 들을 수밖에 없었다(창 15:2; 16:2). 그녀가 임신을 하자 그 상황에 질투를 느끼고 좌절감을 느낀 사라는 아브라함에게 불평을 했고 여호와에게 판단을 청했다(창 16:5). 아브라함은 사라에게 "당신이 좋을 대로 그녀에게 하시오"(창세기 16:6a)라고 말하며 권한을 주어 가정의 평화를 지켰고 사라는 하갈을 학대했고, 그 여종은 도망쳤다(창 16:6b). 하갈은 사막의 샘물 옆에서 여호와의 천사를 만났고 천사는 그녀에게 물었다. "사래의 여종 하갈아 네가 어디서 왔으며 어디로 가느냐?"(창 16:8).

그녀는 자신의 여주인에서 도망쳤다고 답했으며 천사는 그녀에게 사라에게 돌아가 복종하라고 말하면서 다음과 같이 여호와의 응답을 약속으로 알려주었다.

---

[1] 본 장에서는 필자가 2018년 8월 미국 스프링필드 소재 AGST(Assembly of God Theological Seminary) 이슬람연구소에서 주관한 여름세미나에 참석하여 들었던 Mark Hausfeld 박사의 영문 강의 내용을 발췌하여 정리하고자 한다. Mark Hausfeld 박사는 현재 AGST 이슬람선교학 교수로 시카고를 중심으로 도시 무슬림 디아스포라 사역을 하고 있으며, 도시 무슬림 디아스포라 사역이전 파키스탄 선교사로 다년간 사역 했고 AGST 학장과 Evangel University 총장과 이슬람연구소 소장을 역임하였다. https://agts.edu/faculty/mark-a-hausfeld/ , 2020년 2월 3일 접속.

> 내가 네 자손을 아무도 셀 수 없을 만큼 많이 불어나게 하리라. 너는 아들을 잉태했으니 낳거든 이름을 ("여호와가 들어주셨다"는 의미의) 이스마엘(Ishmael)이라 하여라 네 울부짖음을 여호와께서 들어주셨다 네 아들은 들나귀 같은 사람이라 닥치는 대로 치고 받아 모든 골육의 형제와 등지고 살리라(창 16:10-12).

하갈은 사라에게 돌아갔고 이스마엘을 출산했다.

사라가 아브라함의 아들인 이삭을 낳았을 때 이스마엘 역시 아이였다. 이삭에 대한 이스마엘의 행동은 사라를 화나게 했으며 그래서 하갈과 이스마엘을 집에서 쫓아냈다. 아브라함은 당황했지만 여호와는 이삭이 가문을 이을 것이라고 확인해 주셨고 이스마엘 역시 큰 민족을 이루게 할 것이라고 약속하셨다(창 21:9-14). 슬픔에 잠긴 아브라함은 하갈과 이스마엘에게 식량과 물을 주어 갈 길을 가게 했다.

이 둘은 브엘세바의 사막을 헤맸고 가지고 있는 물이 떨어지자 하갈은 자신의 아들의 죽음이 임박했음을 알고 슬퍼했다. 여호와는 하갈과 이스마엘의 흐느낌을 들으시고 그녀의 두려움을 진정시키고 자신이 전에 했던 약속을 다시 말해주었다. "걱정하지 마라. 어서 가서 아이를 안아 일으켜 주어라. 내가 그를 위대한 민족이 되게 하리라"(창 21:14-18; 비교, 21:8-18). 그리고 여호와는 하갈에게 우물을 보여주었고 이것이 그 모자를 살게 했다. 이스마엘은 광야에서 성장했고 뛰어난 궁수가 되었다.

아랍인들 그리고 그들을 통해 무슬림들은 그들의 정신적 혈통을 (하갈과 이스마엘을 통해) 아브라함까지 거슬러 올라가면서 스스로를 여호와가 만들기로 약속했던 위대한 민족으로 간주했다. 그 시작부터 역사적, 정신적으로 조성되어온 이러한 혈통은 이후 이슬람 정체성을 형성시켰다. 이는 도주와 약속을 뿌리로 하는 혈통이다. 하갈과 이스마엘은 강제로 집을 떠나야 했지만 여호와는 그들의 여행길에서 그들을 개인적으로 돌보았으며 그들에게 도피처를 주었다.

1. 이슬람과 디아스포라

무슬림들이 이동하면서 이슬람이 확산되었고 무슬림들은 이슬람교 발생 이후로 계속 이동하고 있다. 무함마드(Mohammad)는 당시 천사 '가브리엘'을 통하여 꾸란 '계시'를 전달받았다고 알려졌다.[2]

사실 무함마드는 스스로 예언자라는 확신이 없었고 오히려 스스로 정신이 이상하게 되었다고 생각하였으나 그의 부인인 카디자(Khadija)가 무함마드가 스스로 자신의 정신이 이상해진 것이라고 생각하는 것이 잘못이며, 무함마드는 예언자라고 그의 남편을 설득했다. 무함마드는 자신을 거부했던 메카의 다신론 지도자들에게 신은 하나라고 선포했고 결과적으로 무함마드와 그의 추종자들은 목숨을 잃을까 봐 두려워 메디나로 도망치게 되었다.

설상가상으로 그를 예언자로 설득해왔던 그의 부인 카디자마저 621년 사망하자 무함마드는 메카에서 더 많은 미움을 받아야 했으므로 622년 무함마드와 그의 추종자들은 메디나로 이주하고 그곳에서 무함마드를 중심으로 초기 무슬림 커뮤니티가 성장하게 되었다. 그러므로 무함마드와 그의 가족들은 이슬람 최초의 디아스포라 그룹이라고 할 수 있다.

'디아스포라'라는 용어는 '확산'을 의미하는 헬라어인 '*diaspora*' 또는 '*diaspeirein*'이 어원이며 역사적으로, 구약에서는 유대인의 그리고 신약에

---

[2] 꾸란 '계시'의 전달자 문제와 진정성, 그리고 이와 관련된 내용에 대하여서는 필자, 소윤정의 저서 『꾸란과 성령』을 살펴볼 것을 권한다. 『꾸란과 성령』은 2010년 CLC에서 초판 발행되었고, 2020년 2월 개정 증보판 발행되었다.

서는 기독교인들의 흩어짐과 분산을 설명하기 위해 사용되었다. 현대 문헌들은 '사람들이 이동하는 또는 이동되는 현상'을 설명하면서 이 단어를 사용한다. 이 글에서는 디아스포라 무슬림을 가리키는 데에, 그리고 더욱 구체적으로 현재 미국으로 이동한 그리고 이동 중인 사람들을 가리키는 데에 이 단어를 사용하고자 한다. 이 글의 목표는 그들은 누구이고 무엇을 믿으며 무엇을 추구하는지 그리고 교회는 어떻게 그들에게 복음을 전파하고 회심시킬 수 있는지에 대한 더욱 정확한 이해를 도모하는 것이다.

전 세계인들의 이동 추세에 관한 기본적 이해는 디아스포라 무슬림들을, 그리고 교회가 그들에게 다가설 수 있는 기회를 더욱 분명히 보여준다. 사람들의 이동은 새로운 현상이 아니지만 20세기에 디아스포라 이동에 관여하는 사람들은 매우 빠르게 증가하고 있다. 특정 디아스포라 연구를 정의하는 질문들에서는 누가, 언제, 어떤 이유로, 어디를 향해 이동하고 그러한 이동의 결과가 무엇인지를 다룬다. 현재 전 세계 인구의 3%가 자신의 출생지를 떠나 새로운 곳으로 이동한다.

파리, 카라치, 마이애미, 이스탄불, 런던, 프랑크푸르트, 시카고, 멕시코, L.A.와 같은 세계의 도시들이 이주민들을 받아들이는 속도가 유지된다면 2025년에는 전 세계 인구의 61%가 이 도시들을 고향으로 할 것이다. 도시화(urbanization)와 도시주의(urbanism)에 대한 긍정적인 주장들은 전 세계의 인구 16%가 이미 살고 있는 7개 가장 부유한 도시로 전 세계 이주민의 33%가 이동하고 있는 현재의 추세를 뒷받침한다.

대부분의 사람들은 남반구에서 북반구로 그리고 동양에서 서양으로 이동하고 있다. 디아스포라 무슬림들 역시 미국으로의 이러한 경로를 따른다. 그들의 자발적·비자발적 이주 이유는 매우 다양하다. 그들은 자신이 사랑하는 가족, 친구, 땅을 강제로 떠나야 하는 피난민이거나 추방자일 수도 있다. 또는 자신보다 먼저 고향을 떠났던 가족을 찾아 자발적으로 이주하는 사람들도 있다.

많은 이주민은 더 나은 교육, 직업, 부유한 삶의 기회를 모색한다. 점차 많은 무슬림 이주민들이 자신의 종교인 이슬람을 전파하기 위해 이주하고 있지만, 그러한 의도가 없더라도 사실 모든 무슬림 이주민들은 자신들의 이슬람을 해당 지역으로 전파하고 있다고 볼 수 있다.

미국의 무슬림 인구는 250-700만 명으로 추정된다. 그 정확한 수의 예측이 어려운 이유는 미국의 인구 조사에는 종교가 포함되어 있지 않기 때문이다. 그리고 최근 미국 내 무슬림의 수는 급격하게 증가하고 있다. 즉, 21세기 중반에는 이슬람교도인 무슬림들이 유대교인을 제치고 미국 내에서 가장 큰 종교 집단이 될 것이다. 미국 내 이슬람교도의 성장은 전 세계적인 이슬람의 증가를 배경으로 이루어진다. 전 세계적인 증가 추세를 바탕으로 로잔 월드 펄스(Lausanne World Pulse)는 22세기 중반에는 이슬람교도가 기독교를 제치고 세계에서 가장 큰 종교 집단이 될 것이라고 예측한다.

이슬람의 과거 역사는 반복되는 정복과 패배로 가득 차 있다. 때로는 이슬람의 패망이 임박한 듯 보였지만 세계 종교 목록에서 굳건히 자리를 유지해 왔다. 20세기가 동틀 무렵 이슬람에 대해 대부분의 사람들은 경직되고 교리에 얽매여서 곧 사라지게 될 종교라고 생각했다는 점은 믿기 어려운 사실이다.

'Apostle to Islam'으로 잘 알려진 장로파 선교사인 사무엘 즈웸머(Samuel Zwemer)는 1915년 10월에 프린스턴 신학 세미나(Princeton Theological Seminary)에서 일련의 강의를 했고 이후 그 내용이 『이슬람의 붕괴』(Disintegration of Islam)라는 제목의 책으로 출판되었다. 사무엘 즈웸머는 그 책의 첫 단원에서 쾰레(S.W.Koelle)의 『무함마드와 무함마드 주의』(Mohammed and Mohammedanism)의 일부를 다음과 같이 인용한다.

이슬람 커뮤니티 전체는 수세대에 걸쳐 붕괴되어 왔으며 현재는 정신적 무기력과 정치적 무능력의 상태로 가라앉아 있다. 또한 그 외에도 미개함의 발작과 광신으로 인해, 기독교 국가들에 대한 어떤 심각한 공격도 불가능하며 이슬람이 완전히 붕괴될 날이 가까워지고 있다는 징후는 더욱 빠르게 증가하고 있다.

하지만 이와는 대조적으로 지난 세기 이슬람 세계는 완전히 다른 패러다임으로 발전되었다. 현재 이슬람은 정신적으로 건장하며 강력한 정치력과 공격적 영향력으로 전 세계적으로 좀 더 전략적으로 강력하게 확산하고 있다.

이와 같은 통계 예측과 추세는 심각한 의문을 가지게 한다. 가장 분명하게 제기되는 의문은 다음과 같다.

"누가 현재의 그리고 더욱 구체적으로 미국 내에서의 이슬람 성장과 영향력이라는 문제를 다룰 수 있는가?"

이에 대한 대답은 정치적, 경제적 또는 군사적일 수 없다. 어두운 빛의 정신은 무슬림들로 하여금 그들의 삶과 죽음에 있어서 운명이라는 아젠다를 널리 알리도록 몰아붙이고 있다. 이 질문은 영적이고 현실적인 대답을 요구한다. 예수 그리스도의 백성들이야말로 빠르게 성장하는 이슬람 세계에 영향을 미칠 준비가 된 유일한 사람들이다. 예수 그리스도의 교회가 유일한 해답이다.

기독교 선교사와 신자들이 의지적으로 열정을 불태워 복음을 증명하면서 교회를 세움에 따라 복음은 이 세계에서 가장 접근이 제한된 지역의 일부에 포괄적인 영향을 미치고 있다. 중앙 우라시아의 무슬림들은 과거 전례 없이 많은 수가 성경의 예수(Jesus of Scripture)를 포용하고 있다.

선교사들은 그들과의 관계에 많은 시간과 에너지를 투자함으로써 지금까지 복음이 전파되지 않았던 곳들까지 다가서고 있다. 그들은 일반적으로 수년간의 우호적 관계가 있어야 변화를 기대할 수 있는 환경에서, 말과 행동에 있어서 그리스도의 사랑을 모델로 하고 있다. 그들은 성령에 기대어 그들을 깨닫게 하고 있다. 목회 활동 패러다임은 흔히 오지라고 하는 활동이 어려운 지역에서 극단적 열정과 궁극적 헌신으로 보이고 있다.

이것이야말로 우리가 선교 현장에서, 특히 해외에서 이루어지기를 항상 갈망해 왔던 방식이다. 용감한 선교사들은 잃어버린 양들의 땅으로, 신앙으로 자신을 이끈 사람들의 땅으로 가서 성경에 근거한 중요한 추수를 하고 있는 것이다.

기독교인들은 이러한 추수꾼들을 위해 기도해 왔다. 나는 중앙아시아 'Assemblies of God Area Director'로서 봉사하고 있는 국가들 중 한 국가에서 선교의 잠재적 후보 파일들을 자주 살펴본다. 우리 가족과 나는 이슬람의 장막 뒤에서 오랜 기간 살아오면서 사역하고 있다. 우리는 이제 어른이 되었지만 여전히 거짓말에 갇혀 있는 친구들의 체면을 위해 그 어두움과 흐느낌에 대해 잘 알고 있다.

현대 디아스포라인들의 이동 및 인구 추세를 바탕으로 이슬람의 뿌리에 대해 생각해 보면, 그리고 이 세계의 13억에 이르는 무슬림들에 대한 우리의 거대한 선교 책임을 생각해 보면, 나는 이 무슬림 디아스포라는 우리가 과제를 해결할 수 있도록 열린 문, 통로라는 점을 확신한다. 나는 추수하기 원하시는 주님이 우리가 해외에서 타민족을 구원하기 위해 자신의 일생을 바치는 열정으로 미국의 디아스포라 무슬림들에게 다가가기를 원하신다는 것을 알고 있다.

미국 기독교인들이 단지 자신의 무슬림 이웃의 현관문을 두드리는 것만으로 이 대 지상 명령(Great Commission)을 이룰 수 있을까?

우리가 해외에서 하는 선교 활동이 바로 우리의 이웃과 도시에서도 같은 효과를 가진다고 생각하는 것이 합리적이지 않을까?

이러한 모든 생각과 의문에 대한 질문은(답은) 'yes'이다. 이것이 21세기 이슬람 선교에 있어서 선교의 본질이 되어야 한다고 확신한다.

2. 디아스포라에 대하여

　디아스포라인들의 이동은 외압에 의해 강제되거나 내적 동기를 가진다. 완(Wan)은 이러한 힘을 '강요와 유인'(push and pull)으로 부른다. 디아스포라인들은 자발적 또는 비자발적으로 이동한다. 비자발적 강요와 자발적 유인 여부에 대한 결정은 사람들이 각각의 상황에서 가지고 있는 선택을 바탕으로 한다. 완(Wan)은 사람들이 자신의 고향을 떠나도록 강요하는 원인을 자연적 원인과 인위적 원인으로 설명한다. 사람들이 디아스포라가 되도록 강요하는 힘은 항상 자신의 통제력이 미치지 못하는 요인에 의해 발생하는 비극과 관련된다. 그리고 사람들을 해외로 이주하도록 '유인하는' 긍정적 힘도 있다(표 1 참조).

　자발적 유인은 이주민들에게 더욱 적극적인 선택권을 부여한다. 예를 들어 살림(Saleem)의 사촌은 미시건주의 입실랜티(Ypsilanti)에 자리잡았고 살림이 이스턴 미시건대학교(Eastern Michigan University)에서 공부할 수 있도록 뒷바라지를 해 주기로 했다. 미국에서 지낸 4년은 살림이 그 곳에서 직장을 구하고 계속 체류할 수 있는 길을 열어 주었다. 그리고 어쩌면 시민권을 신청해서 미국에서 계속 살 수 있게 될지도 모른다. 살림은 그의 삶의 질을 개선시키고 지속적으로 더 좋은 선택지를 제공하는 요인에 의해 '유인'되었다.

　비자발적 강요는 대개 이주민들이 이동 자체나 이후의 삶에 관해 자신의 목소리를 거의 또는 전혀 낼 수 없는 수동적 상태로 만든다. 바니팔(Banipal)은 체제 전복을 꾀했다는 죄로 아저르바이잔의 교도소에 투옥되었다. 그의 가족은 그의 보석금을 내기 위해 집을 팔았고 그는 인근의 국가로 도주했다. 그곳에서 그는 생존을 위해 새 언어를 배워야 했다. 그는 난민 신청을 했지만 최종 결과가 나오기까지 4년간 불안 속에 지내야 한다.

UN은 그가 어떤 연고도 가지지 않은 미국의 아이다호주로 이주시켰다. 그는 더 이상 구속될 위험은 없었지만 또 다시 생존을 위해 노력해야 한다. 그가 또 하나의 새로운 언어를 익히고 적응하는 데에는 2년이 걸렸다. 6년 후에 그는 본국으로 송환되었지만 그가 했던 선택은 필요에 의한 것이 아니었으며 그 과정을 거의 이해하지 못했다.

[표 1] 사람들을 이동시키는 강요 요인과 유인 요인

강요 (요인)	유인 (요인)
전쟁, 정치적 박해, 권력 남용, 여성과 아동 착취, 생명의 위험, 인신 매매	정치적 자유, 안전, 성 평등, 도시 정착을 비롯해 다른 곳에서의 더 많은 기회
자연 재해	삶의 질
인위적 재앙: 사고, 공해, 사회적 고립, 심리적 스트레스	안정, 기회, '아메리칸 드림'
자신이 가고자 하는 국가들의 건강/부와 대조되는 빈곤	다른 나라에서의 '더욱 푸른 목초지'의 언론 노출
가족이나 커뮤니티에 남겨진 집단의 상태를 개선해야 하는 의무	가족이나 친구인 외국에서 사는 사랑하는 이들의 성공 스토리 또는 그들로부터의 초대

디아스포라 이동에서 '강요'와 '유인'의 역할에 대한 이해는 기독교인들이 무슬림 이주민들과 관계를 맺을 수 있는 가능성을 크게 향상시킨다. 이는 기독교인들이 그들의 필요와 욕구를 찾아내는 데 도움이 되며 진정한 관계 및 신실한 증인의 출현을 위한 장을 제공한다. 미네소타주의 미니애폴리스에 거주하는 무슬림 소말리아 이주민들은 자신들의 안녕을 위해 일정 지역에서만 활동하도록 제한되는 망명자들이다.

노스센트럴대학교(North Central University, NCU)의 일부 학생들은 소말리아인들이 현재의 상황으로 '강요' 되었다는 것을 알고 있다. 그들은 선택권이 없으며, 식료품점에서 물건을 사거나 버스를 이용하기 위해서는 영어를 배워야 하며 이를 위한 도움이 필요하다. NCU 학생들은 그들에게 영어를 가르치기 위한 프로그램을 시작했다.

이러한 새로운 우정 관계가 교회를 향하는 새로운 통로를 열어 주었고 많은 무슬림들은 생전 처음으로 예수 그리스도에 대한 이야기를 들었다. 그것은 모두 하갈이 사라의 혹독한 대우로부터 도망쳤을 때 천사가 그녀에게 물은 질문에 관한 것이었다.

"사래의 여종 하갈아 네가 어디서 왔으며 어디로 가느냐?"(창 16:8).

디아스포라에 관한 자세한 지식을 갖춘 기독교 사역자들은 그들이 매우 취약한 상황에 있고 예수가 그들에게 가졌던 사랑을 받아들일 수 있을 때 그들에게 안정을 제공할 수 있는 준비가 되었다고 할 수 있다.

무슬림들은 사실 역사적으로 미국이 독립 선언을 하기 이전부터 이미 이 땅에 와 있었다. 미국 최초의 무슬림은, 현재 애리조나와 캘리포니아로 알려진 곳에 1539년에 상륙했던 최초의 스페인 탐험대와 동행했던 '하지 알리'(Hajj Ali)였다. 스페인인들은 그를 고용하여 경제적 목적으로 남서쪽 사막에서 낙타를 번식시키도록 지원했다. 관련하여 프레드릭 데니(Frederick Deny)는 다음과 같이 적고 있다.

> 무슬림들은 때로 서반구에서도 등장하지만 대부분은 노예 신분으로 1600년대 초부터 1863년까지 아메리카 대륙에 상륙했다.

이들은 아프리카인 무슬림 디아스포라였다. 학자들은 미국으로 팔려 온 아프리카 출신 노예의 14-20%가 무슬림이었으며 그들 대부분은 약한 부족 출신들로, 점령한 강한 부족 국가 무슬림들에 의해 노예로 팔려왔다고 말한다. 그 중 많은 수는 말 그대로 아랍인이었고 돼지 고기와 알코올을 거부했다. 이 이주민들은 어떤 권리도 없는 인간 소지품이었다. 그들은 가족, 공동체, 고향으로부터 멀리 떨어져 혹독한 조건에서 생활했다. 그들의 사회적 빈곤은 그들을 이슬람 뿌리로부터 고립시켰으며 이러한 단절은 그들의 종교적 열정을 약화시켰다.

이는 현재의 아프리카계 미국인 사회에 어떤 과도한 이슬람의 존재감이 없는 이유를 설명해 주며, 이후 노예 주인의 손에서 고통을 받았던 자신들의 노예 조상들을 모욕하는 기독교 사회에 대한 반발로 아프리카계 미국인들이 이슬람을 선택할 때 중요한 요인이 되었다.

노예 제도는 1863년의 '노예 해방 선언'(Emancipation Proclamation)으로 공식적으로 종식되었지만 200년간 이어져 온 그들에 대한 편견은 아브라함 링컨의 이 선언으로도 없어지지 않았다. 남북 전쟁 이후 아프리카계 미국인들에 대한 억압은 이후 노블 드류 알리(Noble Drew Ali)가 된 티모디 드류(Timothy Drew)와 같은 유명인들이 '무어식 과학 운동'(Moorish Science Movement)을 설립하도록 왈래스 파드(Wallace D. Fard)가 "북아메리카라는 광야에서 지금은 잃어버린 이슬람 국가를 세우는 운동"을 시작하도록 자극했다.

엘리야 무함마드(Elijah Mmuhammad)는 이 운동을 이어받아서 '이슬람 국가'(Nation of Ismal)라는 이름으로 바꾸었고, 현재는 루이스 파라칸(Louis Farrakhan)이 이 운동을 이끌고 있다. 정통 이슬람 지도자들은 이러한 운동들은 그 교리가 정통이 아니기 때문에 이슬람의 파벌이라고 선언했다. 이는 주로 빈곤층과 무직의 아프리카계 미국인들에게 설득력을 가졌다.

하지만 엘리야 무함마드의 아들인 와리스 딘 무함마드(Warith Deen Muhammad)는 '정통 이슬람교; 서양 이슬람 세계 커뮤니티'(The World Community of Islam in the West)를 세워서 정통 이슬람주의자들의 교리적 반박에 맞섰다. 와리스 딘 무함마드의 운동은 중산층 아프리카계 미국인들에게 설득력을 가졌고 현재 아프리카계 미국인 이슬람 조직 중 가장 큰 규모가 되었다.

이 운동들은 '백인, 기독교 문화가 보인 자신들의 고통의 원인과의 분명한 결탁, 그리고 아프리카계 미국인들을 착취하고 그들을 영원히 빈곤 속에 살게 하도록 하는 노예 주인들의 설계에 동의하는 빈곤에 대한 축복과 권장'으로 인해 백인, 기독교 문화에 대한 사회적 대응이었다는 점에 유의해야 한다. 그들의 문화 거부와 단순한 신앙에 대한 강조는 그들을 계속 무지한 상태로 두려는 계획과 일치한다.

육체와 세계의 탈니그로화(denigration)은 그들을 비참한 조건으로 유지시키려는 계획과 일치한다. 이와 같은 인종적 편견은 수백만 명의 아프리카계 미국인들이 성경의 예수로부터 등을 돌리도록 만들었다. 아프리카계 미국인은 디아스포라 무슬림의 후손이지만 325년 전의 디아스포라와 관련된 불공정을 여전히 분개하고 있으며 또한 그로부터 영향을 받았다. 그들은 이슬람의 유혹에 대해 매우 취약하다. 미극인 무슬림 중 30%가 아프리카계 미국인이며 또한 그 내부에서도 가장 빠른 속도로 성장하고 있다.

캐나다 사회학자인 샤론(Sharon Mcirvin Abu-Laban)은 무슬림 이주민들을 다음과 같은 3개의 인류학적 코호트(cohort-동일 집단)로 구분한다.

① 선구적 가족 코호트 - 방어적인 평화주의 무슬림.
② 과도기적 가족 코호트 - 방어적 평화주의 무슬림.
③ 차별화된 가족 코호트 - 공격적인 행동주의 무슬림.

이 디아스포라 코호트들은 오늘날 미국 내 이슬람 커뮤니티의 근본적인 인류학적 역사를 보여준다.

'방어적-평화주의' 코호트들은 미국으로 이주한 그리고 미국에서 출생한 무슬림으로 구성된다. 대부분 그들은 미국 사회에 동화된 2세대, 3세대, 4세대인들이며 자신들의 이슬람 신앙 및 문화적 가치를 미국 사회에 투여하는 것을 원치 않거나 필요하다고 생각하지 않는다. 아프리카계 미국인들처럼 그들은 자신들의 자손이 조상들의 여정으로부터 영향을 받았던 과거 디아스포라지만 1세대는 아니다.

이와는 대조적으로 '공격적인 행동주의' 코호트는 '모든 영혼의 문제와 가정과 제도와 사회에 이슬람 신앙을 수립하려는 목적을 가진' 최근 더욱 급진적이 된 이주민들로 주로 구성된다. 그들은 '방어적 평화주의' 코호트들에 대하여 이슬람을 적극적으로 홍보하지 않거나 이슬람 가치를 열심히 옹호하지 않는다는 점에서 '비이슬람'이라고 부르고 비난한다.

1) 선구적 가족 코호트: 방어적-평화주의 무슬림

19세기 말부터 제2차 세계대전까지 주로 시리아와 기타 중동 국가들로부터 이주한 디아스포라 코호트. 이 무슬림 중 많은 수는 터키 오스만 제국의 군대 입대를 피하기 위해 이주했다. 그들 대부분은 기술이 없고 교육 수준이 낮았다. 그들은 강력한 무슬림 정체성을 가지고 있었지만, 북아메리카에는 훈련된 이슬람 교사가 거의 없었기 때문에 그들은 종교적 인도를 받을 기회가 없었다. 남성들은 비이슬람 여성과 결혼했고 다른 종교 및 세속적 관점에 노출되었다.

다음 세대들은 모국어 능력을 잃었고 이는 문화적 동화 및 이슬람으로부터의 분리를 더욱 가속했다. 그들은 모스크와의 관계를 유지했지만, 모스크를 일종의 커뮤니티 센터로 보았다. 현재 그들의 자녀들은 미국 문화에 대해 호의적이며 가장 최근에 이주한 디아스포라 무슬림들의 사고방식에 있어서 덜 호의적이다.

2) 과도기적 가족 코호트: 방어적 평화주의 무슬림

제2차 세계대전부터 1967년까지, 아랍어 사용 국가 및 현재의 파키스탄과 인도 지역 출신으로 구성된 전통적 가족 코호트는 북미 해안으로 이주했다. 그들은 대부분 미국 대학에서 공부하고 싶어 하는 부유층 출신의 남성들이었다. 많은 사람은 일반적으로 학업을 마친 후에 모국으로 돌아가려고 했지만, 상당수가 미국에 남았다. 그들의 교육 경험 및 다른 인종과의 결혼이 세속화를 부추겼고 그들의 자손 대부분은 영어를 사용하며 부모들의 모국어를 완전히 습득하지 못했다.

이 코호트는 일반적으로 이슬람 제도 및 종교 커뮤니티와 스스로 거리를 둔다. 이들은 의도적으로 동화되기를 시도했지만 완전한 주류 집단이 되지는 못했다. 이들은 또한 이슬람에 대한 약한 수준의 헌신을 비난하는 보수적 무슬림들로부터 인정을 받지 못한다. 이들은 이슬람의 이드(Eid) 축일에만 모스크를 찾기 때문에 '이드 무슬림'이라는 이름이 붙여졌다. 그들은 현재 대부분 2세대 이주 집단이며 모국의 문화에도, 미국의 문화에도 어색해한다. 이들은 소속감을 찾기 위해 노력한다.

3) 차별화된 가족 코호트: 공격적인 행동주의 무슬림

미국에서 가장 큰 무슬림 코호트는 현재 미국에 입국하는 자발적 및 비자발적 디아스포라 무슬림들의 혼합체다. 그들의 이주 목적은 다양하다. 26%는 교육 기회를 찾아서, 24%는 경제적 기회를 찾아서 이주했다. 또 다른 24%는 가족을 이유로 이주한 반면 20%는 내전 또는 투옥을 피해 이주했다. 6%는 자신이 이주한 이유를 모른다고 답했다. 이러한 다양한 목적의 이주민들을 하나로 묶는 특징은 자신의 고유 종교와 문화를 유지하려는 욕구이다. 이들은 미국 사회로의 동화를 거부한다.

이 코호트가 가진 특징은 1979년에 이란에서 있었던 이슬람 혁명을 시초로 한다. 이 혁명은 전 세계의 무슬림을 휩쓸고 이슬람의 정체성과 그 열정을 부활시킨 발판이 되었다. 미국 내 무슬림 중 많은 수는 이슬람의 부흥 및 전 세계의 이슬람화라는 목표를 품고 있다.

이슬람신학 이론에서 이 세계는 두 개의 진영으로 나뉜다. 'Dar-ul-Islam'은 '복종·굴복의 세계'이며 'Dar-ul-harb'는 '전쟁의 세계'다. 전자는 알라의 의지에 대해 복종하며 후자는 이슬람의 가르침에 아직 복종하지 않고 알라의 의지를 받아들이지 않는 세계이다. 이 공격적-활동주의 코호트는 선구적 및 과도기적 코호트들에게 방어적-평화주의 사고방식을 탈피해 이슬람의 교리와 문화를 미국 내에서 적극적으로 홍보하도록 촉구한다.

최근에 '퓨 리서치'(Pew Research) 센터의 조사 결과는 이러한 사고방식의 위험성을 드러내 준다. "시민에 대한 자살 폭탄 공격에 대하여 미국인 청년 무슬림 중 네 명 중 한 명은 최소한 일부경우에 용서해야 한다고 말하는데 이는 높은 비율이다. 18-29세의 무슬림 약 117,000명이 해당된다. 30세 이상에서는 6% 즉, 63,000명 이상이 마찬가지로 테러 공격이 때로는 정당화 될 수 있다고 말한다."

이러한 폭력은 '이슬람을 그 적의 공격으로부터 보호하기 위해' 정당화 된다. 서양과 이슬람의 대결 문제에 관한 저술가이자 전문가인 사무엘 헌팅턴(Samuel Huntington) 박사는 '문명의 충돌'(Clash of Civilizations)에서 이러한 폭력의 정당화를 예측하고 있다. 그가 그 책을 출간한 뒤 5년 후에 단, 1회의 충돌로 세계 무역 센터가 붕괴되면서 서양 기독교에 대한 증오의 상징으로 약 3,000명의 인명 피해가 있었다. 이는 'Dar-ul-Islam'과 'Dar-ul-harb' 간의 극단 주의적 선언이었으며 이러한 극단주의를 보여주는 가장 대표적인 사건일 것이다.

공격적인 행동주의 무슬림들은 '알라에 복종하는 삶을 살아가는 세계의 창조'라는 이슬람의 아젠다가 가지는 본질적 가치를 훼손시키고 있다고 보이며, 이는 우리 시대의 디아스포라가 가지는 문제다.

4) 디아스포라의 이슬람 아젠다: 다와(포교)와 지하드(성전)

무슬림 학자들은 이주민의 이동을 이슬람 사상의 새로운 시작과 재포착(recapture)을 위한 좋은 기회로 인식한다. 그들은 여호와의 천사는 질문가 물었던 다음과 같은 질문의 예언을 이해한다.

"네가 어디서 왔으며 어디로 가느냐?"

이스마일 알 파루키(Ism'ail R. Al-Faruqi)는 미국으로 자발적으로 이주한 디아스포라 무슬림들은 스스로를 '대부분의 경우 서양이라는 지식 전당의 걸인 또는 서양의 영향력과 경제 발전의 수혜자'로 보고 있으며 다음과 같이 말한다.

> 이주민 커뮤니티는 다음과 같은 두 가지 필수적인 전제를 바탕으로 한다. 자신의 고국 문화를 파산, 증오, 버려짐, 뒤처짐으로 보고 새로운 국가와 문화를 우월, 존경, 바람직한 것으로 보지만 아직은 그것이 자신에게 어울린다고 또는 자신이 완전히 터득했다고 보지는 않는다.

여기서 "새로운 국가를 … 아직은 어울린다고 또는 완전히 터득했다고 보지는 않는다"의 의미는 무엇일까?

그는 자발적 이주민들에게 있어서 미국이 이슬람 국가가 아니라는 사실을 제외하고 미국에 대한 모든 것은 자신들에게 편하고 이익이 되는 것이라고 말한다. 그들은 미국의 이슬람화를 꿈꾸고 있으며 그들은 미국 내 모든 디아스포라 무슬림들을 그러한 목표를 위한 변화의 동력으로 삼는다. 그는 이것을 '재포착된 이슬람 비전'(Islamic Vision Recaptured)이라고 부른다.

이와 같은 전제는 교육, 영향력, 경제적 발전에 대한 추구가 미국의 이슬람화를 위한 장이 되도록 만듦으로써 모든 무슬림 이주민 디아스포라를 정당화하는 소명에 대한 호소이다. 이러한 이슬람 비전은 '다와' 즉, 무슬림들에 의한 포교 활동의 한 예다. '다와'는 비무슬림들에게 이슬람의 "알라 외에 다른 신은 없습니다. 무함마드는 그분의 사도입니다"라는 샤하다(Shahadah)를 고백하게 하는 방식으로 이슬람의 수용을 권고한다. 이슬람은 교황과 같은 중앙집권식 리더를 가지고 있지 않지만 무슬림들은 항상 '전쟁 중의 세계'가 이슬람에 대한 '복종의 세계'가 될 것이라고 생각해 왔다.

여기에서 문제는 이러한 이슬람의 확장이 단지 이러한 종류의 포교활동 즉, 삶과 글을 통한 신앙의 제시에만 의존하는 것이 아니라는 점이다. 지하드(Jihad: 성전)가 이슬람의 우월성 전파의 핵심이다. 과거 무슬림이자 학자인 이븐 와라크(Ibn Warraq)는 다음과 같이 적고 있다.

> 이슬람이 가지는 전체주의적 성격이 지하드 개념 즉, 전 세계를 정복하여 이를 하나의 진정한 신앙 즉, 알라의 법에 바치는 것을 궁극적 목표로 하는 신성한 전쟁에서만큼 분명히 나타나는 경우는 없다. 그 외에는 구원의 가능성이 없다고 본다. 모든 무슬림들은 이슬람을 모든 인간에게 전파해야 한다는 즉, 꾸란과 그 전통을 수립해야 한다는 종교적인 그리고 신성한 의무를 가지고 있다. 지하드는 특히 이슬람의 전파를 목적으로 하는 신성한 제도다. 무슬림은 신의 이름으로 노력하고 싸우고 죽여야 한다.

미국의 기독교 교회는 자유에 익숙해져 있으며 그 성도들 대부분 다른 종교가 그 신앙을 자신들에게 강요할 수 있다고 전혀 생각하지 않는다. 우리는 뉴스를 통해 이슬람에 관한 이야기를 듣고 있으며 이슬람을 평화와 인내의 종교라고 부르는 목소리와 또 한편으로는 자신과 타인들을 알라의 이름으로 죽이는 자살 폭탄 테러 사건들로 인해 혼란을 겪고 있다. 이는 어떤 이상하고 모순되는 가치가 우리의 교회에 들어설 수 없다고 생각하면서 그러한 불일치를 받아들이지 못한다.

동시에 이는 우리로 하여금 문제의 핵심 즉, 무슬림은 예수 그리스도를 필요로 한다는 점에 좀 더 가까이 다가설 수 있게 해 준다. 이 시나리오는 어둠 속의 코끼리에 대한 어느 수피(Sufi)의 이야기를 상기시켜 준다.

유랑단이 데리고 있던 어느 코끼리는 모든 주민이 코끼리를 한 번도 본 적이 없는 도시에 도착했다. 호기심을 느낀 네 명의 주민이 코끼리를 미리 보기 위해 왔다. 그들은 우리에게 조명이 없다는 걸 알게 되었다. 그래서 어둠 속에서 코끼리를 찾아야 했다. 코끼리의 몸을 만진 사람은 이 동물은 호스 파이프를 닮았다고 생각했다.

귀를 만진 두 번째 사람은 이 동물이 부채라고 생각했다. 다리를 만진 세 번째 사람은 살아 움직이는 기둥이라고, 등을 만진 네 번째 사람은 왕이 앉는 의자와 비슷하다고 생각했다. 아무도 전체 모양을 알지 못했으며 자신이 만진 일부만을 가지고, 그리고 자신이 이미 알고 있는 것에 빗대어 이야기했다. 그 결과는 혼란뿐이었다. 네 명 각각은 자신이 옳다고 생각했다. 다른 사람들은 그들이 말하는 걸 이해할 수 없었고 코끼리의 실제 모습을 알 수 없었다.

코끼리는 이슬람이며 우리 곁에 있다. 19세기 초에 이슬람은 금세 사라질 것처럼 보였다. 1970년대의 오일 쇼크 시에 카다피, 루홀라 호메이니, 그리고 차별화된 코호트 디아스포라가 우리에게 아랍인, 이란인, 기타 무슬림들에 대한 관심을 가지게 만들었다. 미국과 북유럽 복음주의자들은 교회로 하여금 무슬림에 대한 예수 그리스도 증거의 필요성에 대해 심각하게 생각하도록 만들었다.

하지만 9.11 사건 이후 미국 전체에서 교회와 사회가 무슬림들에 대하여 다른 태도를 가지게 만들었다. 무슬림들에 대한 복음적 관심과 흥미는 이제 의심과 분노와 증오로 바뀌었다. 우리는 공격적이고 폭력적으로 보이는 이 커다란 코끼리에 대해 "네 이웃을 사랑하라"(마 19:19)라는 예수의 명령을 따르려는 노력에서 다시 한 번 어둠 속에서 이 커다란 코끼리를 느끼려는 시도를 하고 있다.

5) 무슬림과 관계 맺기

우리는 티핑 포인트(tipping point)에 있으며 이는 관계 맺기의 시점이다.

> 미국은 전 세계 모든 국가 출신의 무슬림들이 집결하는 장소다. 인종적으로 미국만큼 다양한 유일한 무슬림 커뮤니티는 연례 성지 참배 기간에 사우디아라비아의 메카에 모이는 무슬림들뿐이다.

하나님은 우리에게 예수의 복음을 바로 여기 미국에서 전 세계 출신의 무슬림들에게 전달할 기회와 책임을 주셨다. 오지 무슬림들에게 선교를 하라는 소명과 우리의 이웃들에게 선교를 하라는 소명은 동일한 소명이다. 예수는 우리에게 "모든 사람들에게 복음을 전하라"라고 명하신다. 바울이 갈라디아 사람들에게 보낸 편지에는 "때가 차매 하나님이 그 아들을 보내시었다"(갈 4:4)라는 경이로운 내용이 있다. 바울은 연대기적 시간에 대해 이야기하고 있는 것이 아니라 "적절한 시간"을 가리키는 헬라어를 이용한다. "보라 지금은 은혜 받을 만 한 때요 보라 지금은 구원의 날이로다"(고후 6:2). 우리는 무슬림에 대하여 동일한 메시지로 받아들인다. 우리는 기독교인으로서 하나님이 우리에게 위탁하신 이 원대한 구원의 계획을 가지고 미국으로 보낸 무슬림과 관계를 맺어야 한다.

(1) 평화의 사람들

미국의 디아스포라 무슬림과 관계를 맺을 기회를 만드는 것은 우리에게 가장 큰 과제이기도 하다. 이는 특히 우리가 하나의 국가로서 이슬람의 위협을 느낄 때 그리고 우리가 생각했던 것보다 더욱 급진적이라는 것을 느낄 때에 더욱 그러하다. 나는 이것이 증명되기를 바라는 마음으로 감히 여기에서 고백하고자 한다.

하나님의 성회(Assemblies of God) 교단의 선교사 후보생들은 지원을 하면 인터뷰 과정을 거쳐야 한다. 나와 아내는 물론 긴장되기는 했지만 우리의 인터뷰가 잘 진행될 것이라고 예상했다. 우리는 하나님의 부름을 받았고 파키스탄 무슬림들에 대한 우리의 소명에 대해 매우 열정적이었다. 하루 내내 진행되는 인터뷰 예정일의 전날 밤에 우리는 긴장을 풀고 선교 의식을 고양하기 위해 영화를 보기로 했다.

우리는 「Not Without My Daughter」[3]라는 제목의 영화를 봤다. 그 영화의 주인공인 미국 여성은 디아스포라 무슬림과 결혼했고 그는 그녀를 이란으로 데리고 가서 그 곳에서 살게 하려고 했다. 영화가 끝날 때쯤 우리는 흥분하고 화가 나 있었다. 나는 린다(Lynda)를 바라보고서 다시는 무슬림에게 선교를 하지 않겠다고 단호하게 이야기했다. 나는 그들을 다 없애버리고 싶었다. 우리는 그 기분으로 잠이 들었고 다행히도 아침에는 기분이 나아져 있었다.

현재 전 세계에서 일어나는 사건들 대부분이 미국인들을 어느 점에 관해서 인내의 한계까지 내몰고 있다. 미국의 기독교인들은 이슬람의 위협과 맞서고 있음은 물론, 무슬림들에게 복음을 전하는 의무를 가진 기독교인으로서 무슬림들에게 다가서는 데 있어서 우선 우리가 평화의 사람들('전쟁의 세계'의 반대)이라는 점을 전달해야 한다.

하지만 이것은 위협과 공격에 대한 비논리적 반응이다. 흥미롭게도 예수가 "주께서 달리 칠십 인을 뽑아 앞으로 찾아가실 여러 마을과 고장으로 미리 둘씩 짝 지어 보내시면서"(눅 10:1) 예수는 "어느 집에 들어가든지 먼저 '이 댁에 평화를 빕니다!' 하고 인사하여라"(눅 10:5)라고 말씀하셨다.

무슬림의 인사말은 "Assalamu Alikum"(그대에게 평화를)이다. 무슬림들

---

3 한국판 「솔로몬의 딸」: 이 영화 내용에 대하여 본 책의 저자인 소윤정의 또 다른 저서 「무슬림의 아내들」에 소개됐다.

에게 이는 선택적 인사가 아니고 하디스(Hadith)의 명령이며, 정해진 예의와 함께 전달되어야 한다. 우리는 항상 정직하고 평화로운 인사를 나눌 준비를 해야 한다. 평화로운 분위기는 목사들이 들어갈 수 있도록 문을 열게 한다.

"무슬림과 기독교인들간의 오랜 증오의 역사로 인해 기독교인들의 태도에서 미움과 용서할 수 없다는 마음이 드러날 수도 있다." 오늘날 급진적인 이슬람 분위기가 거슬리는 방어적인 또는 공격적인 반응을 보이는 교회에게 변명은 있을 수 없다. 아마도 평화적인 대응의 가장 설득력 있는 예들 중 하나가 2007년 4월 18일에 터키의 한 교회에서 세 명의 주요 리더들이 살해된 후에 있었던 보도일 것이다. 독일 선교사 한 명과 두 명의 터키 일반인 노동자들은 자신들이 회심자들과 만나고 있다고 생각했었다.

일상적으로 적들이 그렇듯이 실제로 상대는 사기꾼이었고 이 두 형제의 목숨을 끊기 전에 잔인하게 고문했다. 살인된 기독교인 중 두 명은 부인과 어린 자녀를 남겼으며 한 명은 미혼이었다. 살인범들은 그 작은 기독교 커뮤니티를 파괴시켰지만 그에 대응하는 반응은 믿을 수 없을 정도로 평화로웠다. 그 다음 날 어느 주요 일간지의 헤드라인은 텔만(Tellman)의 부인인 수잔(Suzanne)의 믿을 수 없는 이야기가 실렸다. "저는 그 범인을 용서합니다."

며칠 후에 또 다른 터키 크리스천 리더는 살인자에 대한 수잔의 반응에 대해 다음과 같이 말했다.

> 현재의 일을 어떻게 표현해야 할지 어렵지만 필자가 말하려고 하는 것은 이 상황에 대해 가볍게 이야기하지는 않았을 것이라는 점이다. 이 사건은 마치 온 나라에 영적 지진을 일으킨 것과 같다. 그 누구도 상상할 수 없는 방법으로 온 국민의 귀와 눈에 복음의 메시지가 전달되었다.

(2) 커뮤니티의 사람들

평화의 사람들이 커뮤니티를 존중하는 사람들이라는 점을 이야기하고자 한다. 평화를 추구하는 사람들이 다른 사람들과 조화롭게 살아갈 수 있을 것이라는 생각은 쉽게 이해되지만 개인주의와 개인의 의사 표현 권리가 집단에 대한 고려보다 우선시되는 문화에서는 어려운 문제다. 디아스포라 무슬림들에게 다가가는 교회가 커뮤니티의 중요성을 이해하지 못하면 큰 성공을 거두지 못할 것이다. 이는 우리가 그들에게 우호적으로 관계를 맺는 방법이며 개종 후의 관계를 고려할 때 매우 중요하다.

무슬림들의 삶에서 매우 현실적이고 많은 의미를 가지는 요소는 '움마'(ummah)의 장소 즉, 자신들과 함께, 신과 함께 살아가고 있는 전 세계 신도들의 동료 의식이다. 무슬림에게 있어서 모든 일들은 커뮤니티 내에서 일어난다. 가족의 이익이 개인의 이익보다 우선한다. "가족 다음으로는 주변 공동체가 충성의 대상이다." 개인의 중요성은 공통 복지에 대한 그리고 사회의 번영에 대한 기여에 달려있다. 존경 받을만한 일을 한 사람은 커뮤니티로부터 칭송을 받으며 죄를 범했다면 커뮤니티가 수치심을 느끼며 명예를 지키기 위해 그를 처벌해야 한다.

무슬림들은 이러한 공동체 내에서 자신의 정체성과 안정을 찾는다. 그 공동체는 그들이 살아가는 곳이며 속해 있는 곳이다.

많은 무슬림에게 있어서 커뮤니티의 상실은 자신의 죽음보다 더욱 가혹한 운명이다. 이는 법률 위반에 대한 처벌이며 많은 무슬림이 신앙을 잃지 않도록 만들어 주는 것이다. 미국에서 남성 배교자는 자신의 부인과 자식을 잃을 수도 있다. 여성이 기독교로 개종하면 남편의 처분을 따라야 하며 남편이 결혼 생활 유지나 이혼을 선택할 수 있다. 개종은 공동체에 대한 배신자와 신앙의 변절자로 간주된다. 어떤 자비도 베풀어지지 않는다. 꾸란(Surah 4:88)은 기독교로 개종한 가족이나 친구를 돕는 행동도 금지하고 있다.

"신이 버린 자를 네가 돕겠느냐?"

개종한 무슬림은 모든 것을 잃을 위험을 감수해야 한다. 디아스포라 무슬림과 관계를 맺고자 하는 교회는 그들이 가진 이러한 위험을 이해해야 하며 더 이상 그렇지 않은 새로운 커뮤니티를 제공할 준비를 해야 한다. 이는 지루하고 어려운 과제일 수 있지만 그들에게 사랑을 보여 주는 문화적으로 적절한 방법이다. 그들은 커뮤니티를 이해한다.

개종한 무슬림들은 기독교 전체를 하나의 커뮤니티로 간주하는 방법을 배운다. 교회는 세속에 있는 하나님의 육체이자 사원이다. 무슬림들이 예수의 아름다움을 보기 위해서는 자신에게 그리고 서로에게 헌신하는 커뮤니티를 보아야 한다. 이는 사랑, 선, 평화, 즐거움의 커뮤니티이며 모순되게도 권력과 나약함을 보여주는 사람들의 커뮤니티이며, 사람들과 맞서 싸우지만 역시 자신들처럼 그것을 극복하는 커뮤니티다. 그들은 자신들이 물리적 가족들로부터 내쫓기고 버려진다고 하더라도 교회에서 살과 뼈로 나타나는 예수의 사랑의 품으로 들어올 것이라는 점을 알게 해야 한다.

(3) 오순절 파워(Pentecostal power)의 사람들

디아스포라 무슬림들은 자신을 평화의 사람들, 존재의 사람들, 그리고 파워의 사람들로 인정하는 교회를 필요로 한다. 돈 맥커리(Don McCurry)는 다음과 같이 말했다.

> 이슬람 자체가 파워에 대한 것이기 때문에 무슬림들을 대상으로 하는 사역은 불가피하게 파워와 접하게 된다. 꾸란에서 자비와 연민을 말하는 부분도 많지만 신에 대한 전체적 인상은 피할 수 없는 파워다.

무슬림들은 신의 파워를 경험하고자 하는 열망을 가지고 있다. 어느 불임 여성은 잠잠의 샘물(zamzam water; 하갈과 이스마엘이 사막으로 도망쳤을 때

마셨다고 전해지는 샘의 신성한 물)을 마신다. 그녀는 그 물이 자신을 잉태할 수 있도록 해 준다고 믿는다. 어느 아버지는 '피르'(Pir)라고 불리는 신성한 사람의 무덤을 매일 방문한다. 그는 '피르'(Pir)의 영혼이 알라가 자신의 특별한 소원을 들어주도록 도울 것이라고 믿는다. 필자가 지금까지 기도를 해 준 모든 무슬림들은 나에게 그렇게 해 달라고 간곡히 부탁했다. 그들은 기적의 신을 믿는다.

　나빌(Nabil)과 나는 파키스탄의 언어 학교에서 친구가 되었다. 우리의 일상적 대화는 꾸란과 성경의 내용을 언급하다가 나중에는 연구하는 수준이 되었다. 그는 예수와 그의 기적에 관한 이야기들에 가장 지대한 관심을 보였다. 그는 우리 가족과 함께 교회에 나가기 시작했으며 이는 그에게 있어서 개인적으로 상당히 위험한 행동이었다. 나빌은 아직 예수 그리스도를 고백하지 않았지만 그는 특별한 방식으로 그리스도에게 끌리고 있었다.

　어느 날 나는 무서운 전화를 받았다. 나빌이 학교에서 자전거를 타고 집으로 가는 중에 자동차 사고를 당했다는 것이었다. 나는 곧장 병원으로 달려갔다. 그는 뼈가 부러졌고 뇌진탕이 있었으며 침상에서 심하게 몸부림치고 있었다. 나는 그에게 그를 위해 기도를 해도 되냐고 물었고 그는 나에게 예수의 이름으로 기도를 해 달라고 부탁했다. 그는 무슬림인 가족들과 다른 사람들이 있는 앞에서 용감하게 이야기했다. 나는 그를 위해 기도했고 다음 날 다시 오겠다고 말했다. 다음 날 나빌이 있던 침상에는 아무도 없었고 그래서 집으로 갔다.

　필자가 현관을 노크하자 나빌이 대답했고 나를 안으로 들어오게 했다. 그는 인사말에 앞서서 자신이 경험한 것이 우리가 지금까지 함께 이야기하던 바로 그 예수의 치유의 힘인지를 물었다! 나는 기쁜 마음으로 맞다고 대답해 주었다. 나빌은 자신을 치유해 준 예수 그리스도를 받아들였다.

　우리는 또한 꿈과 환영을 통해 예수 그리스도를 만난 무슬림들의 이야기를 많이 들어왔다. 피나르(Pinar)는 꿈 속에서 넓은 골짜기의 한쪽 끝에 서 있었고 다른 쪽에는 파라다이스가 있었다. 그녀가 반대 편으로 건너가는 유일한 방법은 머리카락처럼 얇은 줄 위를 건너서 걸어가는 것이었다. 그녀는 그 줄 위에서 걷기 시작했지만 얼마 지나지 않아 미끄러졌다. 그녀가 떨어질 때 커다란 손이 그녀를 들어 올려서 반대편에 천천히 내려놓았다. 그녀는 자신의 손에 흰색 돌이 들려져 있는 걸 알게 되었다. 그녀가 그 꿈의 의미를 이해하지 못했을 때 우리 중앙 유라시아 지역 선교사 중 한 명이 설명해 주자 그녀는 곧바로 예수 그리스도를 받아들였다.

교회가 디아스포라 무슬림들에게 다가설 수 있도록 하기 위해서 우리는 스스로 오순절주의자가 되어야 한다. 우리 교회의 커뮤니티로 들어오는 무슬림이 자신의 기도가 응답 받는 것을 보게 될까?

그는 하나님께 받은 특별한 능력이 효력을 가지는 것을 보게 될까?

그는 치유를 경험할까?

그는 악령의 힘이 쫓겨 가는 것을 볼 수 있을까? 그는 메시지를 들을 수 있을까?

그는 오순절의 방식으로 예수 그리스도의 제자가 되면서 신자들의 삶 가운데 성령의 일과 사람의 역할을 이해할 수 있을까?

> 지난 33년간 무슬림들에게 선교를 해 온 동 클락(Dong Clark)은 다음과 같이 말한다. "무슬림들은 성령 안에서 세례를 경험해야 한다. 알라는 우리와 너무 달라서 어떤 사람도 알라가 진짜 알라인지를 상상할 수도 없고 말할 수도 없다는 것이 이슬람의 기본적인 믿음이다. 알라의 '절대적 타자성'과 관련하여 알라는 자신의 꾸란을 '천사'[4]의 중재를 통해서만 무함마

---

4 꾸란 '계시'의 전달자 문제에 있어서 천사 혹은 성령으로 해석되는 이슬람의 영에 대한 구체적인 이해가 필요하면 본서의 저자인 소윤정의 『꾸란과 성령』에서 설명된 내용을 참조

드에게 보낼 수 있었다. 그는 인간과 친밀한 개인적 접촉을 절대로 할 수 없었다.

성령 안에서의 세례는 이러한 속박을 파괴하는 체험이다. 이는 개종한 무슬림들을 하나님 사랑으로 개인적이고 친밀한 심오한 영적대면 접촉으로 이끄는 것이다. 그리고 이러한 친밀함이 수립되기까지 무슬림 신도들은 하나의 규정들(이슬람)을 더 우수한 규정들(기독교)로 단순히 대체하는 위험에 계속 머무를 것이다. 하지만 성령을 받아들인 후에는 "나는 신을 만난 일이 절대로 없다"라고는 말하지 못할 것이다.

이는 그들이 예수 그리스도와의 일상적 관계를 진실로 경험할 수 있는 수준까지 올라설 수 있도록 돕는다. 오순절 성령 안에서 살고 있는 무슬림 개종자들은 이슬람이 그들에게 주지 못하는 것 즉, 강력하고 친근하게 회심자인 자신들의 삶 한가운데 있는 그리스도와의 사랑의 관계를 구축하게 된다. 만일 우리가 그들의 앞에서 오순절 영성을 보이지 않는다면 그들로부터 구원의 본질을 손상시킬 수 있다. 그러므로 파워적 만남은 그들의 구원 과정에 필수적이다.

결론적으로 하나님은 이 세상에서 가장 접근이 제한된 무슬림들이 디아스포라가 되어 예수 그리스도의 복음의 메시지를 받도록 정해진 곳으로 친히 이끄셨다. 하나님이 당신의 교회에 무슬림 디아스포라들에게 다가가 그들을 영원한 구원으로 이끌 신성한 기회를 주셨다는 것을 인지하는데 있어서 특별한 큰 통찰력이 필요치 않다. 하나님의 천사가 하갈에게 물었다.

"네가 어디서 왔으며 어디로 가느냐?"(창 16:8)

열매를 맺게 하시는 하나님께서 우리로 하여금 이슬람의 후손들을 이

하기 바란다.

여정으로 이끌어 소명에 순종하게 하시어 구원의 역사를 체험한 수백만 명의 디아스포라 무슬림들은 다음과 같이 응답하게 될 것이다. "나는 여종에게서 태어났지만(갈 4:23) 그리스도께서 우리를 해방시켜 주셨기 때문에(갈 5:1) 지금은 약속의 자녀이다(갈 4:28)."

제2장

미국 디아스포라 무슬림

'디아스포라 무슬림들에게 다가서기 위한 전략 개발'을 제목으로, 미국 내 이슬람에 관한 이번 단원은 관련된 목회 활동 및 파키스탄과 인도네시아 출신 디아스포라 무슬림들의 삶에 다가서려는 노력들에 대하여 이야기하고자 한다.

이번 장에서 논의되는 내용은 웨스트 로저스 파크(West Rogers Park)의 농촌 환경에서 디아스포라 무슬림들을 대상으로 하는 선교를 위한 'Friend-ship Center's'(SAFC)의 노력에 관한 사례 연구에 도움이 될것으로 보인다. 이 사례를 통하여 지역 교회가 예수님의 복음으로 미국 디아스포라 무슬림들에게 선교한다는 소명에 있어서 가치 있는 이론적 기초, 역사적 관점, 문화 분석과 연계될 수 있다.

SAFC는 기도회에서 만들어졌다. 디아스포라 인도 출신 크리스천들은 13년간 시카고의 웨스트 로저스 파크(West Rogers Park) 인근에 정착하고 있었던, 남아시아 이주민들로 구성된, 급격하게 성장하고 있던 커뮤니티를 위하여 복음 증거 활동을 해왔다.

SAFC의 공동 창립자 중 한 명인 사무엘 나만(Samuel Naaman) 박사는 "그들의 기도가 SAFC를 하나로 뭉쳐 주는 힘이 된다"라고 말했다. 그는 다른 신자들도 즉, Women's Aglow, Prayer Furnace, Moody Bible Institute 와 같이 다양한 도시 및 근린 지역 교회들은 물론 개인들도 이 디아스포라 집단의 기도회에 참석한다는 말을 전했다. 그들은 전략적으로 그리고 일관되게 웨스트 로저스 파크(West Rogers Park)의 주민들을 위한 기도회를 열었다.

사무엘 나만 박사는 "SAFC는 무슬림 커뮤니티에 기도를 통한 침투를 시작했었다"라고 회상한다. 1997년에 시작된 작지만 영성이 탁월했던 이 운동은 철저하게 웨스트 로저스 파크(West Rogers Park) 주민들의 상황을 고려하여 진행되었다. 그곳에서 목회 활동을 했던 사람들이 이곳을 그냥 '센터'라고 불렀는데 이 센터는 다음과 같은 사명을 목표로 했다.

SAFC는 차를 마시면서 인터넷을 할 수 있는 카페이자 ESL, 청년과 아동들의 클럽, 여성을 위한 중식, 크리켓 월드컵 경기 중계, 시민 정신 수업, 친교가 이루어지는 환영의 공간이다. 우리는 이 우정의 손길(friendship mission)을 예수 그리스도의 이름으로 'Devon' 커뮤니티 전체로 확장시켰다. 우리는 인종과 신념을 초월해 모든 사람들을 사랑한다.

SAFC의 직원은 남아시아에서 태어난 사람들이다. 사무엘 나만 박사와 파이살(Faisal) 목사는 파키스탄에서 태어나고 자란 후에 미국으로 이주했다. 그들은 우르두어를 이용하지만 영어도 완벽하게 구사한다. 데이브 에콜스(Dave Echols)와 그의 아내인 케시(Kathy)는 20년 전에 SFAC에 합류하기 전에 파키스탄에서 선교사 생활을 했기 때문에 역시 우르두어에 익숙했고 파키스탄 문화에 대한 이해가 깊었다. 이 우수한 인력들은 무디성경학교(Moody Bible Institute), 트리니티대학교(Trinity University), 트리니티 신학대학교(Trinity Evangelical Divinity School)에서 공부를 했다. SAFC 회장인 마크 엥글(Mark Engle)은 기업을 운영하다가 선교사가 된 후에 웨스트 로저스 파크(West Rogers Park)의 남아시아인들을 위한 선교사가 되었다.

이러한 전문인 직업 선교사들은 무슬림 커뮤니티로의 접근에 도움이 되는 것은 분명하지만, 언어와 문화에 대한 지식 측면에서 상대가 사용하는 언어에 유창하지 않았다. 그러나 이러한 점이 미국 디아스포라 무슬림들에 대한 지역 교회의 선교 활동에 방해요인이 되지는 않는다고 말했다. 우리가 외국 타문화권에서 선교 활동을 시도할 때 그들이 우리를 받아들이는 것처럼 우리가 그들을 받아들인다면, 디아스포라 무슬림들 공동체에 하나님 나라를 세울 수 있는 많은 선교 전략을 수립할 수 있을 것이다.

SAFC는 글로벌 및 현지의 타깃과 전술을 통합한 사목 패러다임인 '글로컬(glocal) 선교 단체'이다. 그 선교 활동의 근본 정신은 선교가 국내와 국외에서 동시에 이루어져야 하며 해외에서의 선교 전략이 국내에서도 가장 효과적이라는 것이다.

SAFC는 이러한 글로컬 패러다임 내에서 활동하면서 약 40만 명으로 추정되는 시카고 내 남아시아 디아스포라 무슬림들을 대상으로 선교 활동을 한다. 그들이 현재 미국 도시 내에서 약 50년째 뿌리를 내리고 있는 이 디아스포라 집단으로 하여금 예수 그리스도를 받아들이도록 노력할 때, 기존의 미국의 교회들은 SAFC를 선교적 시도와 전략에 있어서 환영해야 한다고 생각했다. 그런데 여기서 가장 어려운 문제는 "지난 수십 년간 북미에서 급속하게 성장해 온 이슬람을 복음주의 교회는 거의 간과해 왔다"라는 점이다.

많은 사람은 여전히 선교는 해외에서만 이루어지는 것이며 여기 북미에는 미전도 종족이 없다고 생각한다. 성경의 시각으로 본다면 사람들은 그게 누구이건 어디에 살건 무관하게, 복음을 목격하지 못했다면 전도되지 않은 것이다(롬 10:14-15).

예수님은 승천하시기 전에 "오직 성령이 너희에게 임하시면 너희가 권능을 받고 예루살렘과 온 유대와 사마리아와 땅끝까지 이르러 내 증인이 되리라 하시니라"(행 1:8b)라고 말씀하셨다. 여기에서 수많은 커뮤니티가 있는 그 '땅끝'에서 교회는 지금 한 번도 복음에 접해보지 못했을 수도 있는 수십만 명의 디아스포라 무슬림들에게 선교를 할 많은 기회와 막중한 책임을 가지고 있다. 이것은 해외에서의 선교 소명을 배제하고자 하는 것이 아니며 오히려 그 범위를 더욱 넓히는 것이다.

예수님이 이러한 영감을 주는 말씀을 제자들에게 남기고 승천하실 당시 복음은 팔레스타인 전역에 터를 잡았었고 신자들 대부분은 유대교 개종자들이었다. 그들은 주로 예루살렘 도시의 사람들이었다. 예수님은 당신의 제자와 사도들은 앞으로 복음이 전파될 지리적 경로를 알고 있어야 한다고 생각했다. 예수님은 그들을 전 세계의 대사로 삼으셨으며 그들의 임무는 하나님의 선한 좋은 소식을 이 세상의 모든 사람들과 나누는 것이었다.

미국의 이주민법은 그 초기부터 문화간 선교를 촉진시켜왔다. 나는 스웨덴의 스톡홀름을 방문했을 때 19세기가 되던 시기를 전후로 미국의 여러 동해안 교구들의 설치를 담당했던 필라델피아교회(Philadelphia Church)를 찾은 일이 있었다. 새롭게 세워진 교회가 또다시 여러 교회를 세우면서 선교 활동은 활발하게 이루어졌으며 미국의 교회들은 그 초기부터 선교사 파송 활동의 중심지였다. 하나님의 성회(Assemblies of God)는 선교사 파송 단체로 시작되었다.

우리는 하나님이 그러하셨듯이 선교 활동에 최우선 순위를 두어 왔으며 미선교 지역(unreached people)으로의 선교사 파송은 해당 국가 내에서, 그리고 미국 내에서도 이루어질 수 있다는 것을 알게 되었다. 미국 안에서의 선교에 대한 우리의 소명은 20세기 시작과 더불어 우리가 이전에 접해볼 수 없었던 새로운 이주민 집단의 유입과 함께 새로운 차원으로 들어섰다.

1965년 존슨 대통령의 이민법 서명은 미국의 얼굴과 우리가 바라보는 예루살렘의 모습을 말 그대로 바꾸어 놓았다. 이전 이주민 정책들은 주로 유럽인들에게 유리했었다. 1965년의 이민법은 미국의 항구를 아시아와 중동 출신의 이주민들에게 열어 주었다. "현재 미국 이주민들 중 14%는 무슬림이다." 미국에 새롭게 유입되는 무슬림 대부분은 도시에 정착하고 있다. 전체 모스크의 80%가 대도시 지역에 위치한다. "그들(디아스포라 무슬림)은 이곳에서 자신들의 종교 커뮤니티를 확대시킬 것으로 예상되며 실제로 자신들의 정신적 운동을 확장시켜나가고 있다.

하지만 미국에서 그들은 많은 기독교 가정들과 이웃하고 있으며 이는 자신들의 고향에서는 경험하지 못한 것이다." 우리가 바라보는 도시 예루살렘은 현재 '땅끝'에서 온 무슬림들의 거주지가 되었다. 지역 교회가 그들에게 다가서야 한다는 소명은 역사적으로 이슬람이 도시를 배경으로 기원되었다는 것과 무슬림 디아스포라의 각 출신 지역에 대하여 더욱 친근해져야 할 필요성을 말해준다.

1. 이슬람의 도시적 특징: 지역 교회를 위한 배경 지식

무함마드는 최초의 무슬림이었으며 꾸란에서 다음과 같이 말한다. "일러 가로되 필자가 하나님 아닌 다른 것을 나의 보호자로 택하느뇨 그분은 천지를 창조하셨으며 우리에게 일용할 양식을 주사 그분께는 일용할 양식이 필요치 아니함이라 일러 가로되 내게 명령이 있었으니 제일 먼저 하나님께 순종하여 불신자들의 무리 가운데 있지 말라 하셨노라"(Sura 6:14).

이슬람의 이 사도는 아라비아 사막의 불모지에서 태어나지 않았었다. 그는 기원후 570년에 아라비아의 상업 중심지이자 '모든 인종, 종교, 국적의 상인과 사업가들이 쉬어가는' 도시인 메카에서 태어났다. 일반적으로 이 도시는 모든 것에 대해 열려 있었다. 이 메카를 배경으로 무함마드는 상인으로 일했으며 다른 무역상들과 함께 아라비아 반도의 여러 도시들을 여행했다.

그는 젊은 시절부터 여러 문제에 대해 사색적이었고 40세가 되던 610년에 무아지경의 경험을 하였고 이것이 그로 하여금 자신이 악의 영혼에 의해 소유되었다고 믿게 하였다. 그의 부인인 카디자와 그녀의 친척 기독교인들은 그녀에게 그는 천사 '가브리엘'을 통해 신(Allah)으로부터 '계시'

를 받은 것이라고 말해 주었다. 3년간 그 '계시'를 비밀로 지켰지만 그는 613년 자신이 대중들에게 설교를 시작하라는 명령을 받았다고 생각했다. 그는 큰 문제 없이 6년간 설교를 했다.

무함마드의 알라의 일신성(oneness)에 대한 강조는 메카의 다신교 종교 및 사회 가치관과 맞지 않는 것이었다. 결국 그는 신을 경배하기 위해 메카를 방문하고 메카에서 돈을 쓰는 다신교 순례자들을 통해 수익을 얻는 사람들에게 방해가 되기 시작했다. 강력한 항의가 이어졌으며 메카의 최고 지도자는 마침내 그 '예언자 무함마드'를 암살하기로 결정했다. 친구로부터 생명이 위험하다는 경고를 받은 무함마드는 이후 메디나라고 불리게 될 메카로부터 북쪽으로 약 200마일 떨어진 도시인 '야스리브'(메디나) 지역 아라비아 부족의 리더이자 중재자의 역할을 하라는 제안은 받아들였다.

무함마드는 최초의 무슬림이었을 뿐만 아니라 자신의 가족 및 추종자들과 함께 최초의 무슬림 디아스포라가 되었다. 그들은 메카로부터 강제로 쫓겨났지만(push) 동시에 사업과 정치적 기회를 활용하도록 메디나로부터 초대를 받았다(pull). 메디나에서 그의 추종자들과 더불어 펼친 무함마드의 사업 수완은 그가 중재한 부족들 사이에서 존경을 받을 만큼 도움이 되었고 이 도시는 이슬람의 발원지가 되었다. 그는 그들을 성공적으로 이슬람 커뮤니티로 통일하고 그들로 하여금 메카에 도전하도록 했다.

630년에 이제는 매우 강력해진 무함마드가 10,000명의 사람들과 무기를 갖지 않고 메카로 입성했고 어떤 충돌도 없이 메카를 지배하게 되었다. 그가 632년 사망할 때까지 이슬람은 아라비아 반도 전역으로 퍼져 나갔다. 633년에 이슬람 군대들은 예루살렘, 다마스쿠스, 안디옥를 점령했다. 안디옥은 거의 600년 전에 예수 그리스도의 제자들이 처음으로 '그리스도인'(Christians)이라고 불리었던 곳이다(행 11:26b).

641년에 이슬람 예언자의 제자들은 카이로와 알렉산드리아를 정복했다.

그 이후 수십 년에 걸쳐 여러 중심 도시들이 이슬람의 지배하에 들어갔다. 트리폴리(리비아)는 644년, 바그다드(이라크)와 헤렛(아프카니스탄)은 646년, 살라미스(바나바의 고형)와 파포스(사이프러스)는 650년, 코르오바, 스라나다(스페인)와 부카라(우즈케키스탄)는 750년에 각각 이슬람의 군대에 점령당했다. 무함마드 사후 100년이 조금 넘는 기간 동안 이슬람 제국은 아라비아 반도로부터 동쪽으로는 근대의 파키스탄 국가와 서쪽으로는 스페인까지 확대되어졌다.

정복지의 주요 도시들은 그들의 자원이 되었고 알라의 이름으로 추가 정복을 위한 발판이 되었다. 이슬람은 그 시작부터 전 세계의 무슬림과 비무슬림 도시들에서 찾아볼 수 있는 도시적 특징을 가지고 있는 종교였다.

이슬람의 출현 이후 100년간 발전한 북아프리카와 중동은 무슬림 세계였으며 이들은 대부분 도시였다. 현재 중동과 북아프리카를 제외하고 무슬림들이 가장 많이 거주하는 지역 중 하나는 중앙 유라시아로 11개 도시에 100만 명 이상의 무슬림들이 살고 있다.

방글라데시와 인도에는 여러 도시에 수 천만 명의 무슬림들이 있으며 전 세계에서 가장 큰 이슬람 국가인 인도네시아에는 자바섬에만 해도 4개 도시에 100만 명 이상의 무슬림들이 있다. 그리고 놀랍게도 현재 10/40 window(선교 단체들이 규정하는, 유럽, 아시아, 아프리카 지역의 북위 10도-40도 사이에 있는 지역) 내의 100대 관문 도시 중 51개 도시에서 무슬림이 주류 집단이다.

이러한 도시 중심적 특징을 가진 디아스포라 무슬림들이 미국으로 이주하고 있으며 그 진입 관문들은 L.A., 휴스턴, 뉴욕, 시카고와 같은 도시 근린 및 커뮤니티들이다. 나는 시카고 지역의 무슬림 집단 및 지역 교회의 선교 노력에 초점을 맞추고자 한다. 현지 교회가 자신들의 선교 활동을 전략화하는 능력에서 중요한 점은 그 교회가 얼마나 무슬림들에 대해 기초적인 이해를 하고 있는지에 대한 수준 정도이다.

2. 신학 이론적 기초: 도시 무슬림들에 대한 선교를 위한 가이드

사람들은 성경을 주로 농촌을 배경으로 하는 글로 인식하는 경향이 있다. 성경은 정원에서 시작되며(창 2:8) 우화, 양치기, 경작, 어부의 이야기를 통해 만들어진 이미지들이 성경의 배경에 대한 우리 인식을 지배한다. 마을 광경에 대한 예술적 연출은 농촌 전경에 대한 연출과 매우 가까우며 하나의 책으로서 성경 전체를 보는 우리의 시각은 대개 농촌이나 목가적 배경이다. 그러나 현실적으로 사실을 보면 성경의 배경 대부분은 도시다.

정원에서 시작된 성경은 창세기 4:17에서 에녹(Enoch)이라는 도시를 언급하면서 빠르게 도시로 이동한다. 성경은 하나님이 세우신(계 21:2) 도시로 요한계시록 2:3에 나오는 새로운 예루살렘에 대한 강력한 언급으로 끝을 맺는다. 창세기의 첫 페이지부터 요한계시록의 마지막 페이지까지 성경에서 도시를 가리키는 기본적은 히브리어와 헬라어들은 "1,200회 등장하며 119개의 도시를 가리킨다." 카인이 성경의 첫 번째 도시의 이름을 지은 후에 성경은 하늘에 닿고자 탑을 세웠던 바벨(바빌론)과 같은 대도시들의 흥망성쇠를 보여준다(창 11:1-9).

앗시리아의 니느웨에는 최소한 12만 명이 살고 있었다(욘 4:11). 구약의 도시들은 이스라엘의 예루살렘, 바빌론의 바빌로니아, 페르시아의 수사와 같이 제국의 중심지였다. 이러한 권력의 요새들은 또한 자발적인 유다의 디아스포라 그리고 비자발적인 이스라엘의 디아스포라 경험 등에서 보여주듯이, 모여든 주민들로 인한 인구 밀집 지역이었다.

성경의 도시 세계는 신약으로까지 확장된다. 복음서가 거의 도시적 배경에서 기술되었다고 인식되지 않지만 마태복음과 마가복음은 "예수님은 갈릴리의 모든 도시와 마을들을 두루 다니셨다"(마 9:35-11:1; 막 6:6, 56)라고 적고 있다. 일부는 예수가 나사렛의 주변 농촌으로부터 도시 교회로 들어섰다고 생각할 수도 있다. 하지만 예수는 갈릴리의 지역 도시인 세포리스에 나사렛이 인접했었기 때문에(북쪽으로 4마일) 예전에 생각했던 것보다 경험적으로 도시에서의 복음을 더욱 준비했을 수도 있다. 이에 대해 제임스(James F. Strange)는 다음과 같이 적고 있다.

> Flavius Josephus는 재건된 세포리스를 '모든 갈릴리의 장식'으로 기술한다. 이는 이 작은 도시가 헤롯 안티파스(herod Antipas)의 명령으로 이곳에 아름답게 재건되었음을 암시한다. Josephus는 또한 세포리스가 어느 군인의 눈을 빌려 '갈릴리에서 가장 강력한 도시'였다고 주장한다.

세포리스에서 출토된 유품들은 블록으로 나누어진 지역에서 발견되었고 거리는 석회암으로 포장되어 있었다. 산허리를 일부 파고든 로마식 극장이 있었다. 세포리스 시민들은 일을 마친 후에 저녁에 이 극장에서 아마도 광대극, 코미디 또는 기타 유흥을 즐길 수 있었을 것이다. 일반적인 주거지 및 고급 주택들이 도시 내의 여러 블록들에 세워져 있었다. 세포리스는 언덕에 건설되었기 때문에 수 마일 떨어진 곳에서도 보였다. 이곳은 예수가 "언덕 위에 세운 도시는 숨길 수 없다"라고 말할 때의 그 도시인지도 모른다.

리챠드 베티(Richard A. Betey)가 발표한 「예수와 잊혀진 도시: 세포리스의 영광과 예수의 도시 세계」(*Jesus and the Forgotten City: Light on Sepphoris and the urban World of jesus*)라는 제목의 연구서에 대하여 폴 마이어(Paul Maier)는 서문에서 '예수가 가진 농촌 구원자 이미지 넘어 도시 구원자로의 이미지 전환을 촉구하는 연구'로 소개하면서 다음과 같이 말한다.

> 도시는 예수의 삶과 교회에 극적으로 연관될 뿐만 아니라 이후에 기독교 정신 확장의 중심지가 된다. 복음이 농촌 지역으로 퍼져 나간 출발점은 안디옥, 알렉산드리아, 에베소, 아테네, 고린도, 로마와 같은 대도시들이었

다. 농촌의 이교도들은 제일 나중에 개종했다. 베들레헴, 나사렛과 같은 작은 마을의 예수 한 사람에서 시작된 기독교는 도시 문화를 매개로 온 세상으로 퍼져 나갔다.

신약에서 보이는 도시적 특징은 예수님의 복음 활동과 함께 시작되었지만 12제자 중 한 명인 바울은 도시 선교의 극단적 예를 보여준다. 사도행전은 예루살렘이라는 일신교주의와 근본주의 도시환경에서 시작하고 (행 1:4) 로마라는 다신교 및 다원론 도시에서 끝난다(행 28:30). 사도행전은 하나님이 스스로를 도시 교회를 통하여 드러내셨고 성령의 행하심과 영광스럽게 연관되고 있다.

하나님의 세계와 예수의 성령은 사도행전에 등장하는 도시 성도들 집단의 사역에 역사하시어 실천적 신학, 또는 20세기 초 오순절주의자들이 "불 위에 세워진 정교적 신앙!"(Orthodoxy set on fire!)이라고 불린 것을 증명한다. 이 용어는 예수의 운동은 빠르게 그리스-로마 도시들로, 특별히 제국의 동쪽 고대 그리스 끝의 도시들로 퍼져 나갔다.

예수 그리스도의 실천적 메시지가 가지는 중심성은 예루살렘에서의 베드로 또는 로마에서의 바울의 증언에서도 확인된다. 바울 서신(Pauline Epistle)은 그가 도시 교회를 건설하고 육성하기 위해 선교사로서 방문했던 도시 센터들의 이름들을 제목으로 한다. 성경 특히 신약교회의 메시지와 방법에 대한 배경은 분명히 도시다. 신약의 저자들과 그 실천자들은 많은 면에서 노예로서 강압적으로 또는 기회를 찾아 스스로 운명을 맞게 된 디아스포라 유대인 및 도시로의 기독교 이주민들이었다. 신약으로부터 발전한 선교학은 분명히 도시적이며 그 이유는 다음과 같다.

만일 목표가 모든 열방을 하나님의 제자로 만드는 것이라면 선교학은 잠재적인 개종자들이 많은 곳을 향해 나아가야 하며 사도 바울이 그렇게 했었다. 그의 선교 여정은 안디옥, 고린도, 아테네와 같은 주요 도시들이 대부분을 차지했고 라오디게아와 같은 소도시들을 방문하는 경우는 일부였다. 그가 시골에서 설교했다는 언급은 어디에도 없다.

이러한 신학 이론적 기초는 시카고 웨스트 로저스 파크(West Rogers Park) 주거 지역의 디아스포라 남아시아 무슬림들에 대한 복음 활동에 있어서 중요한 기틀을 제공한다. 무엇보다도 신학 이론적 목표에 있어서 현대 도시 선교학을 신학 이론의 기둥으로 삼아야 한다는 것이다. 이 원칙은 분명해 보인다. 즉, 창의적 사목 활동을 위한 새로운 전략적 최전선에 근접해 갈수록 우리는 성경, 신학 이론, 역사 전통에 더욱 굳건하게 뿌리를 내려야 한다는 점이 분명해진다. 우리가 도시 사목 활동에서 생존하기 위해서는 이러한 신학적 뿌리를 더욱 깊게 해야 한다. '남아시아 친교 센터'(South Asian Friendship Center)의 선교사와 직원들은 자신들의 모든 목표와 실천과 그 달성 방법에서 이 원칙을 동력화 함으로써 이러한 원칙을 발 빠르게 적용시켰다.

그리고 세 명의 직원들과의 인터뷰에서 간과할 수 없는 또 다른 기본적인 원칙이 드러났다. 인터뷰에 참여한 모든 직원들은 선교 활동의 성경적 기초에 관해서 모두 사도행전 17:26-27을 열정적으로 제시했다. 인류의 모든 족속을 한 혈통으로 만드사 온 땅에 살게 하시고 그들의 연대를 정하시며 거주의 경계를 한정하셨으니 이는 사람으로 혹 하나님을 더듬어 찾아 발견하게 하려 하심이로되 그는 우리 각 사람에게서 멀리 계시지 아니하도다. SAFC의 공동 설립자이자 파키스탄에서 선교 활동을 했던 데이비드 에콜스(David Echols)는 이 방법을 다음과 같이 표현한다.

이 세상에서 가장 오지가 바로 이곳이다. 우리의 소명은 땅이 아니라 사람에 대한 것이다. 무슬림들은 하나님의 계획과 전략에 의해 이곳에 있게 되었다. 그들은 학업, 직장, 더 나은 삶의 기회를 찾아 이곳에 왔다.

사도행전 17:26-27이 센터(SAFC)의 핵심이다. 이는 하나님의 소명이다. 하나님은 로마서 10:14-15에 있는 의 메시지를 선포함으로써 그들에게 우리가 복음을 전할 수 있도록 이리로 이끄셨다.

> 그런즉 그들이 믿지 아니하는 이를 어찌 부르리요 듣지도 못한 이를 어찌 믿으리요 전파하는 자가 없이 어찌 들으리요 보내심을 받지 아니하였으면 어찌 전파하리요 기록된 바 아름답도다 좋은 소식을 전하는 자들의 발이여 함과 같으니라(롬 10:14-15).

SAFC의 공동 설립자인 사무엘 나만 박사는 데이비드 에콜스의 확신을 다음과 같이 재확인시켜 준다. "무슬림들이 미국으로 오고 있으며 이는 우연이 아니라 사람이 아닌 하나님의 역사이다." 그는 대화 중에 남아시아 출신 무슬림들을 향하여 시카고의 이 항구에서 선교 활동을 일으키기 위한 SAFC의 당연한 소명으로 사도행전 17:26-27을 자주 인용했다. 사도행전 17:26-27은 소명, 비전, 선교적 측면에서 센터와 관련된 모든 것들을 행함에 있어서 핵심적이다.

3. 역사적 관점: 변화의 과도기에 있는 웨스트 로저스 파크(West Rogers Park) 지역

웨스트 로저스 파크(West Rogers Park)의 흥미로운 역사는 현재 그곳에서 교회가 하는 활동과 직접적으로 관련되며 필자가 SAFC 직원들과 했던 대화의 공통된 주제였다. 그곳의 최초 거주민들은 현재는 대도시인 이 지역을 점유했었던 미국 원주민 부족인 '포타와토미'(Pottawatomie) 인디언들이었다. 1830년대 들어 아일랜드, 영국, 독일, 룩셈부르크 및 기타 여러 국가의 이주민 집단들이 이 지역에 정착했다. 필립 로저스(Philip Rogers)는 최초 정착민 중 한 명이었다. 그는 포타와 토미와 거래를 시작했으며 미국 정부로부터 1,600에이커의 토지를 매입했다. 이 지역은 1890년대에는 West Ridge로 알려지게 되었으며 시카고 주정부가 1893년 4월 4일에 이 지역을 병합했다.

이러한 초기부터 이주민들은 자신들의 열정과 비전으로 이곳에 투자했으며 현재 그 교육 기관과 문화 기관, 경배의 장소, 사업 및 커뮤니티 조직들은 그 놀라울 정도로 조상들의 문화와 관련하여 높은 다양성을 반영하고 있다.

웨스트 로저스 파크(West Rogers Park)는 시카고 내에서 유대인 인구밀도가 가장 높으며 그들 대부분은 러시아와 폴란드 혈통을 가지고 있다. 거리의 신호표지는 히브리어로 쓰여 있고 상점과 기업들은 자신들의 정체성을 러시아와 폴란드에서 찾는다. 이들의 수는 1960년대 유대인들이 전체 인구의 2/3 이상을 차지했던 때가 있었으며 그 후로 감소하기 시작했다. 그곳에는 20개 이상의 유대교 예배당이 있으며 대부분은 정통파이다. 다양한 유대인의 제품을 판매하는 빵집, 깔끔한 정육점이 있다.

Devon Avenue는 1세기에 걸쳐 웨스트 로저스 파크(West Rogers Park)의 가장 분주한 곳이었다. 오랜 기간 이곳은 유대인 시장의 핵심이었다. 최근에 다른 민족 집단들이 이 지역으로 이사해 오면서 Devon에 자신들의 쇼핑 구역을 만들었다. 단, 그 유대교 유산은 나머지 예배당, 교통 입간판 표시법, 유대인의 비즈니스 사무실에 영원히 남아 있다.

1960년대를 지나면서부터 성장 속도가 느려졌지만 웨스트 로저스 파크(West Rogers Park)는 계속 많은 민족 집단에게 유명한 관광지가 되었고 현재는 그 상업 센터가 유대인, 중동 아시아인, 인도인, 파키스탄인, 한국인들을 위한 여흥의 장소가 되었다. 2000년 인구 조사 기록에 따르면 웨스트 로저스 파크(West Rogers Park)에는 73,199명이 등록되어 있으며, 그중 약 46%가 외부에서 이주해 온 사람들이다.

현재 파키스탄, 방글라데시, 그리고 소수의 인도 출신들로 구성된 아시아계 커뮤니티의 성장 정도는 Deveon Avenue를 산책하면 분명하게 알 수 있다. 세 개의 블록 안에 영어, 우르드어(파키스탄, 북인도), 산스크리트어(인도), 다리(Dari)어(아프카니스탄), 키릴어가 쓰인 식당 광고판들이 즐비하게 늘어서 있다. 아주 짧은 거리의 산책이 우리를 완전히 다른 세계로 이동시킨다. 노인들의 얼굴은 민족으로는 유럽인이다. 그들은 고향의 향수에 젖도록 하고자 지역 건축가와 협력해 템즈강, 라인강, 론강, 다뉴브강이라는 유럽식 배경으로 건축하고 있다.

하지만 그 광경들을 화려하고 집요하게 공격하는 장면, 소리, 냄새가 그 곳이 더 이상 유럽이 될 수 없다는 것을 보여주고 있다. 사람들의 얼굴은 남아시아인이며 대부분 젊다. 그곳의 상점들은 주로 파키스탄과 인도 출신 이주민들에 의해 소유되고 운영되고 있다. 인구 통계 조사는 90년대 기준으로 아시아인들의 성장 속도가 가장 빠르다는 것을 보여주고 있다. SAFC는 이곳을 점차 자신들의 고향으로 만들고 있는 이 미전도 디아스포라 대중들과 관계를 맺기 위하여 전략에 따라 준비를 하고 있다.

4. 문화 분석: 현현적 선교 활동

웨스트 로저스 파크(West Rogers Park)가 초기 정착 시대부터 가지고 있던 특징은 변화다. 초기 정착 시대가 아닌 현재의 변화 주체는 민족적 시초의 영향을 크게 받는 상황에서 이곳을 점차 자신들의 고향으로 만들고 있는 남아시아 이주민들이다. 민족적 시초는 미국 국가 형성의 일부 특징을 구성했으며, 이주민들은 미국 땅에 발을 디뎠을 때 여전히 불편하게 접하게 되는 핵심 가치들을 수립했다. 그들은 그들 개인, 공동체, 사회의 가치관에 도전하는 미국식 문화적 특징과 대면하게 된다. 사무엘 헌팅턴은 이와 관련해 다음과 같이 적고 있다.

> 미국의 핵심 문화는 주로 미국 사회를 만들었던 17세기와 18세기 정착민들이 가진 문화였으며 이는 지금도 마찬가지다. 문화의 핵심 요소는 다양한 방식으로 정의될 수 있지만 여기에는 기독교 종교, 개신교 가치와 도덕, 노동 윤리, 영어, 영국의 법률 전통, 정의, 정부 권력의 한계, 그리고 유럽식 미술, 문학, 철학, 음악의 유산이 포함된다

정착민들이 18세기와 19세기를 거치며 더욱 발전시킨 이러한 문화로부터 자유, 평등, 개인주의, 대표 정부, 민간 재산의 미국식 신조가 만들어졌다. 이후의 이주민들은 초기 정착민들의 문화에 동화되었고 그러한 문화에 기여하거나 또는 수정하였다. 하지만 그들은 근본적으로는 변화를 추구하지 않았다. 그 이유는 무슬림 디아스포라가 미국으로 유인된 것은 최소한 20세기 말까지는 앵글로-개신교 문화, 경제적 이유, 정치적 자유였기 때문이다.

새뮤얼 헌팅턴이 논한 미국의 핵심적인 문화 윤리가 부분적으로는 디아스포라 무슬림들을 인도와 파키스탄으로부터 시카고시의 웨스트 로저스 파크(West Rogers Park)로 유인하게 된 원인이 되었다. 미국의 이러한 유인과 남아시아 무슬림들이 마주할 불가항력적 환경은 기회를 늘리고 새로운 시민이 되게 했다.

그러나 이는 깊은 앵글로-개신교 가치관에 근거한 서양 문명에서 디아스포라 무슬림이 성공할 가능성이 낮음도 안다. 그들을 웨스트 로저스 파크(West Rogers Park)로 이끈 것은 이 지역에서 이전보다 점차 강해지는 남

아시아 배경이고 이러한 추세는 그들에게 안전을 제공한다. 이는 또한 선교적 기독교인들이 복음을 아직 접하지 못한 많은 수의 사람들에게 선교를 할 수 있는 큰 가능성을 제공한다. 이에 SAFC 소속인 데이브 에콜스는 다음과 같은 생각을 제시한다.

이 커뮤니티(West Rogers Park)는 남아시아(파키스탄, 인도)가 축소된 세계다. 여기에는 문화적으로 중요한 모든 것들이 존재한다. 우리가 무슬림 문화에 접근하는 가장 쉬운 방법은 모스크를 통해서이다. 모스크는 문화 가치를 반영하는 즉각적이고 밀접한 종교적 접촉점으로 작용한다. 그들이 처음 이곳에 왔을 때는 자신들이 본국에서는 누리지 못했던 자유를 최대한 누리고자 했기 때문에 모스크를 기피했다. 하지만 그들이 주류 문화로부터 상처를 받은 후에, 또는 주류 문화에 적응하지 못한 후에는 모스크로 향했다. 그들은 자신들이 호불호 여부와 무관하게 커뮤니티와 소속감을 가져야 한다.

지역 교회가 이러한 커뮤니티에 대한 무슬림들의 의존성을 이해한다면 그 지역에 정착하려고 하는 디아스포라 무슬림들의 삶에 접근할 수 있는 중요한 기회를 포착할 수 있게 된다. 만일 우리가 디아스포라 무슬림들이 희생이나 투쟁 없이 우리의 방식에 순응할 것이라고 기대한다면, 그들이 갈망하는 평화와 수용의 최종 목적지가 될 때, 우리는 더 이상 아무것도 할 수 없게 될 것이다. 나아가서 그러한 투쟁의 결과 혹은 희생은 변화로 이어지며 변화로 이어지는 과정에서 그 공허함의 자리를 복음으로 채울 수 있는 기회를 우리는 포착할 수 있다.

남아시아 친교 센터(South Asian Friendship Center)는 이 점을 분명히 알고 있으며 이렇게 점차 증가하는 무슬림 이웃들의 가슴에 크리스천들이 자리할 수 있는 것을 선교 활동의 출발점으로 삼는다. 그들은 스스로를 친교 센터(friendship center)라고 부르고 자신들과 처음 만나는 사람들에게 그리스도의 사랑을 전달해 주는 관계가 형성되는 곳으로만 사용한다.

친교 센터의 선교 활동은 무슬림들의 문화에 서양의 문화 즉, 앵글로-개신교 문화의 가치를 부여한다. 그들은 디아스포라 무슬림들이 항상 접하는 갈등을 인정하며 그들이 본국에서의 자신과 현재의 자신 사이에 놓인 간극을 좁히는 데에 도움을 주려고 노력한다.

무슬림들은 이슬람 신앙과 문화의 본질을 학습하여 그들의 욕구를 예측하고 그것을 문화적으로 적절한 방식으로 충족시킬 수 있도록 한다. 그들은 커뮤니티와 명예의 가치를 이해하며 무슬림들이 물질적 도움, 문화적 순응, 개인적 친분 등을 막론하고 필요한 것이 있을 때 돌아올 수 있는 커뮤니티가 되는 것을 목표로 한다. 그곳은 불이 꺼지지 않고 모든 활동에서 교차로에 놓인 이들에게 길을 안내해 주는 곳이다.

9.11 테러가 미국의 무슬림들에 대한 선교 활동을 어렵게 만든 것만큼은 사실이다. 그 사건은 상호 불신의 사회적 분위기를 만들었고, 이는 지난 7년간 교회를 계속 어렵게 만들었다.

> 무슬림 미국인들의 절반 이상(53%)은 9.11 테러 공격 이후로 미국에서 무슬림으로 생활하는 것이 더 어렵게 되었다고 말한다. 대부분의 사람들은 정부가 무슬림들에 대한 감시와 모니터링을 한다고 믿고 있다.

미저리주립대학교의 와화 카프(Wafaa Kaf) 박사는 "프로파일링이 미국 무슬림들을 매우 어렵게 만들고 있다. 자유가 있지만 일부는 그 자유를 빼앗겼다"라고 말한다.

교회에서 우리의 목표는 무슬림들이 미국에서 무슬림이 되는 것을 더 쉽게 만들어 주는 것이 아니다. 교회가 무슬림들을 미국에서 예수 그리스도의 제자가 더 쉽게 되도록 만들고자 한다면 우선적으로 무슬림들을 알아야 하고 그들을 사랑해야 한다.

그리고 이 때 우리가 고려해야하는 것은 그들, 무슬림 커뮤니티를 의미하는 것이 아니라 무슬림 디아스포라 개개인이 누구인지와 예수 그리스도 안에서 무엇이 될 수 있는지이다. 이는 9.11과 현재 아프가니스탄 및 이라크에서 일어나는 사건들을 약간 다른 시각에서 바라보아야 한다는 것을 의미한다. 그러한 테러가 얼마나 끔찍한 지와는 별개로, 이러한 사건들은 예수 그리스도가 이미 자신을 따르는 자들에 대한 사랑과 마찬가지로 자신의 목숨을 바칠 정도로 사랑하셨던 사람들이라는 점을 우리가 잊어서는 안 된다.

나는 SAFC의 직원들이 무슬림의 문화에 대하여 우리의 문화만큼 가치를 부여해야 한다고 말했었다. 그러한 시각은 9.11 발생 여부와 무관하게, 우리로 하여금 미국의 디아스포라 무슬림들에게 복음으로 다가서도록 명령할 뿐만 아니라 우리가 그들을 책임지도록 만드는 성경적 진리의 패러다임이다. 만일 교회로서 우리가 무슬림 문화가 우리 문화만큼 중요하다는 점을 인정한다면, 우리 형제들의 문화에 대한 책임을 떠맡을 수 있을 것이다.

이는 "말씀이 육신이 되어 우리 가운데 거하실 때"(요 1:14a) 그리스도께서 우리를 위해 행하셨던 일이다. 예수님이 인간의 모습으로 이 땅에 오신 것은 천국에 대비되는 문화를 가진 사람들을 이해하려는 의도적인 문화간 노력이었다. 예수님의 여정은 자신을 죽음으로 이끌었으며 이는 다시 우리가 구원을 받을 수 있는 길이 되었다. 나를 구원했던 것과 같은 희생은 나의 무슬림 형제들을 위한 것이었다.

그러한 복음 전파의 기회를 어떻게 피할 수 있을까?

길 잃은 영혼들을 위해 예수 그리스도를 따라 문화간 자기희생을 행함은 지역 교회에게는 크나큰 도전이다. 실제적 문제는 그렇게 하려는 우리의 의지 여부에 달려있다. SAFC는 성경적 자기희생 및 우리 무슬림 형제들의 문화에 대한 완벽한 고려를 바탕으로 하는 문화간 선교 활동을 위한 효과적인 모델을 제공한다.

5. 선교를 위한 전략 개발

남아시아 친교 센터(South Asian Friendship Center)는 두 가지 주요 전제를 바탕으로 선교 전략 모두를 수립한다.

첫째, 센터는 중보 기도를 통해 탄생했다. "이 계획은 기도로부터 시작되었다. 즉, 매일 하나님을 찾고 하나님이 무슬림들에게 하고자 하시는 일을 예상하고 기대하는 것에서 시작되었다"라는 사무엘 나만의 설명처럼 현재까지 기도는 웨스트 로저스 파크(West Rogers Park)에서의 사역 전략의 가장 중요한 요소로 간주된다.

둘째, 센터에서 일어나는 모든 일들은 커뮤니티와 우정을 바탕으로 하며 남아시아 무슬림과 힌두교도들에 대한 선교라는 목적을 배경으로 한다.

SAFC의 선교 전략은 검색에서 시작된다.

그들은 자신의 커뮤니티 내에서 무슬림을 찾는다. 주일 오전에 교회에 와서 앉아 있는 무슬림 구도자를 보게 될 가능성은 전혀 없으며 그들을 만날 수 있는 곳은 모스크다.

모스크는 커뮤니티와의 일차적 연결 고리이며 모스크를 방문하고 그들의 지도자 및 참석자들과 교류를 하는 실천은 해당 집단에 대한 매우 가치 있는 안목을 제공한다. 모스크에서의 민족적 및 사회적 구성을 탐색함은 선교에 있어서 해당 커뮤니티에 특히 필요한 것이 무엇인지에 대한 중요한 정보를 제공한다. 모스크가 복음 전파 노력을 호의를 가지고 바라보지는 않지만 기독교인 손님들은 일반적으로 친절한 환영을 받는다. 친교는 대개 모스크에서 이루어지며 모스크의 리더들은 커뮤니티와 관계적 측면에서 일반적으로 관대하며 협력적이다.

남아시아 친교 센터(South Asian Friendship Center)는 커뮤니티를 위해 정진하고 있다. 지역의 매장을 자주 방문해 무슬림을 찾을 수도 있다. 현지 식당에서의 식사와 주변 매장에서의 쇼핑은 유의미한 친교와 우정을 쌓을 수 있는 좋은 수단이다. 현지 학교, 대학, 커뮤니티 센터를 통해 또는 단순히 길을 걷거나 이웃 방문을 통해 무슬림을 만날 수도 있다. 친교적 환경에서 SAFC는 디아스포라 무슬림들이 필요로 하는 것을 충족시키기 위해 노력한다. 이 단체가 처음 설치한 것은 현대적이고 편안한 시설을 갖춘 서점과 독서실이었다. 그 시설은 모든 연령대를 위한 일반 서적과 종교 서적을 제공한다. 그곳에서는 서양식의 정해진 시간 중심의 진행보다는 친절과 관계에 대한 강조를 한다. 서점 바로 옆에는 커피(차)룸이 있으며 무료 와이파이가 제공된다.

선교에 대한 비교적 새로운 방식인 독서실·카페 접근 방식은 '코코넛' 즉, 자신의 1세대 가족보다 새로운 생각에 대해 더욱 개방적인 20-30대 세대인 디아스포라 무슬림들에게 특히 효과적이다. 그들은 외모는 남아시아인이지만 미국에서 자랐고 앵글로 문화에 일부 발을 들여놓았다. 아시아 이슬람 커뮤니티 배경에서 이러한 '코코넛' 지위는 긴장감을 생성하고 이들을 선교하기 위한 기회가 된다.

이 기회는 웨스트 로저스 파크(West Rogers Park) 내에 좀 더 젊은 집단이 증가하고 있는 새로운 인구 분포가 배경에 있다. 과거에 그들의 선교 대상은 대부분 40대인 1세대 성인 또는 지역 키즈 클럽에서 만나게 되는 13세 이전의 아동이었다. 과거에 SAFC는 20-30대는 자신들과의 연계에 저항한다는 것을 알게 되었다.

지역 모스크는 SAFC를 'the Kaffir'의 장소로 불렀으며 무슬림들에게 가지 말라고 경고했다. 과거 이러한 종류의 압력이 선교 활동을 어느 정도는 방해했지만, 현재 20-30대들은 센터가 제공하는 분위기와 서비스에 목말라 있다. 사무엘 나만은 무슬림 남아시아인 커뮤니티의 단 1-2%만이 '안티-SAFC'라고 추정한다. 더욱 최근에 이주한 디아스포라 무슬림들이 자신들의 커뮤니티에서 이슬람 신앙과 유산의 유지 및 확장에 대해 더욱 열의를 보이고 있는데, 이것은 SAFC의 존재감에 대한 강력한 증거다.

SAFC는 신규 무슬림 이주자들에게 새로운 언어를 습득할 기회와 ESL 수업을 제공함으로써 그들의 동화 과정을 성실하게 돕는다. 그들은 상담 구역에서 교회와 SAFC에서의 특정한 피난처를 찾고 있는 여성들에게 도움을 제공하는 인력을 배치하고 있다. 한 여성은 모스크에서 어느 남성으로부터 폭행을 당했다. 그녀는 모스크의 리더들을 신뢰하지 않았기 때문에 SAFC에 그 문제에 대하여 모스크의 그들과 중재하고 논의하도록 부탁했다. 모스크 리더들과 문제 해결을 위하여 건전한 논의 및 협력을 함으로써 그들에게 좋은 인상을 심어 주었다.

SAFC는 또한 꾸란과 성경에 관한 토론을 이끄는 정규직 신학 전문가를 고용하고 있다. 그는 무슬림들이 기독교와 성경에 대해 가지고 있는 오해 및 잘못된 가르침을 바로 잡도록 돕는다. 그는 지원자들에게 특별히 자신들의 기독교 신앙을 방어할 수 있는 능력을 훈련시킨다. 샘 샤먼(Sam Shamoun)은 여러 대학에서 정기적으로 특강을 하는 유능한 교사이다.

그는 "구약에서의 동기는 '이곳으로 와 하나님이 무엇을 하시는지 보거라'였다면, 신약에서는 '네가 가서 하나님이 하신 일들을 말해 주어라'라고 지적한다. 그는 "무슬림들은 교회에 직접 찾아오지는 않을 것이기 때문에 우리가 그들에게 가야 한다. 교회는 단순한 유인이 아닌 침투를 목표로 해야 한다"라는 점을 들어 SAFC의 거리 복음 증거에 대한 헌신을 촉구한다.

계절별로 특별한 날 또는 파키스탄과 인도의 국경일에 SAFC의 직원들은 힌두어와 우르드어로 제작된 성경과 예수 DVD, 현대적 리듬에 맞춰 우르드어로 부르는 찬송가, 기타 기독교 서적들을 나누어 주면서 Devon

Avenue내 인도인들을 공략한다.

8월의 어느 날 나는 SAFC에서 AGTS Intercultural Urban Ministries 수업을 열었다. 그날은 인도 독립 기념일이었다. 인도인과 파키스탄인들은 화려한 색의 민속 복장을 입고서 행사를 위해 거리로 모여들었다. SAFC의 직원들은 자신들의 거리 선교 활동에 수강생들을 참여시킬 수 있는지 물었다. 우리는 그날 거리에서 많은 무슬림과 힌두교도들의 삶을 직접 경험하고 싶었다. 나는 예수 영화 DVD, 기독교 서적, 성경 오디오 등을 많은 무슬림들에게 나누어주면서 파키스탄에서의 생활과 활동을 회상했었다. 만일 필자가 파키스탄의 거리에서 그러한 일을 했다면 나는 체포되어 추방되거나 아니면 죽음을 당했을 수도 있다.

많은 무슬림들이 나에게 다가와 물었다.

"제 친구에게 준 예수에 대한 영화를 저도 좀 얻을 수 있을까요?"

그 때 나의 눈에서는 눈물이 흘렀다. 그날부터 나는 미국의 지역 교회가 디아스포라 무슬림들에게 복음을 전달할 수 있는 놀라운 기회가 있음을 알게 되었다.

SAFC는 교회처럼 보이지 않지만 웨스트 로저스 파크(West Rogers Park)에 있는 지역 교회의 얼굴이다. 센터의 선교사와 직원들은 스스로를 교회이자 그들과 협력하는 현지 교회 신앙 집단의 확장된 형태로 본다. 그들은 협력 선교 노력의 일부로써 웨스트 로저스 파크(West Rogers Park)에 개종 친화적 현지 교회의 설립을 가능케 했다. SFAC는 Christian Missionary Alliance, Evangelical Free Church, The Bible Church, Assemblies of God, 그리고 일부 독립적인 기독교 교회들로부터 지원을 받는다. 그들은 자원봉사자를 환영하며 현지 교회들이 자신들의 커뮤니티에서 무슬림에게 전도할 준비를 하도록 돕는 세미나 개최를 통해 현지 교회의 참여를 장려한다.

SAFC에서 나의 연구 목표는 평가가 아니었다. 나는 과거의 선교적 경험으로부터 멀어졌었으며 그곳에서 무슬림들에 대한 선교 소명을 다시 자극받았고 하나님이 그곳에서의 성공을 위해 우리에게 주신 기회라는 점에서 용기를 얻었다. 나는 필자가 보고 싶어 했던 모든 것들의 훌륭한 모델을 보았으며 미국의 디아스포라 무슬림들에 대한 상황화된 새로운 많은 것을 알게 되었다.

필자가 SAFC에 대해 마지막까지 가지고 있던 질문은, 특별히 필자가 첫 번째 단원에서 설명했던 선교를 위한 전제 중 하나로서 미국 내 디아스포라 무슬림들에 대한 효과적인 선교를 위하여 우리가 오순절 파워의 사람들이 되어야 한다는 점과 관련되어있다.

풀러신학교(Fuller Theological Seminary)에서 만났던 스쿨 오브 인터네셔널 스터디스(School of International Studies)의 이슬람 분야 교수인 우드베리(Dudley Wooberry) 박사는 러셀 슈빈(Russell G. Shubin) 및 마크(G. Marks)와 함께「크리스천 투데이」(Christianity Today) 저널에「구슬림이 예수님을 따르는 이유: 이슬람으로부터의 개종에 과한 조사 연구 결과」라는 제목의 논문을 발표했다. 그의 조사에서 1990-2007년에 개종한 전 세계 50개국과 50개 민족 집단의 750명 무슬림들이 응답했다.

그리스도를 따르도록 결정한 이유를 묻는 질문에 대해 그들은 '하나님의 권능과 기도에 대한 대답, 치유, 악령의 힘으로부터의 구출'을 두 번째로 가장 큰 이유로 들었고, '그리스도의 꿈과 비전'을 네 번째로 큰 이유로 언급하였다. 나는 기적과 경이와 징후에서 증명되었던 성령의 힘에 의존하는 요소가 없다는 점에 대해 고찰했다. 마크 이글(Mark Engle)은 센터 직원들의 다원적 구성으로 말미암아 그것을 민감한 이슈로 만들었다. 하지만 그는 커뮤니티에서 하나님이 무슬림들에서 기적, 경이로운 징표를 보이도록 공개 기도를 시작할 필요성을 인정한다.

결론적으로 무슬림 세계에서 선교 활동을 할 때 나와 가까웠던 친구는 어느 날 해외가 아닌 미국의 미전도 무슬림들이 미국에서 복음을 들을 수 있는 충분한 기회가 있다고 설명하는, 지금도 기억에 남아 있는 비유를 한 적이 있다. 본질적으로 우리가 미전도 무슬림들에게 복음을 전하기 위하여 그들의 고향으로 가서 선교를 하도록 만드는 동기가 바로 미국교회들이 자신들의 주변에 있는 길 잃은 양들에게 다가가도록 하는 선교적 동기라는 것이다. 이야기는 다음과 같다.

미국에서 '길 잃은' 양이 되는 것은 7월 4일 정오에 시카고의 Navy Pier로부터 100야드 떨어진 미시간 호수의 요트에서 뒤쪽으로 떨어지는 것과 같다. 무슬림 세계에서 '길 잃은' 양이 되는 것은 사나운 강풍이 부는 자정에 미시간 호수의 정 한가운데에서 광물 운반선의 뒤쪽으로 떨어지는 것과 같다.

이 두 시나리오 모두 사망으로 이어질 수 있지만, 구조될 확률은(즉 복음을 듣고 그것에 응답할 기회를 가질 확률은) 천지 차이다. 논리로 따지면 미국의 디아스포라 무슬림들은 본국에 있었던 과거 어느 때보다도 그리스도를 받아들일 더 많은 기회를 가지고 있다.

미국의 지역 교회는 자신의 주변에 있는 무슬림들에게 구원의 생명줄을 던짐으로써 그러한 선교를 할 기회에 응답할 것인가?

길 잃은 무슬림들의 울음소리에 잠에서 깨어난 교회가 저 멀리 외국의 선교사들에게 절대적으로 필요한 것에 대한 응답을 할 수 있을까?

이것은 모두 가능하며 나는 하나님이 바로 지금 우리에게 그 소명을 이행하도록 명령하고 있다고 믿고 있다.

제3장

프랑스 디아스포라 무슬림

: 유럽 이주 무슬림 정착 문제와 기독교 선교[1]

2015년 11월 13일 프랑스 파리에서 발생한 연쇄 테러 사건은 전 세계를 테러의 공포로 몰아넣었다. 토요일 파리 시민들이 주말을 한참 즐기는 밤 9시를 시작으로 새벽 1시까지 연속적으로 발생한 테러는 그간 세계 도처에서 발생한 테러가 단발적이었던 반면 연속 다발적으로 인구 밀집 지역에서 발생된 주도면밀한 면을 보여주었다. 제일 먼저 테러가 발생한 곳은 '생드니 스타드 드 프랑스 축구 경기장'으로 독일과 프랑스의 친선 경기가 진행 중이었다.[2]

---

[1] 이 글은 2016년 4월 「성경과 신학」 78집에 게재된 저자의 글을 수정 보완한 것임을 밝혀둔다.

[2] http://100.daum.net/encyclopedia/view/47XXXXXXXX91, 2016년 1월 14일 접속. 다음 백과사전. : 테러는 프랑스와 독일의 친선 경기가 벌어지던 축구 경기장에서 시작됐다. 2015년 11월 13일 오후 9시 20분쯤 파리 동북쪽 외곽 생드니 스타드 드 프랑스 경기장[1] 밖에서 자살 폭탄 테러가 발생했다. 전반 15분 쯤인 9시 20분께 폭탄 조끼를 입은 테러범이 입장권을 갖고 경기장 진입을 시도했다. 그러나 보안 검색대에서 폭발물이 발견되어 입장이 제지됐고, 그는 물러나면서 스스로 조끼를 폭발시켰다. 이 폭발로 행인 1명이 사망했고, 폭음은 경기장 안에서도 들릴 정도로 컸다. 이어 9시 30분과 53분에 경기장 밖에서 두 차례 자살 폭탄 테러가 벌어졌다. 당시 경기장에 있던 프랑수아 올랑드 프랑스 대통령은 두 번째 폭발이 일어난 직후인 9시 30분 쯤 테러 발생 보고를 받고 급히 피신해 내각 회의를 소집했다. 전반 중간 쯤 관중들도 경기장 입구에서 테러가 있다는 사실을 알았으나 후반까지 자리를 지켰다. 경기가 끝나고 장내 아나운서가 경기장 근처 외에도 파리 도심에서 테러가 발생했다는

그리고 폭탄 테러에 이어 5분 뒤 파리 시내 유명 레스토랑과 카페에서 총기 테러가 발생하였고 '바타클랑' 극장에 난입한 테러범들은 관객들에게 일일이 국적과 종교를 묻고 총을 쏘았고 프랑스 경찰들에게 건물이 포위되자 인질극을 벌이고 끝내 테러범 한 명이 프랑스 경찰에게 사살되었고 두 명은 폭탄 조끼를 터트려 자살로 테러를 마감했다.

'바타클랑' 극장에서 희생한 사망자만 해도 89명이고 이날 테러로 인한 총 사망자는 132명으로 집계되었고 부상자도 350명에 이른 것으로 보도되었다.[3] 테러 3주 후 파리 전경을 보도한 연합뉴스에 의하면 가장 큰 희생을 치룬 '바타클랑' 극장은 복구에 많은 시간이 걸릴 것으로 예상되어 2016년 말이나 재개장을 할 예정이지만 카페와 레스토랑에는 평정심을 찾고 테러와 의연히 맞서고 있는 파리 시민들의 발길이 끊이지 않고 있으며 이전보다 관광객의 수가 현저히 줄었지만 세계 각국으로부터 추모객의 발길이 계속되고 있다고 한다.[4]

그런데 파리 테러로 인하여 계속적으로 주목을 받고 있는 문제가 테러범들의 근거지와 활동 지역이다. 이들은 시리아, 이라크뿐만 아니라 알제리, 모로코, 튀니지와 같은 북아프리카 출신들로 밝혀졌으며 파리 테러를

사실을 알렸고, 일부 관중들은 경기장 밖으로 나가지 않고 잔디 구장으로 모였다. 경기장 관계자들은 관중을 안정시킨 뒤 3개 문을 통해 소개시켰고, 경기 종료 1시간 뒤 모든 관중은 경기장을 빠져나갔다. 이때 프랑스 시민들이 국가인 '라 마르세예즈'를 부르며 질서정연하게 나가는 모습이 유튜브 등을 통해 공개되기도 했다. 프랑스 경찰은 테러범들은 당초 7만 9,000명이 운집해있던 경기장 내부 진입을 계획했으나, 경기장에 들어가기 위해서는 보안 검색과 몸수색을 거쳐야 하기 때문에 진입을 포기한 것으로 추정했다. 이들은 경기 후 몰려나오는 관중들을 향해 폭탄을 터뜨릴 계획이었던 것으로 보이나, 폭탄의 시한이 다 되어 두 명은 전반전 도중에, 한 명은 하프 타임에 폭탄이 터졌다.

3 http://100.daum.net/encyclopedia/view/47XXXXXXXX91, 2016년 1월 14일 접속.
4 http://www.yonhapnews.co.kr/bulletin/2015/12/10/0200000000AKR20151210005200081.HTML?input=1179m, 2016년 1월 14일 접속. 연합뉴스, 2015/12/10, 05:30, 「파리 테러참사 한달 르포」 추모 발길 … " 그래도 삶은 계속된다"

주모했던 곳은 벨기에이고 벨기에 브뤼셀에서 그들이 폭탄을 제조한 흔적들이 발견되었다. 11월 13일 발생한 연쇄 테러에 가담한 대부분의 테러범들은 모로코 출신으로 2016년 1월 19일 YTN 보도에 의하면 모로코 정부는 최근 파리 테러에 직접 관계한 모로코 출신의 벨기에인 1명을 체포했다고 한다.

또한 체포된 테러범은 터키와 독일, 네덜란드와 벨기에를 거쳐 카사블랑카 인근에서 체포되었다고 한다.[5] 이처럼 모로코 출신이지만 대부분 테러범들은 유럽 국적을 소유한 무슬림 이주민들이라는 사실에 우리는 주목할 필요가 있다. 터키, 독일, 네덜란드, 벨기에, 영국, 프랑스를 오가며 유럽의 상황에 정통한 무슬림 이주민들이 과감한 테러 행각을 'IS'(이슬람 국가 – ISIL, ISIS)의 이름으로 자행하고 있는 것이다.

파리 연쇄 테러의 총책이라고 지목되었던 '압델하미드 아바우드'(28. 사망)는 모로코계 벨기에 사람으로 2015년 여름, 테러 몇 개월 전에 위조된 여권을 이용해 영국을 방문하여 버밍엄에 있는 이슬람 극단주의자들과 연락을 취했고 수도 런던과 남부 켄트지역을 방문하여 '지하드' 군사들과 모임을 갖은 사실이 밝혀졌다.

'아바우드'가 파리 테러 이전 이미 국제 테러 용의자 수배 명단에 있었음에도 불구하고 불편함 없이 각 유럽 국가의 경비를 피해 자유롭게 국경을 넘나들었다는 사실이 충격적이다. 심지어 테러 당일에도 프랑스 당국은 '아바우드'가 파리 시내에 잠입해 있었던 사실을 몰랐을 뿐만 아니라 '아바우드'가 시리아에 있다고 추정했다는 것이다.[6]

---

5 http://www.ytn.co.kr/_ln/0104_201601190158543504, 2016년 1월 19일 접속. YTN 2016/1/19, 01:58, '모로코, 파리 테러 연루 벨기에인 체포 … 신원은 공개 안 해.'

6 http://www.newsis.com/ar_detail/view.html?ar_id=NISX20151226_0010499718&cID=10101&pID=10100, 2016년 1월 19일 접속. NEWSIS, 2015/12/26, 11:30:45, "파리 테러 총책 아바우드, 가짜 여권으로 영국 방문."

그리고 1월 26일(현지 시간) 영국 BBC는 파리 테러 현장에 있었던 '아바우드'는 실제 총책이 아니고 현장에서 진두지휘 했던 것이고 그 윗선에 또 다른 실질적인 총책이 있었다고 미국의 '테러리즘 연구분석 컨소시엄'(TRAC)을 인용해 보도했다. 그는 2013년 프랑스에서 시리아 'IS'(이슬람국가)로 건너간 '벤갈렘'이며, '아바우드'가 아닌 '벤갈렘'이 파리 테러의 실제 지휘자일 수 있다는 것이다. '벤갈렘'은 2001년 파리에서 살인미수로 징역형을 받으면서 과격해졌고 2015년 1월 프랑스 주간지 '샤를리에브도' 테러 사건의 주인공인 알제리계 쿠아치 형제들과도 친분이 있었으며, 파리의 유대인 식료품점에서 인질극을 벌여 테러행위를 한 '쿨리발리'와도 친분이 있었다. '벤갈렘'은 '쿠아치'와 2011년 예멘을 다녀오기도 했다.[7]

프랑스 파리 테러에 대한 조사를 하던 중 밝혀진 또 한 가지 사실은 파리 테러를 주도한 배후 인물은 이슬람으로 개종한 프랑스인, 파비앙 클랑(38세)이라는 것이다. 아프리카 동부, 프랑스령의 레위니옹섬 출신인 파비앙 클랑은 파리 테러를 비롯하여 그동안 유럽에서 발생한 일련의 테러들을 배후에서 조종한 핵심 인물로 밝혀졌다. 그는 파리 테러가 'IS'의 소행임을 자백하는 프랑스어 메시지를 녹음한 장본인이며 'IS'에서 850명이 넘는 벨기에, 프랑스 국가에서 온 전투원들을 관리하는 중책을 맡고 있다.

파비앙 클랑은 레위니옹 섬에서 프랑스 툴루즈로 이주한 뒤 1990년대에 무슬림이 되었고 2000년에 이르러 이슬람 극단주의자가 된 것으로 조사됐다. 그는 2009년 이라크에서 미군과 맞서 싸울 '이슬람 전사'를 모집한 혐의로 기소되어 징역 5년 형을 선고받았으며, 교도소에 가기 전 이스

---

[7] http://www.yonhapnews.co.kr/bulletin/2016/01/26/0200000000AKR20160126147100009.HTML?input=1179m, 2016년 1월 26일 접속. 연합뉴스 2016/1/26, 16:12, "파리 테러 총책 따로 있다 … 2013년 시리아 건너간 프랑스인"

라엘과 교류 한다는 이유로 이번 89명의 사망자가 희생된 파리 '바타클랑' 극장에 테러 위협을 가하기도 했다.

2012년 프랑스 감옥에서 출소한 파비앵 클랑은 프랑스 노르망디 지역으로 이주하여 아랍어 교사로 일하다가 2014년 시리아로 건너가서 'IS' 대원이 되었다. 그는 이라크에서 미군과 맞서 싸울 전투원을 모집한 혐의로 투옥되었지만 사실은 유럽에서 활동할 'IS' 대원을 모집했던 것이라고 한다.[8]

2015년 1월 7일 발생한 프랑스 주간지 '샤를리 에브도' 테러 사건을 주도한 인물인 '사이드 쿠아치'(35세)와 '셰리프 쿠아치'(32)도 역시 알제리 이민자 2세로 프랑스인이었다. 이처럼 최근 몇 년 동안 발생한 유럽의 테러 사건들을 종합해 보면 모든 테러가 자국민들에 의해서 자행되었으며 그들은 모두 북아프리카 출신으로 이민 2세가 대부분이었다는 사실에 우리는 주목해야 한다.

왜 이같이 프랑스의 이민 2세들이 'IS'에 가담하여 테러범들로 전락하게 되었을까?

본 연구자는 프랑스 테러 발생 일지[9]를 살펴보면서 북아프리카에서 유

---

[8] http://www.yonhapnews.co.kr/bulletin/2015/11/22/0200000000AKR20151122014200009.HTML?input=1179m, 2016년 1월 19일 접속. 연합뉴스, 2015/11/22, 08:36, <파리 테러> "핵심 배후는 이슬람으로 개종한 프랑스인"

[9] http://news1.kr/articles/?2487556, 2016년 1월 20일 접속. 2015/11/14, 13:21, "올해 프랑스 테러 일지…샤를리엡도부터 바타클랑까지" ▶1월 7일 - AK-47 소총으로 무장한 2명의 남성이 샤를리엡도 파리 사무실에 난입해 총기를 난사했다. 8명의 만평작가와 경찰 2명을 비롯해 12명이 숨졌다. 범인들은 이번 테러에서도 들렸던 아랍어 "알라후 아크바르(신은 위대하다)"를 외쳤으며 샤를리엡도 만평으로 인해 모욕을 당한 이슬람 선지자 무함마드의 복수를 위해서 사무실을 습격했다고 밝혔다. 이들은 목격자들에게 자신들이 예멘 알카에다 소속이라고 말하기도 했다. ▶1월 8일 - 파리 남부에 위치한 한 공원에서 총격 사건이 발생해 경찰관 1명이 숨지고 환경미화원 1명이 다쳤다. 이 사건의 용의자는 이후 샤를리엡도 테러와 관련된 것으로 확인됐다. ▶1월 9일 - 파리 동

럽으로 이주해온 무슬림들의 유럽 정착 문제에 대하여 문제점을 발견하고 이에 대하여 기독교 선교학적 입장에서 조명해보고자 한다. 아울러 이와 같은 연구가 향후 무슬림 이주민들이 급속히 증가하고 있는 한국 사회에 디딤돌 역할을 할 수 있기를 기대해본다.

부의 한 유대인 상점에서 인질극이 벌어져 4명이 숨졌다. 용의자인 아메디 쿨리발리는 전날 공원 총격 사건을 저지른 범인이기도 했다. 경찰은 대치 끝에 쿨리발리를 사살했다. 아울러 샤를리엡도 테러 용의자인 셰리프 쿠아시, 사이드 쿠아시 형제의 은신처를 습격해 모두 사살했다. ▶2월 3일 - 프랑스 리비에라의 휴양도시 니스 중심부에 위치한 유대인 마을회관에서 흉기 난투극이 일어나 경찰 3명이 다쳤다. 용의자는 파리에 거주 중이던 무슬림 무사 쿨리발리로 체포된 후 프랑스와 경찰, 군인, 유대인에 대한 증오심을 나타냈다. ▶4월 19일 - 알제리 출신 공학도인 시드 아흐메트 글람이 파리에서 여성 1명을 사살하고 빌쥐프의 한 교회를 공격하려던 중 체포됐다. 검찰은 그의 자택에서 알카에다와 급진 수니파 무장 세력 '이슬람국가'(IS)와 관련한 문서를 발견했다. ▶6월 26일 - 리옹 근교 생캉탱팔라비에 위치한 미국 가스 회사 '에어프로덕츠' 공장에서 북아프리카계인 야신 살리가 자신의 고용주인 에르베 코르나라를 목졸라 살해하는 사건이 일어났다. 살리는 참수한 시신의 머리와 함께 셀카를 찍는 엽기적인 행각을 벌이기도 했다. 그는 사건 현장에 "이슬람 테러리즘이 다시 프랑스를 강타하기 시작했다"라는 문구를 내걸었지만 IS 등 특정 단체와의 연관성은 발견되지 않았다. ▶7월 13일 - 전직 군인을 포함한 16-23세 남성 4명이 군사훈련소를 습격해 교관을 참수하려는 범죄를 공모한 혐의로 체포됐다. 이들은 자신들이 지하드(이슬람 성전)를 벌이는 중이었으며 IS와 연계된 사람들이라고 주장했다. ▶8월 21일 - 네덜란드 암스테르담을 출발해 파리로 향하던 고속열차에서 한 남성이 AK-47 소총 권총, 흉기를 가지고 총기 난사 사건을 벌이려다가 탑승객들에 의해 제압당하는 사건이 벌어졌다. 용의자는 모로코 출신 아유브 엘카자니로 테러에 앞서 이슬람 급진주의 세력의 선전 동영상을 자주 감상했던 것으로 밝혀졌다. 올랑드 대통령은 테러를 막은 영국인 크리스 노먼을 비롯해 미국인 스펜서 스톤, 알렉 스칼라토스, 앤서니 새들러 등 4명은 프랑스 최고 훈장인 레지옹 도뇌르를 수여했다. ▶11월 10일 - 프랑스 경찰은 IS와 연계해 해군 기지를 테러하려던 25세 남성 용의자를 검거했다. 용의자는 남부 툴롱에 위치한 해군기지 공격을 위한 무기를 마련하던 정황이 정보 당국에 포착됐다. ▶11월 13일 - 파리 바타클랑 콘서트홀에서 인질극이 발생해 140여 명이 숨졌다. 비슷한 시각 독일과 프랑스 대표팀이 친선 경기 중이던 스타드드프랑스 축구 경기장 인근에서 연쇄 폭발이 일어났으며 파리 10구에 있는 한 식당에서도 총격이 일어나는 등 동시 다발적인 테러가 벌어졌다. 이로 인해 150여 명이 숨졌으며 200여 명이 다쳤다.

연구자는 먼저 프랑스를 중심으로 무슬림 이주민 2세들이 'IS'에 가담하여 지속적으로 유럽 전역으로 테러를 확산시키고 있는 원인을 살펴보고 이주민 정책에 관한 선행 연구 결과를 소개하고자 한다. 그리고 다음으로 기독교 선교학적 관점에서 이주민 정착 문제에 관하여 언급하고 기독교 복음 선교적 차원에서 전략적 제안을 하려고 한다. 본 연구의 한계는 유럽 이주민 정착 문제를 논함에 있어서 프랑스의 경우를 중점적으로 다룬다는 것이며, 프랑스의 이주민 정책에 관한 부분을 언급함에 있어서 제2차 세계대전 이전 프랑스에 유입된 유럽 출신자들이 아닌 제2차 세계대전 이후 프랑스로 유입된 무슬림 이민자들을 중점적으로 언급하려 한다.

이는 앞에서 언급한 것처럼 최근 프랑스 사회와 국제 사회에서 문제 되고 있는 이슬람 테러 문제를 직시하고 기독교 선교적 입장에서 이주 무슬림의 정착과 복음화 문제를 생각해보고자 함이다. 또한 연구 방법에 있어서 한국연구재단에 수록된 학술연구를 바탕으로 제2차 자료에 의존하여 선행 연구 자료를 활용한다는 점이다. 이는 나아가서 한국 이주민 정책과 기독교 선교를 위한 선교적 대안을 구축함에 있어서 시금석이 되어줄 수 있기를 소망하는 바이다.

1. 프랑스의 이등 시민[10]

1) '사르코지'[11] 정권

프랑스 23대 대통령을 역임한 사르코지는 최근 재임 기간을 회고한 자서전을 출판하였고, 2017년 프랑스 대선에 아직 공식 출마를 선언하지는 않았지만 자서전 출판을 통하여 대선 출마 의지를 피력하였다. 그는 지난 1월 25일 "다문화 사회에서는 프랑스의 정체성이란 없다"라고 지방 선거 유세에 나서면서 극우파의 표심을 자극하고 프랑스의 약점은 다문화이고 이를 극복하기 위하여 프랑스를 영원히 프랑스인들이 주도하는 사회가 되도록 만들어야 한다고 주장한다.[12]

---

[10] "프랑스 전체 인구는 6,500만 명이고 그 중 이민자 출신 인구는 약 610만 명으로 전체 인구의 10%에 해당함. 이민자 인구는 270만 명, 이민 가정 출신 인구는 약 310만 명으로 이들 모두 프랑스 국적을 소지하고 있음. 이들 인구 중 절반 이상이 30대 이하이다. 출신 지역별로 구분하면, 약 40%가 아프리카 대륙 출신이고, 그 중에서 대부분은 북아프리카계임. 이민자 인구 중 1/3은 파리 및 파리 근교, 그리고 주요 대도시 및 남부 프랑스 지역에 집중적으로 거주 중인 인구가 이민자 전체 인구 중 60%에 해당함." 신지원, 육주원, 김철효, 신예진, 박동혁, 레베카 위리엄스, 엘사 콜레스, '이민 정책 해외 사례 연구: 다문화 정책의 최근 논의를 중심으로,' IOM 이민정책 연구원 편, 「IOM 이민정책 연구원 연구보고서」(No. 2011-08), 연구 요약.

[11] 니콜라 사르코지 : 니콜라 사르코지(프랑스어: Nicolas Sarkozy, 1955년 1월 28일)는 프랑스 정치인이고 2007년 5월 16일부터 2012년까지 프랑스 공화국의 대통령이자 안도라 공국의 공동 영주였다. 그는 과거의 뇌이쉬르센(Neuilly-sur-Seine) 시장, 오드센(Hauts-de-Seine)의 정책위원회 회장, 하원 의원, 정부 대변인, 예산부 장관, 정보통신부 장관, 내무부와 재경부 장관을 지냈다. 2012년 대선에 재출마했으나 프랑수아 올랑드에게 패배, 5월 17일 퇴임하여 데스텡 이후 31년만의 단임 대통령으로 기록되었다.
https://ko.wikipedia.org/wiki/%EB%8B%88%EC%BD%9C%EB%9D%B-C_%EC%82%AC%EB%A5%B4%EC%BD%94%EC%A7%80, 위키백과, 2016년 1월 19일 접속.

[12] http://www.hani.co.kr/arti/international/europe/719405.html, 2016년 1월 27일 접속.

사르코지는 2007년 대통령이 되기 이전 내두 장관으로 있으면서 2005년 말 파리 근교에서 발생한 소요 사건들을 진압하는 가운데 이민자 2세 청년들에게 '쓰레기들'이라는 표현을 쓰고 이주민들을 자극하면서 극우 성향을 드러냈다. 2005년 11월 2일 경찰을 피해 쫓기던 10대 흑인 소년 2명은 변전소를 거치게 되었고 불행히도 북아프리카 이주민 2세였던 2명의 흑인 소년은 감전사하게 되었다. 이에 감전 사고에 항의하면서 일어난 폭동을 진압하는 와중에 당시 내무 장관이었던 사르코지는 저소득 무슬림 이민자들에게 '인간 쓰레기'라는 표현을 하면서 거리에서 쓸어버려야 한다고 했다.[13] 이는 폭동을 안정시키기는커녕 결과적으로 불에 기름을 붓는 격이 되어버렸다.

프랑스인의 정체성을 언급하고 있는 사르코지에 의하면 프랑스인의 정체성과 가치는 무엇인가?

이를 이해하기 위하여 우리는 프랑스 혁명과 이와 관련된 공화국 정신과 이에 따른 가치의 철저한 분석을 할 필요가 있다. 1981년 집권당이 된 프랑스 사회당은 계급 투쟁의 기준을 철폐하고 '공화국 가치' 수호를 위하여 전력을 다하면서 '이민 노동자'라는 사회적 지위를 대신하여 출신을 강조하는 용어인 '뵈르'(beurs)[14]를 사용하기 시작했다.

한겨레 신문, 2015년 11월 27일 자, "사르코지 '다문호-가 프랑스 약점' … 선거 앞 다시 '우클릭'"

[13] http://www.sisunnews.co.kr/news/articleView.html?idxno=28709, 2016년 1월 27일 접속. 시선뉴스, 2015년 11월 2일 자, "[10년 전 오늘] 프랑스 사르코지 내무장관, 이슬람 이민자에 '인간쓰레기' 발언."

[14] Beur (or alternatively, Rebeu) is a colloquial term to designate European born people whose parents or grandparents are immigrants from North Africa.[1] The equivalent term for a female beur is a beurette. The term Rebeu is neither applicable to females nor does it have a female version. https://en.wikipedia.org/wiki/Beur, 2016년 1월 20일 접속, 위키대백과사전. 뵈르는 특별히 북아프리카 출신의 부모를 둔 프랑스에서 출생한 사람들을 지칭한다.

'뵈르'는 마그레브 출신의 제2세대를 지칭하는 용어로 사회적으로 공식적으로 등장하면서 프랑스 내에서 정치 대립의 희생자가 되었다. 프랑스 내 좌파는 프랑스식 '라이시테'[15]와 공화국의 통합적 가치관을 앞세웠고 우파는 이슬람 세력의 위험성을 강조하면서 프랑스인의 정체성과 이슬람과의 양립 불가능성을 주장하였다.[16]

이처럼 다른 유럽 국가에서 유입된 이전의 이민자들과 달리 정교일치의 교리를 수호하고 있는 무슬림들은 마그레브 지역에서 대거 프랑스로 유입되어 프랑스인의 정체성 문제에 화두가 되었고, 프랑스식 '라이시테'적 입장은 종교와 공적 생활의 분립을 '뵈르'에게 요구하였으며 좌파적 성향은 프랑스 사회에서 통합을 우선적 가치로 두고 프랑스 정부나 사회가 동화주의적 입장에서 이주 무슬림들의 문제를 다루어야 한다고 주장하고 우파적 성향의 사람들은 '사르코지'를 비롯하여 이주 무슬림들을 배격하고 사회적 문제아로 낙인을 찍은 것이다.

그렇다면 이처럼 '뵈르'라고 불리는 북아프리카 마그레브 출신의 무슬림 2세들은 언제부터 무슨 이유로 사회적 문제아로 치부되고 프랑스인의 정체성 문제로 화두가 된 것일까?

1872년 프랑스 정부는 법으로 국민을 인종 또는 종교로 구분하여 인구조사하는 것을 금지하고 있어서 프랑스의 무슬림 인구는 통계에 따라서 2

---

[15] http://ko.mythology.wikia.com/wiki/%EB%9D%BC%EC%9D%B4%EC%8B%9C%ED%85%8C?veaction=edit, 2016년 1월 21일 접속. 라이시테(/), 또는 라이시즘(/)은 프랑스와 프랑스어를 사용하는 그 밖에 몇 개국에서 널리 퍼져있는 정교분리 사상의 일종이다. 한국어로는 'laïcité'의 정확한 번역이 불가능하다. 정치 이론인 라이시테와 세속주의는 차이가 있다. 라이시테는 정치와 종교를 분리하는 것이 목적인 반면, 세속주의는 많은 사람의 삶에 하락하고 있는 종교의 중요성을 말한다. 라이시즘을 관행하거나 지지하는 사람은 라이시스트(/)라고 한다.

[16] Gerard Noiriel, *A quoi sert l'identite nationale* (Paris: Agone, 2007), 64-65. 박단, 『프랑스 공화국과 이방인들』(서울: 서강대학교출판부, 2013), 21에서 재인용.

백만 명 이상의 차이를 보이기도 한다. 그러므로 미국 국무성은 프랑스의 무슬림 인구가 전체 인구의 10%라고 하는 것이 과장된 수치라고 주장하기도 한다.

1999년 프랑스의 인구 조사에 따른 분석을 보면 프랑스 대도시의 전체 인구 중 6.3%인 370만 정도가 이슬람 국가에서 이주해 온 부모를 둔 '무슬림일 가능성이 있는 사람들'이라고 주장하였는데 '트라발라'라는 설문 조사에 의한 또 다른 연구에 의하면 그들 중 300만 명이 마그레브(북아프리카) 출신이고 나머지 70만 명이 사하라이남 아프리카에서 온 사람들이라고 밝혔다. 그리고 최근 2,000년 프랑스 내무부는 프랑스의 무슬림 인구는 4,155,000명에 이른다고 추정치를 발표하였다.[17]

프랑스는 '단일하고 분리될 수 없는 공화국' 이념과 보편주의적 전통을 추구하는 것을 최고의 국가 가치로 내세우면서 이민자 통합 정책을 펼쳐 왔다. 한마디로 공화주의 원칙을 수용하는 누구에게나 프랑스 국적을 획득하도록 한 것이다. 공화국의 동화주의적 통합 방식이 프랑스의 이민자들에 대한 기본 원칙이었던 것이다.

그러므로 이민자들에게 국적 획득의 길은 열려있지만 철저히 '동화' 지향적인 원칙이 공화국 이념으로 수반되므로 이주 무슬림들의 특수한 문화 특성과 종교적 차이는 동화주의적 통합 방식에 위배되지 않아야 한다는 것이다.

프랑스는 사회적으로 이러한 잠재적 갈등 속에서 경제 발전을 위하여 마그레브 지역으로부터 수많은 무슬림 이민자들을 받아드렸고 알제리, 모로코, 튀니지에서 이주한 무슬림들은 자신들이 프랑스의 공화주의 원칙에

---

17 http://en.wikipedia.org/wiki/Islam_in_france, 2010년 2월 22일 접속. 조희선, "영국, 프랑스, 독일 무슬림의 이주와 정착 및 갈등에 관한 연구: 한국 이주 무슬림과의 비교를 위하여," 「韓國中東學會論叢」 第31-1號 (2010) : 116.에서 재인용.

수용된 프랑스인이라고 생각해왔다.

그러나 프랑스의 동화주의 통합 방식이 문제가 되기 시작했다. 프랑스의 동화주의 원칙하에 종교와 문화가 다르더라도 기본적인 보편성을 추구한다는 원칙하에 프랑스 사회의 구성원이 될 수 있다고 허용해 왔던 동화주의 통합 방식이 프랑스 사회에서 사회 구성원으로 배제하기에 용이한 원칙으로 사용되기 시작했다.

20세기 초반 시작된 프랑스의 다문화 이민 정책은 2000년대 이후 여러 차례 이민법을 개정하였고 이민자 수를 단계적으로 축소하면서 정책이 강화되고 있는 추세이다. 특별히 최근 마그레브 출신 이민자들을 겨냥한 이중 국적 폐지를 주장하고 있어 특정 이민자 집단에 대한 차별 정책 조짐까지 보이고 있다.[18]

"당신에게, 프랑스인은 누구인가?"

프랑스인의 정체성 문제에 있어서 2009년 11월 2일부터 2010년 1월 말까지 프랑스 이민부 웹사이트를 통해 진행된 '민족 정체성 대토론회'는 시작 일주일 만에 25,000여 명이 참석했고 접속한 사람만해도 18만 5,000명에 달한다.[19]

이러한 통계가 말해주는 것은 지금 프랑스는 자신들의 정체성 문제에 대하여 심한 혼란 속에 있고 이러한 혼란은 그간 프랑스가 지향해 온 동화주의적 통합 방식에 문제가 있음을 시사해주는 것이다. 또한 한편으로는 이러한 토론회를 진행하는 것조차 도리어 '그들'과 '우리' 사이에 인위적인 거리감을 확대하고 사회 문제의 발단에 대한 오명을 이민자들에게 덮어씌우려는 것이라는 비난도 있다.

---

[18] 신지원, 육주원, 김철효, 신예진, 박동혁, 레베카 위리엄스, 엘사 콜레스, 연구 요약, xxiii.
[19] 박단, 24-25.

당시 이민부 장관이었던 에릭 베송(Eric Beason)이 이러한 온라인 토론회를 개최하여 '민족 정체성'을 이슈화하고, '민족 정체성'이라는 용어의 정치적 사용에 있어서 프랑스 역사학자 '제라르 누아리엘'(Gerard Noiriel)로부터 인위적인 거리감을 조성하여 이민자들에게 오명을 씌운다고 비난을 받았지만 사실은 이러한 '민족 정체성' 문제를 이주민과 연관 지어 이슈화한 사람은 2007년 대통령 선거를 치룬 사르코지다. 사르코지는 자신의 선거 운동에서 '민족 정체성' 주제를 부각시킴으로 결정적인 승수를 두었다.[20]

그러나 '민족 정체성' 문제를 제기한 사람은 사르코지가 처음이 아니다. 프랑스의 '민족 정체성' 문제는 프랑수아 미테랑(Francois Mitterrand) 시대 이후 한동안 수면 밑에 있다가 2007년에 이르러 대선에 나선 사르코지에 의해 다시 제기된 것이다. 사르코지는 대통령 선거를 위한 연설을 하면서 '프랑스인인 것이 자랑스럽다'라고 수차례 언급하고, 프랑스를 통합시키기 위한 가치로 '가톨릭 대성당의 프랑스, 십자군의 프랑스, 인권의 프랑스, 혁명의 프랑스'를 언급한 바 있다. 이와 같은 언급은 이주해 온 무슬림 프랑스인에 대한 공개적인 극우파 성향의 선동이라고 해석된다.[21]

'민족 정체성'이라는 용어는 1950년대에 미국의 심리학자 에릭 에릭슨(Erik Erikson)의 영향을 받아 사회과학에서 사용되었다고 한다. 이 시기에 미국의 진보적 지식인들이 이민자들의 동화를 위하여 그리고 동화를 반대하는 우파에 대항하여 민족 정체성 개념을 변론하고 '미국화'를 격려하였다. 그리고 1968년 5월에 이르러 미국과 유사한 환경이 프랑스에도 전개되면서 '민족 정체성'이라는 용어가 1970년대 프랑스 정치권에서 확산되기 시작했다.

---

20 Gerard Noiriel, 9. 박단, 25에서 재인용.
21 Agnes Maillot, *Identite nationale et Immigration* (Paris: Les Carnets de l;info, 2008), 23. 박단, 27에서 재인용.

프랑스 식민주의의 희생자들인 마그레브 지역의 민족들을 대변하면서 '민족 정체성'이라는 용어는 그들이 프랑스에서 공식적으로 인정되기를 요구하였으며 이 정체성에 관한 투쟁은 자연스럽게 이민노동자를 옹호하는 운동으로 발전되었다. 1970년대 '민족 정체성'과 이주민 문제는 이러한 상황속에서 정치적인 주제가 되어 좌파와 극좌파가 이를 지지하였다.[22]

2016년 현시점에서 볼 때 마그레브 출신의 무슬림 이주민에 관한 이슈가 '민족 정체성'이라는 측면에서 1970년대에는 박해와 배제의 입장이 아닌 수용과 관용의 입장에서 사회적으로 정치적으로 포용적인 입장에서 대두되었다면 지금은 정반대의 입장으로 바뀐 것을 알 수 있다. 포용적이고 관용적인 입장에서의 '민족 정체성'이라는 주제는 그리 오래지 않아 1970년대 말부터 좌파가 아닌 우파에 의하여 전유 되기 시작하였다. 마침내 1981년에 권력을 잡은 사회당은 '단일하고 분리될 수 없는 공화국' 이념과 보편주의적 전통을 추구하는 국가 가치에 집중하면서 이슬람의 '공동체 주의'를 비난하기 시작하였다.

프랑스의 미테랑이 정권을 잡고 그를 지지하는 극우 정파는 20세기 전반부에 프랑스에 유입된 유럽 이민자들은 상대적으로 프랑스 사회에 쉽게 동화되고 통합된 반면 마그레브 지역에서 유입된 무슬림 이민자들은 프랑스의 정체성을 파괴한다고 하면서 이슬람은 프랑스의 보편주의적 전통에 반하여 신정 정치를 추구하고 있기 때문이라고 하였다. 더군다나 프랑스를 비롯한 유럽 각지에서 발발한 테러 행위는 프랑스의 극우파에게 '폭력적인 이슬람'이라는 이미지를 활성화 시킬 수 있는 계기가 되었다. 뿐만 아니라 프랑스에서 발생하고 있는 크고 작은 사건들이 마그레브 출신 무슬림 이주민 2세대가 점점 더 테러리즘에 호감을 갖는다는 증거가 되었다. 그리고 1989년 '히잡 사건' 또한 무슬림 2세들은 프랑스의 보편주의적 전

---

22 박단, 29.

통 가치와 '라이시테'를 받아드리지 않고 거부한다는 증거가 되었다.[23]

그러므로 종합적으로 볼 때 '민족 정체성'에 관한 이슈는 2007년 사르코지가 선거 연설과 캠페인을 하기 이전부터 충분히 거론되었던 것으로 사르코지에게 극우파로서 득세할 수 있는 유리한 고지를 제공한 셈이 되었고 사르코지는 이러한 정황을 극대화하였다고 볼 수 있다.

2002년-2004년, 2005년-2007년 대통령 당선 이전 두 차례의 내무 장관직을 거치면서 사르코지는 2007년 대선에서 표심을 얻기 위하여 강경한 이민 정책을 내놓고 '민족 정체성'을 강조하였다. 무슬림 이주민들에 대한 문제에 민감하게 반응하면서 선거 공약으로 '이민 및 민족 정체성 부처'의 신설을 제시하였다. 이는 2000년대에 이르러 이민자 문제가 전 유럽의 공통과제가 되었으며 무슬림 과격파의 테러로 인한 공포심 확산이 한몫한 셈이다.

2007년 사르코지의 대통령 당선은 그의 강력한 이민 정책과 '민족 정체성' 강조로 민족 전선 유권자들의 표를 얻었기 때문이기도 하지만 전반적으로 프랑스 사회가 유럽 전체적인 분위기 조성으로 인하여 우경화되었기 때문이기도 하다. 기존의 우파 정당들이 무슬림 이주민 문제들을 부각시켜 민족주의적 관점에서 선거에 득세한 것에 대하여 여세를 모아주고 동의했기에 가능했다는 것이다.

사르코지가 대통령 당선 이후에도 계속해서 이주민 문제를 통제하면서 강화 정책을 수립한 것은 이러한 사회적 상황이 있었기에 가능했다. 사르코지는 당선 이후 '이민, 통합, 민족 정체성 및 연대 개발부' 설립, '민족 정체성 대토론회,' '선택적 이민 정책'등의 이민 정책을 시행하였다.[24]

---

23 박단, 32.
24 박선희, '프랑스 이민 정책과 사르코지: 2002-2008년,' 「국제정치논총」 제50집 2호 (2010), 203.

또한 2007년 3월, 한 신문과의 인터뷰에서 사르코지는 이민 정책은 30년 후의 프랑스의 정체성이라고 단언하면서 프랑스에 합류하는 사람들은 실제로 자신의 모습을 내세운다고 해도 프랑스의 정체성을 존중해야 한다고 이야기하였다.

이러한 사르코지의 이야기는 다름 아닌 무슬림 이주민과 관련된 이슈를 암시하고 있었다. 그리고 '이민부' 설립은 프랑스 사회에 또 다른 논쟁적 이슈를 불러일으켰다. 2007년 10월 10일 '국민 이민사 박물관'이 파리에 개관되었는데 이는 이름부터 평범하지 않을 뿐더러 과거 200년 동안의 프랑스 이민사를 보여주는 박물관이다. 그러나 연이어 비슷한 시기인 2007년 5월, '이민부'의 신설로 인해 이를 반대하는 박물관의 자문 이사회 8명이 이사직을 사퇴하였다.

'이민부' 설립을 통하여 이주민 및 민족 정체성 문제를 사르코지가 공론화 한 것에 대하여 자문 이사회 이사들이 반발한 것이다. 이는 이주민이 마치 프랑스와 프랑스인에게 '문제'인 것으로 각인되고 이주민들에 대한 부정적인 편견을 강화시킬 뿐 국민의 다양성과 다원주의적 종합체를 망각한 결과물이라고 판단했기 때문이다.[25]

2) 다문화 정책의 실패 : '프랑스 부르카를 벗기다'

정교분리의 보편적 가치를 최고로 가르치는 프랑스 공화주의의 교육의 장인 학교는 공화주의 원칙을 학습하는 공간이다. 그러므로 이 공간에서 히잡을 착용한다는 것은 공화주의에 대한 정면 도전이라고 이해된다. 그러므로 1989년 '크레유'의 한 중학교에서 모로코 출신 여중생 3명이 히잡을 착용하였고 이는 프랑스 공화주의에 대항하는 정면 도전으로 간주되었

---

25 박단, 51.

으며 이러한 이유로 여학생들은 퇴학을 당했다. 그리고 이 사건은 개인의 신앙 자유와 정교리 원칙의 차원에서 프랑스 사회가 양분되는 양상으로 드러났다.

사건 발생 후 '크레유' 사건은 여중생들의 학부형과 학교 간의 협상으로 일단락되었다. 그러나 얼마 후 운동장이나 복도에서는 히잡 착용을 허용하되 교실에서는 금하는 것으로 협상되었지만 모로코 출신의 여중생들은 이러한 합의를 깨고 교실에서 히잡을 착용하므로 다시 퇴학 조치를 당하였다.[26]

프랑스는 1989년부터 10여 년간 '크레유' 사건을 겪었고, 2009년부터는 부르카 사건을 겪고 있다. 이 두 사건은 프랑스의 '라이시테' 원칙과 직접적인 관련이 있다. '라이시테'는 앞서 각주 14번에서 언급한 것처럼 정교분리 원칙이다. '라이시테'란, '국가는 일부 극민이 아닌 국민 전체의 편에 있다는 의미로 개인이 자신의 삶의 방향으로 인해 차별받지 않고 양심의 자유를 존중받는 정치 개념'이며, 반교권주의와 정교 분리를 의미한다.[27]

또한 역사적 관점에서 '라이시테'는 '종교적이지 않은 것,' '비종교성'을 뜻하기도 하고, 교회 그리고 종교로부터의 국가 분리, 독립을 지칭하면서 1871년 프랑스 공립 학교에서 처음 쓰였다.[28] 동화주의에 기초한 '라이시테' 정책은 프랑스 공립 학교에서 통일성을 강조하면서 이주민 학생들의 인종적이고 종교적인 특수성을 고려하지 않았다. 마그레브 지역에서 유입된 무슬림 이주민들이 급증하면서 프랑스 정부는 동화 정책에 따라

---

26 조희선, 138.
27 Guy Haarscher, *La Laicite,* Que sais-Je? N.3129 (Paris: PUF, 2004), 3. 박단, 59에서 재인용.
28 Maurice Andre et Edmond Finck et al, *Histoiren de la laicite* (Paris: Editions PEMF, 1999), 1. 박단, 59에서 재인용.

'라이시테'를 강조하면서 프랑스 사회에서 이슬람 종교의 공식 인정을 거부하고 이슬람 확산을 억제하였다. 이는 언어 교육에 있어서 또한 이주민들의 언어가 이주민 증가에 따라 프랑스 사회에서 공적으로 사용되지 않도록 규제하고 사적인 영역에서만 사용이 가능하도록 하였다.

뿐만 아니라 프랑스는 이주민들의 사회 동화를 위하여 이주민들에게 거주 지역 지정 정책을 시행하였다. 그러나 이주민 지역에서 빈번하게 일어나는 폭동들을 목도할 때 프랑스의 동화 정책이 실패하였다는 것을 알 수 있다. 1990년대 후반에 들어서는 이주민 통합제에 있어서 인종적 정체성보다 종교적 정체성이 크게 부각되면서 이슬람 공동체의 프랑스 사회 통합 문제가 핵심 이슈가 되었다.

그래서 프랑스는 내무부가 지원하는 프랑스 무슬림 대표 기구인 '프랑스무슬림신앙위원회'(the French Council for the Muslim Faith)를 설립하였으나, 역설적으로 위원회의 설립에도 불구하고 2004년 3월 프랑스 공립학교에서 히잡 착용과 같은 종교적인 상징들을 금지하는 법안이 통과되었다. 그리고 이후로는 프랑스에서 무슬림 이주민 통합 정책은 문화적 다양성을 보장하는 방향이 아닌 프랑스의 정체성을 강화하는 정책들이 강화되었다.

결과적으로 2010년 프랑스의 상하 양원을 통과하고 2011년부터 시행된 '부르카 금지' 법안은 공공장소에서 무슬림 여성이 얼굴을 가리는 이슬람 여성 의상을 불법화하는 내용으로 공적 장소에서 이슬람 문화의 표출을 제한하는 것이다.[29]

2010년 제정된 '부르카 금지' 법안은 '라이시테'에 근거한 프랑스의 동화주의적 이민 정책의 확고한 의지를 표출한 대표적인 사례이다. 이는 앞서 언급한 정치적 상황을 고려해볼 때 향후 2017년 사르코지가 대통령 재

---

[29] 김용찬, '영국과 프랑스 이주민의 정치적 권리에 관한 연구,'「한국정당학회보」제10권 제1호 (통권18호) (2011), 217-218.

선에 성공한다면 더욱 강화될 전망이다. 사르코지의 대통령 재임 기간 중 설립한 '이민부'가 더욱 활성화될 것이고 국제적으로 IS를 비롯한 테러 사건이 끊이지 않고 있으며 이를 주도한 이들이 대부분 이슬람 과격 단체들임을 감안할 때 사르코지의 강경 정책은 국민들의 지지와 호응을 얻을 것으로 사료된다.

'라이시테' 원칙 준수라는 측면에서 '부르카 금지' 법안을 통과시킨 것은 제정 당시와 달리 점차적으로 여성의 존엄성과 자유 그리고 심지어는 공공 안전의 문제로 변모하고 있는 상황이다. 그러나 '라이시테' 원칙에 대하여 도리어 무슬림들은 '부르카 금지' 법안을 통하여 개인의 종교와 표현의 자유를 침해하고 공공장소에서 부르카를 벗긴다고 해서 실제적으로 여성 인권이 보장되는 것이 아니라고 반박한다. 또한 공공 안전적 측면에서도 '부르카 금지'를 통하여 과연 얼마나 범죄와 테러를 예방할 수 있는지 논란의 여지가 많다.[30]

얼굴을 가리는 부르카를 금지하려면 가장무도회에 착용하는 조로(Zorro) 가면이나 캣 우먼(Cat Woman) 가면의 착용도 길거리에서 금지해야 한다는 것이다.[31] 거기다가 실제적으로 '부르카 금지법'의 중요한 문제점으로 지적되고 있는 것은 프랑스 전체 무슬림 여성 가운데 공공장소에서 부르카를 착용하고 있는 이들은 불과 약 1,900명 뿐이라는 것이다.

프랑스에서 '부르카 금지' 법안에 반대하는 이들의 주장은 극소수의 대상자들을 위해 실효성도 불투명한 법을 제정하여 프랑스 내 이주 무슬림

---

[30] Amnesty International, *Choice and Prejudice: Discrimination against Muslims in Europe*, (London: Amnesty International, April, 2012), 95-96. 김승민, '프랑스의 이슬람포비아 확산 원인,' 「세계지역연구논총」 제31집 제3호 (2013), 204에서 재인용.

[31] Viv Groskop, 'France – Quand la burqa criminalise le masque de Zorro.' *Courrier International*, le 12 April, 2011. 김승민, "프랑스의 이슬람포비아 확산 원인," 「세계지역연구논총」 제31집 제3호 (2013), 204에서 재인용.

들을 차별하는 것이 과연 '라이시테' 원칙에 부합하는 것이냐는 주장이다. 결국은 이 법을 통하여 프랑스 내 이주 무슬림들을 차별하는 것이며 표면적으로는 '라이시테,' '여성 존엄성,' '공공 안전'이라는 명분을 내세우지만 이면에는 이슬람에 대한 반감과 두려움, '이슬람 포비아'에 따른 차별 정책이라는 것이다.[32]

프랑스의 일간지, 「르몽드」(Le Monde)가 2013년 1월 실시한 여론 조사[33]에 따르면, 프랑스인들의 이슬람과 무슬림들에 대한 두려움과 적대감이 매우 심각한 상황이라는 것을 알 수 있다. 특별히 많은 프랑스인들은 이주 무슬림들로 인한 프랑스 정체성의 훼손과 이슬람 영향력의 확대, 그리고 실업 증가에 대한 반감을 보였다.

응답자 중 74%는 프랑스 내 이주민들이 너무 많다고 답했으며, 응답자 중 62%는 "프랑스가 더 이상은 프랑스답지 않다"라고 답했고, 응답자 중 절반 정도 되는 46%가 이주 무슬림들이 프랑스의 일자리를 빼앗고 있다는 것에 대한 반감을 표현했다.

또한 응답자 중 74%가 "이슬람과 프랑스 사회가 치는 맞지 않다" 그리고 "이슬람은 용인할 수 없는 종교다"라고 표했고, 응답자 중 80%는 "무슬림의 종교는 그들의 가치를 다른 사람에게 강요한다"라고 답했으며 77%는 "프랑스 내 이슬람 근본주의 문제가 점점 심각해지고 있다"라고 했다. 그런데 이와 같은 이주 무슬림과 이슬람에 대한 적대감이 과거와는 달리 우파나 좌파의 정치적 성향과 상관없이 확산 되고 있다는 사실이 심각해 보인다.

2000년대 이전에는 이러한 적대감과 '이슬람 포비아'(이슬람 혐오증)가

---

[32] 김승민, "프랑스의 이슬람포비아 확산 원인," 204.
[33] Ipsos/ Le Monde/la Foundation Jean Jaures/le Cevipof 2013sus 1월 9-15일 실시 여론 조사(France 2013 : les nouvelles fractures), 김승민, 200에서 재인용.

정치적 우파에 의하여 두드러지는 현상이었는데 상대적으로 포용적이고 관용적인 정치적 입장의 좌파들도 이러한 현상에 합세하고 있다는 사실이다. 여론조사 결과 정당의 지지자별 동의 비율을 살펴볼 때 극우파 국민전선 94%, 중도 우파 대중 운동연합(UMP: Union Mouvement Populaire) 81%로 우파가 월등히 많은 것은 물론이고 좌파의 사회당 59%, 극좌파 67%로 그 비율 또한 상당히 높은 결과를 알 수 있다.[34]

이러한 경향은 정치적 우파와 좌파의 성향과 상관없이 전 유럽의 반이슬람 정서와 부합하는 결과라고 볼 수 있다. 2000년대 들어서 발생한 이슬람 근본주의 과격파들의 테러 행각은 전 세계 이주 무슬림들의 이민 사회생활에 부정적 요소로 작용하고 있음이 분명하다. 프랑스와 달리 영주권자들에게도 투표권을 주면서 프랑스에 비해 좀 더 관용 정책을 펼쳐온 영국도 최근 이주 무슬림들에 대한 입장을 달리하고 있다.

프랑스를 비롯한 유럽 국가들의 '이슬람 포비아' 현상은 결정적으로 2005년 프랑스에서 이민자 소요 사태를 일으켰다. 저소득층 이주 무슬림 거주 지역인 파리 외곽에서 무슬림 소년 2명이 경찰 검문을 피해 도피 중 감전사 한 것이 도화선이 되어 프랑스 전국 약 3,000지역에 소요가 확산되고 3주에 걸쳐 약 1만 대의 차량이 전소되고 3,000명의 소요 사태 주범들이 체포되었으며 이는 프랑스 역사에 크게 기록될 만큼 소요 사태의 규모와 현상이 심각했다.[35]

2005년 10월 상점과 차량들이 불타는 프랑스 청년들의 시위 현장이 전 세계 언론 뉴스 채널을 통하여 보도되면서 '라이시테' 원칙과 동화주의적

---

[34] 김승민, 201.
[35] 김승민, "프랑스 이민자 소요사태의 발발 원인 분석," 「한국프랑스학논집」 제74집 (2011), 266-267; Centre d'analyse stratégique, Les *"Violences Urbaines"* de l'automne 2005-Evenements, acteurs: dynamiques etinteractions, Essai de synthese (Paris: Premier Ministre, 2007), 1-36. 김승민, "프랑스의 이슬람포비아 확산 원인," 202에서 재인용.

통합을 근본으로 하는 프랑스 공화주의의 붕괴를 보는 듯했다. '자유, 평등, 박애'를 중시하는 국가로 알려진 프랑스에서 발생한 무슬림 이주민 폭동은 프랑스 정보의 동화주의 통합 정책의 실패가 원인이며 많은 언론들이 공공연한 사회적 차별이 원인이었다고 지적하였다. 오랜 차별과 가난, 일자리, 주택, 교육 기회의 부족으로 인한 무슬림 이주민 2세들의 분노가 폭발하여 폭동을 일으킨 것이다.

폭동 후 10년이 지난 2015년 10월 28일 연합뉴스 보도에 의하면 프랑스 정부의 지원에도 불구하고 무슬림 이주민들의 생활 실태는 별로 차도가 없는 것으로 보고되었다. 다음은 기사 전문이다.

이민자 폭동 10주년 하루 전날인 26일 마뉘엘 발스 총리는 파리 교외인 레뮈로를 찾아서 '교외도 프랑스의 일부'라면서 이 지역 주민의 불만을 다독였다. 프랑스 정부는 2005년 이후 10년 동안 이민자들이 집단 거주하는 파리, 마르세유 등 대도시 교외의 주택 재개발 등 교외 재정비 사업에 480억 유로(약 59조 9천 500억 원)를 투입했다.

하지만, 알제리, 모로코 등 북아프리카와 사하라 이남 아프리카 출신 이민자 자손의 생활은 당시와 비슷하거나 악화했지 개선됐다는 평가는 나오지 않고 있다. 교외 지역의 청년 실업률은 프랑스 청년 실업률의 배인 50%에 달하고 교외 평균 소득은 프랑스 평균 소득의 56%에 불과하다. 이민자 후손들은 취업에서 보이지 않는 차별을 당하면서 사회의 변두리를 벗어나지 못하고 있다. 10년 전 이민자와 그 자손의 프랑스 동화 실패가 이민자 폭동으로 표출됐다면 최근 들어서는 테러라는 모습으로 변화하고 있다.

올해 1월 주류 사회에서 밀려나 소외된 이민자들이 얼마나 위험할 수 있는지를 적나라하게 보여준 파리 연쇄 테러가 일어났다. 프랑스에서 태어나 교육받은 이민자 자손인 쿠아치 형제와 아메디 쿨리발리가 공모해 주간지 샤를리 에브도 사무실과 파리 유대인 식료품점에서 테러를 벌여 17명을 살해했다. 발스 총리는 파리 연쇄 테러 이후 신년 연설에서 "자생적 극단주의자들이 저지른 테러로 프랑스에 지리적·사회적·인종적 아파르트헤이트(인종 차별 정책) 문제가 드러났다"라면서 차별 해소에 앞장서겠다고 밝혔다.

앞서 2012년에는 알제리계 프랑스인 모하메드 메라가 툴루즈서 유대인 학교를 공격해 유대인 어린이와 교사를 포함해 7명을 살해하기도 했다. 프랑스 정보당국은 주로 교외에서 살다가 이슬람 극단주의에 빠져 시리아, 이라크 등지의 지하드(이슬람 성전)에 참전한 프랑스인이 1천-2천 명에 이르며 이 중 약 200명이 돌아온 것으로 파악했다. 사회당 소속의 말렉 부티 하원 의원은 "우리 이웃에서 테러범들이 양산되는 상황에까지 이르렀다"라면서 "10년 전에는 이들이 폭도였다면 현재는 테러범이다"라고 말했다.[36]

이처럼 많은 연구들과 신문 보도에서 프랑스 폭동의 원인을 무슬림 이주민들이 처한 차별과 실업률, 경제적 빈곤이라고 언급하고 있다. 그러나 왜 프랑스에 이주해온 무슬림 이주민들이 유독 인근 국가의 경우와 달리 폭동과 같이 극단적인 표출을 하는 것인지 의문이 제기된다. 이웃 국가인 독일은 프랑스와 비슷한 규모의 이민자들이 거주하고 있는데 독일 인구의 7.8%에 해당하는 약 650만 명이 외국인 이주민[37]이고 프랑스에 거주하는 마그레브 출신 무슬림 이주민들이 400만 경으로 집계된 반면 독일에는 터키인들이 약 320만 명 거주하는 것으로 집계되었다.[38]

---

[36] http://www.yonhapnews.co.kr/bulletin/2015/10/28/0200000000AKR20151028212000081.HTML?input=1179m, 연합뉴스, 2015/10/28. "프랑스 이민자 폭동 10년…대도시 교외지역 불안 여전." (2016년 1월 28일 접속)

[37] Katya Vasileva, "Population and social conditions," Eurostat, *statistics in focus*, 34 (2011). 고상두, 기주옥, "프랑스 이민자 폭동의 배경요인: 독일과의 비교,"「세계지역연구논총」제32집 제3호 (2014), 90에서 재인용.

[38] Catherine Borrel and Betrand Lhommeau, "Etre ne en France d'un parent immigre" *Insee Premiere*, n 1287 (2010). 고상두, 기주옥, 90에서 재인용.

그리고 2005년 이전의 상황들을 비교해보면 2001년 독일에 거주하는 이주민들의 실업률이 17%로 전체 실업률 8%보다 두 배 정도 높게 나왔는데 그중 터키 무슬림들의 실업률은 20%에 달하는 것으로 보고되었다.[39] 그럼에도 불구하고 독일은 프랑스와 같은 극심한 갈등이 폭동으로 이어진 경우가 없었다. 이는 독일의 이주민 정책과 프랑스의 이주민 정책에 차이가 있음을 말해주는 것이고 프랑스에 폭동이 발발한 것은 프랑스만의 배경과 촉발 원인이 있다는 것이다.

고상두와 기주옥은 이에 프랑스 폭동의 촉발 요인으로 다음과 같이 경찰 정책, 거주 정책, 복지 정책을 지적하고 있다.

첫째, 많은 연구가들이 프랑스 폭동과 관련하여 경찰의 무자비한 진압과 경찰권 남용을 지적하고 있다.[40]

놀랍게도 1977년부터 2002년 사이에 프랑스에서 경찰에 의해 사망한 175명의 젊은이들이 대부분 아프리카나 북아프리카 마그레브 지역 출신의 이민자 2세였다는 것이며 그러한 죽음으로 인하여 기소된 경찰이 단 한 명도 없다는 것이다. 프랑스 경찰에게 이주민이 체포될 확률은 프랑스 본토인들보다 7배 가량 높은 것으로 조사되었다. 더군다나 사르코지가 내무장관이 된 이후에는 청년들이 외부에서 집결하는 것 자체가 불법이었다. 심지어 경찰들은 교통 시설에서 신분증을 확인할 수 있는 권한과 통신 감청권도 있었고 수색 권한도 부여받았다. 이로 인한 경찰권 남용에 대한 사례와 항의가 급증하였다.

---

[39] EUMC, *Migrants, Minorities and Employment: Exclusion, Discrimination and Anti-Discrimination in 15 Member States of the European Union*, (2003), 10. 고상두, 기주옥, 90에서 재인용.

[40] Cathy Lisa Schneider, "Police Power and Race Riots in Paris," *Politics Society*, vol. 36 (2008), 113. 고상두, 기주옥, 92에서 재인용.

그뿐만 아니라 사르코지가 대통령이 된 이후 범죄의 정도를 따지지 않고 일단 체포율이 높은 경찰에서 더 많은 성과급을 지급하는 시스템을 도입하였기에 경찰들은 이에 따라 검거율을 높이기 위한 인종 프로파일까지 강화하였다는 것이다.[41] 결과적으로 프랑스 경찰과 무슬림 이주민 2세 청년들과의 관계는 계속적으로 악화될 수밖에 없었고 이에 악화된 관계가 폭동을 일으킨 주요 요인이라는 것이다.[42]

둘째, 무슬림 이민자들의 밀집 지역이 게토화됨에 따라 프랑스 폭동이 촉발되었다는 것이다. 폭동은 일반적으로 인종적으로 분리된 낙후 지역, 사회적으로 낙인찍힌 구역에서 주로 발생하는데[43] 벤덴(Wenden)은 프랑스의 이주민 갈등과 이러한 위기는 도시 정책의 실패 때문이라고 지적하고 있다. 1960년대에 주택난에 대한 해결책으로 프랑스는 시내 외곽 떨어진 곳에 고층빌딩을 짓고 거주와 근로를 함께 할 수 있는 생활 공간을 마련하였는데 이러한 주거 공간에 이주민들이 집중되었고 결과적으로는 인종적인 사회적 배제 현상이 일어났다는 것이다.[44]

자족적으로 설계된 신도시는 다른 이웃 도시로부터 고립되어 높은 실업률과 교육 문제에 시달리게 되었고 이에 범죄율도 자연 증가한 것이다. 그 뿐만 아니라 이러한 지역들이 게토화 된 이후에는 프랑스인들의 부정적 시각이 증폭되었고 이주민 밀집 지역의 문제는 악순환 될 수밖에 없었다.[45]

---

[41] Schneider (2008), 143-148. 고상두, 기주옥, 92에서 재인용.
[42] 고상두, 기주옥, 92.
[43] David Waddington and Mike King, "Identifying Common Causes of UK and French Riots Occuring Since the 1980s," *The Howard Journal*, vol. 48, no. 3 (2009), 249. 고상두, 기주옥, 93에서 재인용.
[44] Catherine Wihtol de Wenden, "Urban Riots in France," *SAIS Review of International Affairs*, vol. 26, no. 2 (2006), 48. 고상두, 기주옥, 93에서 재인용.
[45] 고상구, 기주옥, 93.

한마디로 프랑스의 동화주의 정책은 이민자들의 밀집 지역을 게토화시킴으로 사실상 실현 불가한 상황과 전제를 초래했다고 볼 수 있다. 동화(同化)란 서로 다른 것이 만나 함께 할 때 이루어질 수 있는 것이다. 처음부터 분리된 공간에 있는 무슬림 이주민들이 프랑스 본토인들과 가치관을 공유하고 동화된다는 것은 문화 인류학적 관점에서도 비상식적인 정책이라고 생각된다.

'라이시테' 원칙에서 프랑스 공화주의가 동화주의를 앞세워 문화와 종교의 통합을 원한다면 이주민 밀집 지역의 게토화는 지양했어야 했다. 가치관의 공유가 어렵다고 편의상 처음부터 분리한다면 영원히 동화(同化)란 불가능하다.

셋째, 연구가들은 프랑스 이주민 폭동은 프랑스 정부의 잦은 이주민 정책 변화와 지원 감소로 인해 촉발되었다고 지적한다. 뒤프레(Duprez)는 프랑스가 우파와 좌파로 나뉘어 분열됨으로써 이주민 정책에 변화가 많았고 이로 인해 이주민들은 불안정적인 정부 정책에 많은 희생을 감수해야만 했다는 것이다.[46]

좌파가 집권했을 때는 인종적, 지역적 차별을 제한하고 국가의 보조금이 있는 일자리를 보장했던 것이 우파가 집권하게 되면서 파기된 것이다. 2000년대 이전 프랑스의 복지 정책은 빈곤 해소의 큰 결과물들이 보고되었지만, 우파 정권이 집권한 이후 이주민들에 관한 복지 정책들이 점차 감소하였고 이주민들과 본토인들과의 빈부격차가 증가하게 되었다. 독일과 비교하여 볼 때 같은 기간 독일은 신자유주의 정책이 시행되었지만 그럼

---

[46] Dominique Duprez, "Urban rioting as an indicator of crisis in the integration model for ethnic minority youth in France," *Journal of Ethnic and Migration Studies*, vol. 35, no. 5 (2009), 754. 고상두, 기주옥, 93에서 재인용.

에도 불구하고 이주민들과 본토인들과의 빈곤율 차이는 오히려 감소되었다고 한다.

그러나 프랑스 이주민들은 복지 서비스의 감소로 상대적 박탈감에 시달렸으며 반사회적 성향으로 발전되어 폭력적인 방법을 불사하고 사회에 대한 불만을 표출하게 된 것이다.[47]

프랑스의 복지 정책은 다른 유럽 국가들과 비교하여 손색이 없는 정책으로 한국 정부도 정부의 이주민 정책 수립을 위하여 많은 정책 연구를 수행해오고 있다. 그러나 프랑스의 경우 복지 정책의 수립도 중요하지만 연속적인 존속과 관리의 중요성이 이주민 정책 수립보다 우선적으로 고려해야 할 사항임을 알 수 있다. 정치적으로 좌파-우파의 집권 여하에 따라 변동이 되어서도 안 되지만 한번 수립한 복지 정책은 쉽게 폐지해서는 안 된다는 것이다. 이와 관련하여 이주민과 관련된 프랑스의 교육과 사회 복지 제도의 특성과 변화에 대하여 다음 단원에서 살펴보고자 한다.

3) 교육과 사회 복지 제도

영국, 독일을 비롯한 프랑스에서 주로 독신으로 이주해온 무슬림 이민자들이 1960년대 이후 가정을 이루고 영구정착을 하게 됨에 따라 2, 3세대가 출생하게 되고 이로 인하여 이주 무슬림들이 겪는 가장 큰 문제는 자녀교육이다. 1970년대에 불어닥친 세계적인 경기 침체는 실업률을 증가시켰으며 프랑스에 정착한 이주 무슬림들에게도 큰 타격이 되었다. 정교분리의 '라이시테' 원칙에 입각하여 교육 현장인 학교뿐만 아니라 공적 영역에서 모든 종교에 대한 중립적인 입장을 고수하고 있다. 이는 100여 년 전에는 프랑스가 가톨릭에 대응하는 정책이었던 반면 최근에는 이슬람에

---

[47] 고상구, 기주옥, 106.

대응하는 정책이다.

프랑스는 정교분리의 '라이시테' 원칙에 따라 공립학교에서 종교 교육을 정규 과목으로 개설할 수 없다. 이러한 상황 속에 이주 무슬림들은 자녀 교육에 있어서 특정 과목들이 이슬람의 종교 교육에 대치된다고 판단될 경우 수업을 거부하고 있다. 예를 들어 생물 수업은 비도덕적이라고 거부하고 체육 수업이나 수영 수업은 히잡을 벗어야 하므로 거부하고 때로 음악 수업은 '사탄과의 내적 교통'이라고 수업을 거부하기도 하고 심지어 자신들의 입장과 다르다는 이유로 특정 교사의 수업을 거부하기도 한다.[48]

이러한 현상은 프랑스의 정교 분리 '라이시테' 원칙에 위배되며 프랑스인으로 성장할 수 있는 교육의 기회마저 스스로 박탈하여 프랑스 정부와 무슬림 이주민 사이에 갈등을 유발하는 원인이 된다. 또한 위에서 언급한 것처럼 국가적 차원에서 이주민 2세 무슬림 청년들을 강력한 경찰력을 동원하여 제압하고 사회적 차별과 실업률에 희망을 잃고 있는 이들에게 강경 대응하고 있는 것도 문제이지만 반면에 공교육 현장에서 프랑스의 동화주의에 순응하지 않고 이슬람식 교육을 기대하고 수업을 거부하는 이 같은 태도는 상황을 더욱 악화시킬 뿐더러 무슬림 이주민들에 대한 강경 우파 성향의 국가 정책만을 탓할 수만도 없는 것이다.

더군다나 대다수의 이주 무슬림들이 거주하는 도시 외곽지역은 낙후된 지역으로 이주민 2세들의 교육 성취도가 본질적으로 프랑스 본토인들이 다니는 다른 지역 학교에 비하여 좋지 않은 것은 당연한 것이다. 프랑스의 교육 정책상 우수한 교사들에게는 학교 선택의 우선권이 있으므로 대다수 이주 무슬림들의 주거지인 외곽 지역은 경험이 부족한 교사들이 배치된다.[49]

---

48 박단, 『프랑스의 문화전쟁-공화국과 이슬람』(서울: 책세상, 2005), 93-94.
49 Yvonne Yazbeck and Balz Haddad, Micheal J.(2006), 'The October Riots in France A Failed

통계에 의하면 북아프리카 출신의 이주 무슬림 2세 남학생들은 40%의 중퇴율을, 여학생들은 32%의 중퇴율로 집계되어 프랑스 본토 남학생 중퇴율 20%와 여학생 중퇴율 13%에 비하여 두 배 이상 높은 결과가 나왔다. 이 같은 결과는 교육 면에서 무슬림 2세대들이 소외되고 있다고 해석할 수 있다.[50]

IOM 이민 정책 연구원의 연구 보고서인 '이민 정책 해외 사례 연구: 다문화 정책의 최근 논의를 중심으로'에 의하면 프랑스의 경우 프랑스 정부가 긍정적 차별정책 시행에 있어서 지방자치단체를 활용하고 있으며 무슬림 이주민들의 고용을 지원하기 위하여 2004년부터 정부 당국과 지방자치단체가 협력하여 다양한 고용 지원 프로그램을 시행하고 있다고 한다.

2004년 정책으로는 '직업 전문화 계약'으로 16-25세 구직자 지원 프로그램을 시행하고 있고, 2005년에는 '사회적 생활 진입을 위한 계약 지원 프로그램'으로 교육 면에서 소외되고 고졸 출신으로 구직에 어려움을 겪는 18세-25세 이주 무슬림 2세 청년 구직자들에게 일일 최고 15유로 보조금을 지급하였다. 2006년에는 '지방 정부, 중앙 정부, 공공 병원 등 공무원 직업 체험프로그램 시행'을 통하여 직업 교육을 하는 기간에 직업 체험의 기회를 제공하였다.

2008년에는 '자립 계약 지원 프로그램 시행'으로 전국 35개도 중에서 우선 지역으로 선정된 곳에 거주하고 있는 16-25세 청년들의 구직 및 창업 지원을 위하여 매월 300유로씩 6개월간 보조금을 지급하였다. 그리고 2009년에는 '사회적 생활 진입을 위한 계약 지원 프로그램을 강화'하는 정책을 시행하였다.

Immigration Policy or the Empaire Strikes Back?, *International Migration*, vol. 44(2), 28.

[50] 정영태, '서구다문화 사회의 국제 이주민 정책과 실태,' 「한국학 연구」 제20집 (2009), 344.

또한 교육 정책으로 프랑스 정부는 1981년 7월부터 우선 교육 지역을 선정하고 낙제율이 높은 지역의 초등학교, 중학교, 고등학교에 교사 수를 증원하고 다른 학교에 비해 10-15%의 재정을 추가 지원하고 학교와 지역 실정에 맞는 프로그램의 독자적인 개발과 진행을 허락하였다. 이는 이주민 2세들의 학업 성취율과 졸업률을 높이고자 하는 목적에서 시행되었으며 1997년에는 우선 교육 지역의 확장 개념인 우선 교육망을 도입하였다.

우선 교육망이란 우선 교육 지역에서 한 단계 발전된 정책이라고 한다. 학업 성취도 파악을 통하여 학업 성공률을 높이는 것이 목적이며 소외 계층의 인구 집중화로 인한 일종의 게토화를 방지하고자 하는 목적으로 시행되었다고 한다. 그리고 2010년과 2011년에는 'Clair' 제도와 'Eclair' 제도를 시행하고 소외 지역 중 특별히 학업에 어려움을 겪는 325개의 중고등학교와 2,110개 초등학교에 재정적, 인적 지원을 강화하여 혁신적 교수법을 제시하면서 학업 성공률을 높일 수 있도록 힘썼다고 한다.[51]

그러나 결과적으로 이러한 무수한 정책들이 성과 없이 사회 문제는 증폭되고 폭동과 테러로 프랑스는 심각한 사회 문제에 직면해 있다. 이는 프랑스가 공화국 정신을 강조하면서 동화주의를 표방하고 다문화 사회로의 변화에 순응하지 못하고 있다는 비판을 면할 수 없을 것이다. 그러므로 엄밀히 말해 프랑스는 다문화주의의 실패가 아니라 동화주의의 실패로 보아야 한다.

---

51 신지원, 육주원, 김철효, 신예진, 박동혁, 레베카 위리엄스, 엘사 콜레스. "이민 정책 해외사례연구: 다문화 정책의 최근 논의를 중심으로." IOM 이민 정책 연구원 편. 「IOM 이민 정책 연구원 연구보고서」(No. 2011-08), 68-101.

2. 이주민 선교 : 선교적 제언

1) 성경의 이주민(Biblical Foundation)

구약성경에서 '이주민'을 직접적으로 지칭하는 단어는 없다. 외국인을 지칭하는 용어들 중 오늘날 '이주민'의 의미에 적합한 용어들은 다음과 같다.

첫째, '노크리'다. 이 단어의 히브리어 어원은 '나카르'며 '인식하다'라는 의미이다. 신명기(14:21, 15:3, 17:15, 23:21, 29:21)와 사사기(19:12)에서 매우 자주 쓰인 '노크리'라는 단어는 일시적으로 이스라엘에 체류하는 사람을 의미하며 한국어로 '외국인'으로 번역할 수 있다. 즉, '노크리'는 일시적으로 방문하는 외국인으로 이스라엘 사회에 동화할 목적이 없는 외국인을 의미한다.

둘째, '자르'이다. '자르'는 '노크리'와 유사하지만 부정적 의미를 내포하면서 '이상한, 다른, 불법의'라는 의미로 사용되어졌다. 당시 이스라엘과 불편한 관계였던 이집트나 바빌로니아 사람들을 지칭하면서 외국의 종교적 행위를 의미하기도 했다. '노크리'와 '자르'가 신명기 14:21처럼 평행 대구로 나타나기도 한다.

셋째, '게르'로 전쟁(삼하 4:3; 사 16:4)이나 기근(룻 1:1), 전염병 때문에 다른 곳에 삶의 터전을 잡고 살아가는 사람들로 결혼과 재산에 있어서 그리고 사법권의 권리가 축소되어 살아가는 사람들을 의미한다. 그러므로 '게르'는 레위기 25:47에 의하면 매우 가난하고 경제적으로 착취당한 사람들로 분류되어 있다. 70인역은 '게르'를 '개종자'로 번역하였다. 그리고 한국어로는 '나그네, 객, 우거하는 자'로 다양하게 번역되었다.

넷째, '토샤브'이다. 이는 '게르'와 유사하지만 특별히 사회적으로 착취당한 상태의 사람을 의미하는 단어로 '거류민'으로 번역되며 가나안 원주민들의 후손이나 그 지역에 사는 사람들을 의미한다.

정리하면 '외국인'을 지칭하는 단어는 네 가지이지만 '노크리'와 '자르'는 일시적으로 거주하는 외국인 또는 외국의 종교 관습이나 제의를 의미하고 '토사브'는 가나안 원주민과 관계된 단어이다. 그리고 '게르'는 자신의 출생 지역이나 다른 국가에서 이주하여 땅의 소유권이나 기타 권리를 제한당하면서 이스라엘 지역에 살고 있는 사람을 의미한다. 그러므로 현 시대에서 이주민에 가장 적합한 단어는 '게르'인데 이를 외국인 노동자로 국한하는 것이 아니라 국적의 한계를 넘어서 법적 보호나 법의 틀에서 이탈한 신용 불량자, 노숙자, 일용 노무자까지 포함하는 사회적 개념으로 이해하는 것이 합당하다.[52]

구약성경은 이주민들의 이야기이다. 유운종에 의하면 이주민 문제는 구약성경의 핵심 주제로 아브라함과 모세를 비롯하여 다윗에 이르기까지 이주민 선교에 교과서로 손색이 없다고 말하고 있다. 구약성경에서 이주민을 통하여 우리에게 주는 교훈은 인간은 누구나 하나님께 소망을 두고 하나님과 동행하는 이주민이라는 것이다.[53]

뿐만 아니라 신약성경은 초대교회 공동체가 이주민이 되어 디아스포라 교회를 세우고 복음 증거를 하였다. 사도 바울은 그러한 일련의 과정에서 발생하는 복음과 문화의 상황화에 있어서 계속적으로 도전하며 지금까지 세계 선교를 위한 모델을 제시해 주고 있다. 초기 기독교 선교의 혁명적인 성격은 공동체 내부의 새로운 관계들 가운데서 드러났다. 유대인과 로마

---

52 유운종, "구약성서에 나타난 이주민 신학," 박찬식, 정노화 편, 『다문화 사회와 이주민 선교』(서울: 기독교산업사회연구소, 2009), 153-155.
53 유운종, 172-173.

인, 헬라인과 야만인, 자유한 자와 노예, 부한 자와 가난한 자, 남성과 여성 등 서로가 새로운 공동체가 되어 형제, 자매가 되었다.

이러한 사회관계 형성은 일반 사회학적으로는 절대 불가한 일[54]이었음에도 불구하고 초대교회 공동체는 선교의 초기에 관계를 가장 중시하고 복음을 실천하는 공동체로 거듭났다. 그러므로 우리가 처한 이 땅이 우리의 영원한 본향이 아니고 누구나 이주민이므로 하나님의 백성은 자신들의 국가에 이주해온 이주민들을 이해하고 돌보며 본향인 하나님 나라를 향해 함께 길을 가는 동반자적 자세로 살아가야 할 것이다.

2) 다문화와 이주민 선교 (Theological Foundation)

다문화주의는 문화와 문화 간의 상호 간격을 좁혀서 하나로 통합하는 에큐메니즘의 요소가 존재한다. 다문화주의란 현대 사회의 세계화 특성에 부합하도록 정치적 문화적으로 평등한 입장에서 서로 다른 집단 문화를 포용할 수 있다는 믿음인 것이다. 캐나다 철학자 테일러(Taylor)는 문화적으로 다수의 집단이 소수의 집단을 동등한 가치를 가진 집단으로 인정하는 '승인의 정치'(Politics of Recognition)로 다문화주의를 정의하고 있다.[55]

다문화주의를 정의함에 있어서 '문화적 다원주의'(Cultural Pluralism)와 '문화 동화주의'(Cultural Assimilation)를 정의할 필요가 있다. '문화적 다원주의'라는 용어는 다문화주의가 활발하게 논의되기 이전 미국에서 사용되

---

[54] 데이비드 보쉬, 『변화하고 있는 선교』, 김병길, 장훈태 역 (서울: CLC, 2000), 64. 장훈태, "한국교회 외국인노동자 선교의 방향," 「복음과 선교」 제13집 (2010), 15-16에서 재인용.

[55] 한경구, '다문화사회란 무엇인가?,' 『다문화사회의 이해』 (서울: 동녘, 2008), 90. 조귀삼, '다문화 에큐메니즘 현상에 따른 문화충돌과 한국교회의 역할,' 「복음과 선교」 제13집 (2010), 80에서 재인용.

었던 개념으로 다양한 집단이 그들 고유의 문화를 유지하면서 공동 사회에 참여하는 것을 의미한다. 그리고 '문화 동화주의'라는 용어는 이주민이 토속민이 형성해 놓은 주류 사회의 지배적인 가치와 규범 속으로 들어가는 것이다. 이때 문화적 영향은 일방적인 것이고 쌍방적인 것이 아니다.

'문화 동화'적 측면에서도 일방적인 동화와 자발적인 동화로 구분되어 설명이 가능하다. 이 경우 결과적으로 이주민은 문화 탈락 현상을 경험하거나 문화적 용광로(Melting Pot) 현상을 체험하게 된다. 강력한 본토 문화가 약소한 이주민의 문화를 삼켜 녹여서 소수인 이주민의 문화는 녹아서 소멸된다는 것이다.[56] 프랑스의 경우는 위에서 살펴본 바와 같이 '문화 동화주의'를 추구하고 이주 무슬림들에게 용광로에 녹아주기를 기대하는 국가 정책을 펼쳐온 것이다. '자유, 평등, 박애'를 내세우고 있지만 현실은 이주 무슬림들에 대한 반감과 강경 정책으로 다문화 상태가 아닌 동화 상태를 추구하고자 했다는 것이다.

그러나 분명한 것은 구약과 신약의 이주민 관련 구절들과 사도 바울을 비롯한 초대교회 공동체가 보여준 예수 그리스도의 복음, 선교 역사는 절대적인 동화주의가 아니라 다문화 주의로 시편의 구절들을 통하여 열방이 그리스도의 복음을 듣고 구원받을 수 있도록 하는 것이 하나님의 뜻임을 분명히 한다. 그러므로 프랑스 이주 무슬림 선교를 위하여 기독교 공동체는 서로 다름을 인정하며 문화적 다양성을 포용하는 선교 정책을 펼쳐야 할 것이다.

복음을 전하는 과정에서 복음의 본질이 훼손되지 않는 비판적 상황화 과정을 거쳐 이주 무슬림들이 그리스도의 사랑으로 회복될 수 있도록 복음의 통로가 되어야 한다. 앞서 살펴본 바와 같이 프랑스 정부와 민간단체들은 갖가지 정책을 통하여 이주 무슬림들을 프랑스 사회에 정착시키려

---

56 한경구, 91-94. 조귀삼, 80-81에서 재인용.

고 노력하였다. 그러나 정교 분리의 원칙하에 공화주의 정책을 펼치면서 프랑스가 가장 크게 간과한 것은 북아프리카에서 이주해온 이주민 가족을 진정 그들의 가족과 형제로 받아들이지 않았다는 것이다.

초대교회 공동체가 그랬듯이 헬라인이나 유대인이나 다른 문화적 배경과 다른 종교적 배경을 가졌다 할지라도 복음이 증거되고 기독교인이 되면 초대교회는 그들을 형제와 자매로 인정하고 친밀한 관계 형성을 도모하였다.

그러므로 프랑스 이주 무슬림 2세들의 폭동과 테러를 직면할 때 우리는 그들 가운데 진정한 사랑이 없었음을 발견한다. 사회 복지 제도와 갖가지 교육 정책을 통하여 프랑스 정부가 제도적 장치를 감행하였으나 그들을 향한 차가운 시선과 멸시는 이주 무슬림 2세들이 반사회적 성향을 가지고 성장하도록 만들었다. 이에 선교적 관점에서 진정성을 가지고 긍휼히 여기는 긍휼 사역과 치유 사역을 병행하고 친밀한 관계를 형성한다면 프랑스 이주 무슬림을 향한 복음 증거가 가능할 것으로 확신한다.

무엇보다도 교회는 프랑스 정부의 정책과 달리 북아프리카 마그레브 지역에서 이주해 온 이주민들의 정체성을 인격적으로 인정하는 것이 필요하다. 프랑스 이주민 정책의 실패는 알제리, 모로코, 튀니지 등지에서 유입되어온 이주 무슬림들의 정체성을 인격적으로 인정하지 않았기 때문에 결정적으로 2세들에 의하여 심한 갈등이 표출되고 폭동으로 이어진 것이다. 이주민들의 정체성을 인격적으로 인정하는 것은 그들의 종교인 이슬람교를 인정하는 것과는 다른 차원의 문제이다.

성경을 통하여 예수 그리스도는 무수히 많은 죄인들을 대하실 때 그들의 죄를 용인해서가 아니라 그들을 향한 사랑으로 한 사람씩 인격적으로 대우하시며 성육신적 사역의 모범을 보여주셨다. 한마디로 소통의 문제인 것이다. 요한복음 4장에서 예수 그리스도는 성공적으로 수가성의 사마리아 여인에게 복음을 증거 하셨다. 유대인이 꺼리는 사마리아 이방 여인에게 더군다나 부정한 여인이었던 그녀가 예수 그리스도를 만나 새로운 생명을 얻고 삶이 변화되었다.

우리는 요한복음 4장에서 복음을 전하시는 예수 그리스도의 소통의 방법을 면밀히 상고해야 할 필요가 있다. 예수 그리스도는 먼저 수가성 여인의 정체성을 있는 그대로 받아들이셨고 필요를 아셨고 그 여인의 가장 수치스러운 부분을 가장 인격적으로 드러내시고 스스로 예수 그리스도를 구세주로 고백하게 하셨다. 예수 그리스도의 소통은 인격적인 소통이었으며 일방적인 전달이 아닌 상호 교감이 있는 대화를 통한 소통이었다.

프랑스는 다른 이웃 유럽 국가보다 공화주의라는 미명하에 더욱 강경한 민족주의를 수호해왔다. 이는 프랑스의 동화주의적 이민 정책과 사르코지를 통해 극명해지는 사실이다. 프랑스는 이주 무슬림의 종교인 이슬람을 혐오한 나머지 이주 무슬림들의 인격과 인간성을 경시하였다. 국가적으로 다양한 교육 정책과 복지 정책을 수행하였다 하여도 프랑스 정부의 다양한 이주민 정책은 영혼 없는 사회 제도로 진정 이주 무슬림들을 그들 사회의 일원으로 받아들이기를 꺼려했다.

이주민 거주 밀집 지역을 제도적으로 마련하여 게토화 한 것을 통하여 프랑스 정부는 폭동이라는 상당한 대가를 치렀다. 그럼에도 불구하고 전 유럽의 이슬람 테러 확산과 더불어서 사르코지는 2017년 대선을 향해 더욱 강경 정책을 제시하고 있다.

그러므로 지금 프랑스를 위하여 교회는 일어나 소외되고 상처받은 이주 무슬림들에게 다가가서 진정한 교감과 사랑으로 복음을 증거 해야 한다. 예수 그리스도의 본을 받아 이주 무슬림들의 필요에 민감하게 반응하면서 그들의 정체성을 존중하고 그들 스스로 자신들을 구원이 필요한 자로 받아들이도록 소통해야 한다. 지금 프랑스의 이주 무슬림들은 진정한 소통을 갈구하고 있다.

결론적으로 '뵈르'는 마그레브 출신의 제2세대를 지칭하는 용어로 사회적, 공식적으로 사용되고 있다. 마그레브 지역에서 대거 프랑스로 유입된 '뵈르'는 프랑스인의 정체성 문제에 화두가 되었고, 프랑스식 '라이시테'적 입장은 종교와 공적 생활의 분립을 '뵈르'에게 요구하였으며 좌파적 성향은 프랑스 사회에서 통합을 우선적 가치로 두고 프랑스 정부나 사회가 동화주의적 입장에서 이주 무슬림들의 문제를 다루어야 한다고 주장하고 우파적 성향의 사람들은 '사르코지'를 비롯하여 이주 무슬림들을 배격하고 사회적 문제아로 낙인을 찍었다. 시간이 흐를수록 이주민들과 프랑스 본토인들 사이의 갈등은 심화되어 왔고 프랑스 정부가 주장하는 동화주의적 입장은 실패했다고 볼 수 있다.

이주민 2세들의 교육 문제와 실업률은 범죄율로 이어졌고 차별로 인한 인간 존엄성 말살을 폭동으로 이어져 프랑스 정부는 엄청난 대가를 치뤄야만 했으면 2015년에는 이주 무슬림 2세들이 주동하여 'IS'라는 이슬람 근본주의 과격파에 편승하여 초유래적인 테러를 감행하였다.

그럼에도 불구하고 프랑스는 기존의 동화주의적 입장을 철폐할 의지를 보이지 않고 공화주의와 정교분리 '라이시테' 정책을 앞세우면서 더욱 강경한 이주민 정책을 일관하고 있다. 과거의 양상과 달리 이주민 정책은 '부르카 금지' 법안의 통과에서도 볼 수 있듯이 표현의 자유와 인권의 범주를 넘어 국가 안보 문제로 확대되었다. 또한 계속되는 이슬람 과격파들의 테러로 인하여 '이슬람 포비아' 현상이 만연해 지면서 프랑스 이주민 정책은 이슬람 대테러 정책과 맥을 같이 하게 되었다. 한마디로 모든 이주 무슬림 2세들이 잠재적 테러리스트로 간주되는 양상이다.

연구자는 이와 같은 프랑스의 이주 무슬림 정착 문제와 사회적 갈등에 대한 기독교 선교적 제안으로 예수 그리스도의 소통의 방법을 요한복음 4장 수가성 여인의 변화에 근거하여 제시하였다. 이주 무슬림들의 인격적인 민족 정체성 인정과 더불어 동화주의가 아닌 다문화주의로 전향할 것을 이야기하고 있다. 이는 이슬람 종교를 인정하는 문제와 맥을 달리하는 것이다.

　수가성 여인과 인격적 대화로 소통하시고 영혼의 교감을 성공적으로 이루신 예수 그리스도처럼 제도적 장치가 아닌 인격적 소통이 프랑스 이주민과 프랑스 정부 간에 필요하다는 것이다. 또한 이러한 소통이야말로 복음 선교 전략이 될 것이다. 예수 그리스도가 겸손히 성육신적 사역의 모범을 보이신 것처럼 교회는 무슬림 이주민들의 필요에 민감하게 반응하고 영혼으로 진정한 소통을 이루어 그들 스스로가 예수 그리스도의 구세주 되심을 인정케 하는 것이다.

참고 문헌

1. 국외 문서

Achilli, Luigi. *Syrian refugees in Jordan: A reality check*. Florence: MPC, 2015.

Amnesty International. *Choice and Prejudice: Discrimination against Muslims in Europe*. London: Amnesty International, April 2012.

Andre, Maurice et Finck, Edmond et al, *Histoiren de la laicite*. Paris: Editions PEMF, 1999.

Bethge, Eberhard. 'Foreword,' in: Dietrich Bonhoeffer, *The Communion of Saints: A Dogmatic Inquiry into the Sociology of the Church*, E.T. New York: Harper, 1963.

Bidinger, Sarah, Lang, Aaron, Hites, Danielle, Kuzmova, Yoana Noureddine, Elena, & Akram, Susan. *Protecting Syrian Refugees: Laws, Policies and Global Responsibility Sharing*. Boston: International Human Rights Clinic. 2014.

Borrel, Catherine and Betrand Lhommeau. 'Etre ne en France d'un parent immigre.'*Insee Premiere*, n 1287. (INSEE: 2010).

Bryant L. Myers. Humanitarian Response: Christians in Response to Uprooted People. *Holistic Mission*. Occasional Paper NO. 33. Pattaya. Thailand, September 29 to October 4. 2004.

CARE Jordan. *Five years into exile*. Amman: CARE International, 2015.

Centre d'analyse strategique. Les "Violences Urbaines" de l'automne 2005-Evenements, acteurs: dynamiques etinteractions. *Essai de synthese*. Paris: Premier Ministre, 2007.

Duprez, Dominique. "Urban rioting as an indicator of crisis in the integration model for ethnic minority youth in France." *Journal of Ethnic and Migration Studies*, Vol. 35, no. 5 (2009).

EUMC. Migrants, Minorities and Employment: Exclusion, *Discrimination and Anti-Discrimination in 15 Member States of the European Union*. (2003).

Groskop, Viv. "France – Quand la burqa criminalise le masque de Zorro." *Courrier Inter-*

national. le 12 April, 2011.

Haarscher, Guy. La Laicite, Que sais-Je? N.3129. Paris: PUF, 2004.

Haddad, Yvonne Yazbeck and Balz, Micheal J. "The October Riots in France A Failed Immigration Policy or the Empaire Strikes Back?" *International Migration*. Vol. 44(2) (2006). 23-34.

ILO, *ILO response to the Syrian refugee crisis in Jordan and Lebanon*. Beirut: ILO, 2014b.

ILO. *Assessment of the Impact of Syrian Refugees in Lebanon and their Employment Profile*. Beirut: ILO. 2014a.

Johnson, Alan. "Analyzing the Frontier Mission Movement and Unreached People Thinking," *IJFM*, 18:2, Summer, 2001.

Maillot, Agnes. *Identite nationale et Immigration*. Paris: Les Carnets de l;info, 2008.

Noiriel, Gerard. *A quoi sert l'identite nationale*. Paris: Agone, 2007.

Orhan, Oytun. *The situation of Syrian Refugees in the Neighboring Countries: Findings, Conclusions and Recommendations*. Ankara: Turkey ORSAM. 2014.

Schneider, Cathy Lisa. "Police Power and Race Riots in Paris." *Politics Society*, Vol. 36 (2008).

Thibos, Cameron. *One Million Syrians in Lebanon: A Milestone Quickly Passed*. Florence: MPC. 2014.

UNHCR., *Syrian Refugees Living Outside Camps in Jordan*. Amman: UNHCR Jordan Operation, 2014

UNICEF & ILO, *Tackling Child Labour among Syrian Refugees and Their Host Communities in Lebanon* (ILO, 2015).

Van Gelder, Craig. *The Essence of the Church*. Grand Rapids: Baker Books, 2000.

Vasileva, Katya. "Population and social conditions." *Eurostat. statistics in focus*. 34 (2011).

Waddington, David and Mike King. "Identifying Common Causes of UK and French Riots Occuring Since the 1980s." *The Howard Journal*, Vol. 48, no. 3 (2009).

Wenden, Catherine Wihtol de. "Urban Riots in France," *SAIS Review of International Affairs*, Vol. 26, no. 2 (2006).

2. 국내 문서

KOTRA 2015. '터키 내 시리아 이민자의 개업 40배 증가.' KOTRA 터키 이스탄불 무역관.

Peter Vimalasekaren. 『난민 선교에 대한 성경적 근거 및 유럽 지역에서의 난민 사역』.

Rupen Das. '난민 사역의 기초와 철학' 『난민을 생각하며, 2015년 암만 난민 사역 써 미트 자료집』. 서울: 이슬람 파트너십, 2015.

고상두, 기주옥. '프랑스 이민자 폭동의 배경요인: 독일과의 비교.' 「세계지역연구논 총」 제32집 제3호 (2014). 90-110.

고영민. 『히브리어·헬라어 원문 번역 주석 성경』. 서울: 쿰란출판사, 2015.

김경대. '그룹해외 단기 선교의 효율적 방안 연구 - 캐나다 헤밀턴 한인 장로 교회를 중심으로.' 선교학박사학위논문, 영남대학교 신학대학원, 2004.

김광성. '로잔운동이 제시한 총체적 선교 관점에서 바라본 대한민국 교회의 난민 사역 고찰.' 『복음과 선교』 35 (2016): 13-46.

김세진. '한국사회는 난민을 어떻게 바라보는가.' 「기독교 사상」 708 (2017): 37-46.

김승민. '프랑스 이민자 소요 사태의 발발 원인 분석.' 「한국프랑스학논집」 제74집 (2011). 265-282.

김승민. '프랑스의 이슬람포비아 확산 원인.' 「세계지역연구논총」 제31집 제3호 (2013). 196-223.

김요완, 이수연, 권구순. '요르단 자타리 난민 캠프의 시리아 아동 청소년 정신건강 실 태.' 「상담학연구」 제17권 제4호 (2016).

김용찬. '영국과 프랑스 이주민의 정치적 권리에 관한 연구.' 「한국정당학회보」 제10 권 제1호 (통권18호) (2011). 201-230.

김종철. '난민관련 한국 법 규정과 판례의 비판적 분석: 1951년 난민의 지위에 관한 협 약 제1조 A(2)와 관련하여.' 석사학위논문, 고려대학교 법학대학원, 2015.

김중관. '터키의 대 시리아 난민 정책 분석.' 「민족연구」 제68호 (2016).

로잔운동. 최형근 역. 『케이프타운 서약』. 서울: 한국기독학생회출판부, 2014.

박단. 『프랑스 공화국과 이방인들』. 서울: 서강대학교 출판부, 2013.

박단. 『프랑스의 문화전쟁-공화국과 이슬람』. 서울: 책세상, 2005.

박선희. "프랑스 이민 정책과 사르코지: 2002-2008년." 「국제정치논총」 제50집 2호

(2010). 193-211.

백신종. 『한권으로 끝내는 단기선교 퍼스펙티브 : 단기선교에 나타난 하나님의 섭리』. 서울 : 도서출판두날개, 2008.

보쉬, 데이비드. 『변화하고 있는 선교』. 김병길, 장훈태 역. 서울: CLC, 2000.

성남용. '난민 사역의 기초와 철학.' 『난민을 생각하며, 2015년 암만 난민 사역 써미트 자료집』. 서울: 이슬람 파트너십, 2015.

성남용. '한국인의 입장에서 해석한 난민 사역에 관한 성경적 관점.' 「난민을 생각하며, 2015년 암만 난민 사역 써미트 자료집」. (2015).

소윤정, 정병훈. "레바논의 한인 선교사 시리아 난민 사역 현황과 선교적 전망.' 「복음과 선교」 제40집 (2017).

소윤정. '유럽 이주 무슬림 정착 문제와 기독교 선교.' 「성경과 신학」 78 (2016), 241-279.

소윤정. '유럽 이주 무슬림 정착문제와 기독교 선교: 프랑스를 중심으로.' 「성경과 신학」 78 (2016): 241-279.

신지원, 육주원, 김철효, 신예진, 박동혁, 레베카 위리엄스, 엘사 콜레스. "이민 정책 해외사례연구: 다문화 정책의 최근 논의를 중심으로." IOM 이민 정책 연구원 편. 「IOM 이민 정책 연구원 연구보고서」(No. 2011-08).

아세아연합신학대학교 세계지역연구소 아랍문화연구원 편. 『ACTS 이슬람 포럼』. 경기: 올리브나무, 2015. 1-240. <2013 요르단 편>

안정국. '레바논 무슬림의 일부다처 현상에 관한 연구.' 「한국중동학회논총」 제27권 제2호 (2007).

유선희. '보통 사람으로 살고 싶습니다; 아담 이야기.' 「새 가정」 (2018): 82-86.

유운종. '구약성서에 나타난 이주민 신학.' 박찬식, 정노화 편. 「다문화 사회와 이주민 선교」. 서울: 기독교산업사회연구소, 2009.

유운종. '구약성서에 나타난 이주민 신학.' 소윤정. 「성경과 신학」. 78 (2016): 267에서 재인용

이 일, '한국 내 무슬림 난민의 현황, 난민제도의 이해 및 한국 기독교 교회의 과제," 「한국이슬람연구소」 9 (2016): 79-103.

이병수. '난민 선교와 총체적 선교.' 「남서울 은혜교회 난민 선교 학교 강의안 발췌」. 2017.

이호택. '난민보호의 관점에서 본 망명권 신설의 위험성; 난민법의 취약점과 유럽의 난민사태가 주는 시사점.'「외국인 기본권 확대 개헌안의 문제점에 관한 포럼에서 발췌」(2018): 14-29.

장훈태. '한국교회 외국인노동자 선교의 방향.'「복음과 선교」제13집 (2010), 11-45.

정영태. '서구다문화 사회의 국제 이주민 정책과 실태.'「한국학 연구」제20집 (2009). 311-374.

정은배. '이슬람 공동체 '움마'와 기독교 공동체 '교회'의 정체성 연구"「복음과 선교」 41 (2018): 233-286.

정중호. '고대 이스라엘 사회의 게르에 관한 연구.'「한국사회과학연구」23 (2004): 511-525.

정혜경, 조희선. '아랍의 봄' 이후 시리아 난민에 관한 연구 – 주변 중동 국가로의 유입을 중심으로 -.'「지중해지역연구」제18권 제3호 (2016).

정홍호.『복음과 상황화』. 서울: CLC, 2004.

조귀삼. '다문화 에큐메니즘 현상에 따른 문화충돌과 한국교회의 역할.'「복음과 선교」제13집 (2010). 77-104.

조호중.『단기선교길라잡이』. 서울: 요단출판사, 2004.

조희선. '영국, 프랑스, 독일 무슬림의 이주와 정착 및 갈등에 관한 연구: 한국 이주 무슬림과의 비교를 위하여.'「韓國中東學會論叢」第31-1號 (2010). 105-149.

찰스 E 벤 엥겐.『하나님의 선교적 교회』. 임윤택 역. 서울: CLC, 2014.

크리스토퍼 라이트.『하나님 백성의 선교』(The mission of God''s people), 한화룡 역. 서울: IVP, 2012.

하경택. '구약성서의 관점에서 본 다문화 사회와 대응방안, <노크라>와 <게르>에 대한 이해를 중심으로.'「장신논단」39 (2010): 61-88.

한경구. '다문화사회란 무엇인가?.'『다문화사회의 이해』. 서울: 동녘, 2008.

한국위기관리재단.『단기봉사팀 위기관리 핸드북』. 서울: 한국위기관리재단출판부, 2017.

한충희, '전 세계 난민 상황과 정책.'「한국이슬람연구소」9 (2016): 53-77.

3. 인터넷자료

http://www.yonhapnews.co.kr/bulletin/2018/02/07/0200000000AKR20180207004800079.HTML?input=1179m, 연합뉴스, 2018년 2월 7일 자, 2018년 2월 15일 접속.

http://dic.daum.net/word/view.do?wordid=kkw000045863&supid=kku000059132, Daum 국어사전, 2018년 2월 11일 접속.

http://m.yna.co.kr/kr/contents/?cid=AKR20170330190700088&mobile, 연합뉴스 2017.03.30, 2017년 11월 19일 접속.

http://news1.kr/articles/?3145305, 뉴스1, 2017년 11월 7일 자, 2018년 2월 15일 접속.

http://wspaper.org/article/19728.html, 김어진, "트럼프의 예루살렘 도발이 한창인데… 이 와중에 레바논 동명부대 파병 연장?!," 노동자 연대, 2017. 12. 07일 자. 2018년 2월 14일 접속.

http://www.hankookilbo.com/v/42d616205a98456295ac1a8e0af3be65, 한국일보 2018년 2월 11일 자, 2018년 2월 11일 접속.

http://www.sedaily.com/NewsView/1RVOTMPWYW, "트럼프 경고에 꼬리내린 이스라엘," 서울경제, 2018년 2월 13일 자, 2018년 2월 15일 접속.

http://www.unhcr.or.kr/unhcr/program/board/detail.jsp?mode=detail&boardTypeID=10&boardID=3238&boardTypeDivision=0&menuID=001006001003&boardCategory=%EB%B3%B4%EB%8F%84%EC%9E%90%EB%A3%8C, 2018년 2월 10일 접속.

http://www.yonhapnews.co.kr/bulletin/2018/02/07/0200000000AKR20180207205100108.HTML?input=1179m, 2018년 2월 7일 연합뉴스, 2018년 2월 12일 접속.

http://www.yonhapnews.co.kr/bulletin/2018/02/12/0200000000AKR20180212179600109.HTML?input=1179m, 2018년 2월 12일 연합뉴스. 2018년 2월 12일 접속.

https://ko.wikipedia.org/wiki/%EC%8B%9C%EB%A6%AC%EC%95%84_%EB%82%B4%EC%A0%84%EC%9D%98_%EB%82%9C%EB%AF%BC, 2018년 2월 10일

접속.

http://m.yna.co.kr/kr/contents/?cid=AKR20170330190700088&mobile, 2017.11.19. 접속.

http://www.fmreview.org/sites/fmr/files/FMRdownloads/en/FMRpdfs/Iraq/15.pdf, 2017.10.13 접속.

http://docs.unocha.org/sites/dms/Syria/, 2017.10.7. 접속.

http://www.unocha.org/syrian-arab-republic/syria-country-profile/lebanon-country-office, 2017.3.25. 접속.

https://www.hrw.org/report/2016/07/19/growing-without-education/barriers-education-syrian-refugee-children-lebanon, 2017.3.25. 접속.

https://www.lausanne.org/content/manifesto/the-manila-manifesto, 2017.10.8. 접속

https://www.lausanne.org/content/manifesto/the-manila-manifesto, 2017.10.8. 접속

https://www.lausanne.org/ko/content-ko/ctc-ko/ctcommitment-ko#P2-3, 2017.10.8. 접속.

https://www.lausanne.org/content/lop/lop-5#3. 3. Biblical Mandate , 2017.10.8. 접속

https://ko.wikipedia.org/wiki/레바논, 2017. 10.14 접속.

https://ko.wikipedia.org/wiki/마론파.

http://www.christiantoday.co.kr/news/294751, 2017. 10. 14. 접속.

http://www.unocha.org/syrian-arab-republic/syria-country-profile/lebanon-country-office, 2017. 10. 14. 접속.

http://www.middleeasteye.net/columns/lack-legal-status-syrians-biggest-nightmare-lebanon- 65115956, 2017.10.17. 접속.

http://www.moj.go.kr/HP/COM/bbs_03/BoardList.do?strOrgGbnCd=100000&strRtnURL=MOJ_30200000&strFilePath=moj/&strNbodCd=noti0005, 법무부 보도자료 2018.6.5. 접속.

https://ko.wikisource.org/wiki/%EB%82%9C%EB%AF%BC%EB%B2%95, 2018.6.5. 접속.

http://www.immigration.go.kr/HP/TIMM/index.do?strOrgGbnCd=104000, 2018.6.5. 접속.

http://www.yonhapnews.co.kr/bulletin/2018/05/31/0200000000A

KR20180531051600371.HTML, 2018.6.5. 접속.

http://news.khan.co.kr/kh_news/khan_art_view.html?artid=201806062221005&code=620117, 2018.6.10. 접속.

https://www.lausanne.org/content/lop/lop-57, 2018.10.1. 접속.

https://www.lausanne.org/content/lop/lop-56, 2018.10.1. 접속

https://www.unhcr.or.kr/unhcr/program/board/detail.jsp?menuID=001006001003&boardTypeID=10&boardID=14228&searchSelect=&keyWord=&currentPage=1&finishIsYN=&boardCategory=%EB%B3%B4%EB%8F%84%EC%9E%90%EB%A3%8C&mode=detail, 2018.6.14. 접속.

http://news.naver.com/main/ranking/read.nhn?mid=etc&sid1=111&rankingType=popular_day&oid=020&aid=0003112359&date=20171202&type=1&rankingSeq=5&rankingSectionId=102, 2018.6.10. 접속.

http://www.newshankuk.com/news/content.asp?fs=1&ss=3&news_idx=201707210905491315, 2018.6.10. 접속.

http://v.media.daum.net/v/20180620095418743, 2018.6.20. 접속.

http://news.kmib.co.kr/article/view.asp?arcid=0923968297&code=23111111&cp=nv, 2018.6.21. 접속.

http://www.kidok.com/news/articleView.html?idxno=101606, 2018.6.10. 접속.

http://100.daum.net/encyclopedia/view/47XXXXXXXX91, 2016년 1월 14일 접속.

http://www.yonhapnews.co.kr/bulletin/2015/12/10/0200000000AKR20151210005200081.HTML?input=1179m, 2016년 1월 14일 접속.

http://www.ytn.co.kr/_ln/0104_201601190158543504, 2016년 1월 19일 접속.

http://www.newsis.com/ar_detail/view.html?ar_id=NISX20151226_0010499718&cID=10101&pID=10100, 2016년 1월 19일 접속.

http://www.yonhapnews.co.kr/bulletin/2016/01/26/0200000000AKR20160126147100009.HTML?input=1179m, 2016년 1월 26일 접속.

http://www.yonhapnews.co.kr/bulletin/2015/11/22/0200000000AKR20151122014200009.HTML?input=1179m, 2016년 1월 19일 접속.

http://news1.kr/articles/?2487556, 2016년 1월 20일 접속.

https://ko.wikipedia.org/wiki/%EB%8B%88%EC%BD%9C%EB%9D%B-C_%EC%82%AC%EB%A5%B4%EC%BD%94%EC%A7%80, 위키백과, 2016년 1월 19일 접속.

http://www.hani.co.kr/arti/international/europe/719405.html, 2016년 1월 27일 접속.

http://www.sisunnews.co.kr/news/articleView.html?idxno=28709, 2016년 1월 27일 접속.

https://en.wikipedia.org/wiki/Beur, 2016년 1월 20일 접속.

http://ko.mythology.wikia.com/wiki/%EB%9D%B-C%EC%9D%B4%EC%8B%9C%ED%85%8C?veaction=edit, 2016년 1월 21일 접속.

http://en.wikipedia.org/wiki/Islam_in_france, 2010년 2월 22일 접속.

http://www.yonhapnews.co.kr/bulletin/2015/10/28/0200000000AKR20151028212000081.HTML?input=1179m, 2016년 1월 28일 접속.

4. 기타

2013년 6월 24일 자타리 캠프에서의 인터뷰.

부록[1]

1. 내가 본 난민 – 서정복(요르단 자타리 캠프, 2013)

여러분들이 잘 알고 있듯이 요르단의 난민 캠프는 시리아 내전으로 발생하였으며, 2011년 3월 독재자 바샤르 알아사드 대통령의 퇴출을 요구하는 반정부 시위에서 시작돼 수니파-시아파 간 종파 갈등과 주변 아랍국 및 서방 등 국제 사회가 개입했으며, 미국과 러시아의 국제적 대리전으로 비화 되며 수년째 계속 내전 중에 있다. 따라서 자타리의 난민촌은 시리아의 내전으로 발생한 국제적인 난민 캠프이다.

2013년 요르단 ACTS 아랍 문화 연구 요르단 포럼에 멤버로 참석하여 자타리 캠프를 방문하였다. 우리가 방문한 시기는 6월 중순이었는데, 밖에 날씨가 40도를 넘나드는 뜨거운 날씨였다. 캠프에 도착하는 과정에 긴장감이 있었으며, 캠프 규모에 일단 놀랐다. 우리가 사무실에 도착했는데 경찰들이 난민들에게 공포탄을 쏘면서 강경 진압을 하는 장면이 목격되었다. 요르단은 국가가 난민을 철저히 통제하고 있었으며, 원인은 난민들에게 식량과 물을 충분히 공급받지 못하는 것에 대한 항의라고 했다.

자타리 난민촌 안에 초등학교를 방문하였다. 그 학교는 바레인이 세운

---

[1] 본서의 내용이 무슬림 난민 선교에 관한 것으로 2013년부터 2019년까지 시리아 난민 해외 봉사 활동에 참여했던 학생들의 몇몇 수기를 부록으로 첨부하여 참여자들의 이야기를 나누고자 한다. 이에 수기를 작성한 학생들의 동의를 얻어 수록하는 바이다.

학교이다. 그런데 시설과 교육 프로그램이 열악했으며, 학생들의 활기가 없어 보였다. 그나마 그 학교에 수용되지 못한 학생은 식량문제로 돈을 벌기 위해 캠프 내에서 과자나 껌을 팔고 있었으며, 우리가 지나가는 동안 창문을 두드렸다.

시리아 내전으로 2013년에도 계속 난민이 요르단에 유입이 되고 있었으며, 요르단의 국가적 문제로 대두되어 정치적 민감한 문제로 여기고 있었다. 우리는 인근 마프락시에 있는 얼라이언스교회를 방문하였다. 그 교회는 비잔틴 시대부터 있었다고 했다. 이슬람 국가에 교회가 난민을 돕는 모습으로 보고 많은 생각을 했다. 그 교회는 미처 자타리 캠프에 들어가지 못한 여성들을 주로 보호하고 있었으며, 난민 등록과 아이들을 돌보고 있었다. 검은 부르카를 쓴 여성들의 긴장 된 모습으로 이방인 우리들을 바라보던 모습이 떠오른다.

요르단은 물 부족 국가이다. 급격히 늘어나는 난민들로 인해 암만이나 높은 지대에 있는 지역은 일주일에 1회만 물이 나오고 각 가정에서는 물을 저장하여 사용하고 있었다. 일단 난민촌을 보고 느낀 것은 생각보다 큰 규모에 놀랐다. 열악한 환경, 사람들의 포기한 듯한 얼굴, 어린아이들의 헐벗은 모습, 교육, 육아 문제, 종교적 갈등과 공포 등, 많은 문제에 직면함을 보았다. 그런데도 그 환경을 극복하고 봉사하는 UN 직원과 봉사자들이 열심히 하는 모습을 보고 큰 감명을 받았다.

나는 1950년대 생으로 우리나라의 6.25의 참상과 흔적을 조금은 기억하고 있는 사람이다. 전쟁과 내전이 얼마나 비참한 인격, 환경을 제공하는지 조금은 알고 있기 때문에 그 현장은 참으로 비극적인 모습으로 와 닿았다. 어렸을 때 동네에 전쟁고아를 수용하던 곳이 있었고, 팔, 다리를 잃은 상의 용사, 군인들을 보고 무서워 도망을 다니던 시절 생각이 났다.

자타리에 도움을 주기 위해 우리나라 기업, 교회의 후원이 있는 것을 보았고 이슬람 국가에서 현지 교회와 난민들을 대상으로 보호와 선교를 하는 모습을 보았다. 이들은 복음에 대한 수용성이 좋다는 이야기를 들었다. 한국교회가 난민촌에 직접 도움을 주어도 좋겠으나, 현지 교회와 교류를 통해 지원하고, 현지 선교사와 네트워크를 이용하는 것이 좋다고 생각된다. 중동의 평화는 가능한가?

이런 질문을 받는다면, 하나님만이 아실 것이라는 생각이다. 그렇다고 우리가 아무것도 안 해도 된다는 것이 아니라, 우리는 기독교인의 입장에서 인권과 선교 차원에서 교회의 관심을 기대하고 기도해야 한다고 생각한다.

2. 내가 본 난민 - 이신영 (터키, 2016)

터키는 시리아 난민을 가장 많이 수용한 국가이다. 2015년도부터 2016년도까지 1년간 터키 이스탄불에서의 생활 가운데 만난 터키 속의 난민에 대하여 소개해 보려 한다. 터키 지역에서도 특별히 이스탄불에 난민들이 가장 많이 몰려 있다. 이스탄불 외에 수도인 앙카라, 안탈리야, 콘야, 부르사 등 다른 지역도 방문해 보았지만, 난민들은 거의 없었고, 직접 경험한 난민은 대부분 이스탄불에 집중되어 있었다.

이스탄불에는 길거리에 거의 10m에 한 명꼴로 난민이 앉아있었다. 거리에 앉아있는 난민의 대부분은 니캅을 쓴 여성과 아이들이었다. 아이들은, 엄마의 품에 안겨서 잠을 자고 있거나, 구걸을 하면서 다녔다. 이스탄불에 도착하고, 거리에 나갔을 때 제일 먼저 마주했던 것은, 시리아 난민 아이들이었다. 아이들은 외국인인 나를 따라다니며, '비르 리라'(리라는 터키의 화폐 단위로서, 우리나라의 300원 정도의 값이다. bir는 1이라는 뜻이다)를 달라며 손을 내밀고 쫓아왔다. 동전 하나를 얻기 위해, 아이들은 사람들을 쫓아다니며 구걸을 했다. 터키어로 말을 시켜도 잘 모르는 것을 보니, '비르리라' 외에는 터키 말을 잘할 줄 모르는 것 같았다.

터키 사람들은, 이런 난민들을 못 본 척 하거나, 버스에 올라타서 구걸하는 아이들을 보고 꾸짖기도 했다. 실제로, 터키 친구와 함께 걷다가, 외국인인 나에게 돈을 달라며 구걸하는 난민 아이에게, 친구가 소리를 지르고 혼내는 모습을 보기도 했다. 더욱 충격적이었던 것은, 비가 와도 터키 난민들은 비를 피할 곳이 없어서, 거리에서 그대로 비를 맞으며 앉아있었다. 그러다, 어느 날에는 아이를 안고 비를 맞고 있는 시리아 난민의 여성이 너무 안타까워서 우산을 주고 온 기억이 있다.

터키에 있으면서, 선교사님께서 터키에서 가장 궁금한 이슈를 골라 연구해오는 과제를 주셨다. 그때, 난민에 대한 궁금증이 있어 직접 조사했던 조사 기록을 달아보았다.

난민들에 대한 터키인들의 의식 (2016년도 직접 조사)

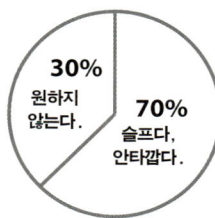

Q. 터키에 있는 시리아 난민들에 대해 어떻게 생각하는가?

70%의 친구들은, 슬프고, 안타깝게 느끼며 도와주어야 한다고 대답했습니다.

30%의 친구들은, 그들을 원하지 않는다, 나쁜 일들을 많이 한다고 대답했습니다.

터키 안에도 난민들에 대한 긍정적으로 생각하는 사람들과 부정적으로 생각하는 사람들이 나뉘어 있다는 것을 보았습니다. 특별히, 어린 난민들에 대해서는 대부분 안타까운 마음을 표현했지만, 어른 난민들에 대해서는 부정적으로 이야기하는 친구들도 꽤 있었습니다.

Q. 터키 정부에서 난민들을 위해 어떤 일을 하고 있는가?
- 아무것도 하지 않고 있다는 것이 대부분 사람들의 대답이었습니다.

Q. 이들을 위해 무엇이 필요하다고 생각하는가?
- 아이들에게 교육을 받을 수 있는 권리를 줘야 한다고 생각한다. 언어를 가르쳐 주는 기관이 생기면 좋겠다고 생각한다. 일자리를 줘야 한다고 생각한다는 대답이 나왔고, 그냥 본국으로 돌아가게 하는 것이 좋을 것 같다는 대답도 나왔습니다.

Q. 당신은 이들을 위해 무엇을 노력하고 있는가?
- 대부분의 사람들이 아무것도 하지 않고 있다고 대답했고, 한 명의 친구만 매일 한 명의 난민에게 돈을 주고, 먹을 것을 가져다준다고 대답했습니다.

위의 질문과 표와 같이, 70%의 사람들은 슬퍼하고 안타까워했지만, 그 중 단 한 사람만이 난민에 대한 관심으로 먹을 것과 돈을 준다고 대답했습니다. 99%의 사람들은, 난민에 대해 사실상 관심이 없는 것입니다. 이처럼, 터키 국민과 터키 정부는 난민들에 대한 대책과 관심이 없었습니다. 터키 정부에서는 난민 비자 발급을 중단했다는 소식을 들었습니다. 대책이 없는 난민 수용은 이렇게나 혼란스러운 이스탄불을 만들었습니다.

비가 와도 피할 지붕조차 없는 난민들을 아무런 대안 없이 수용한다면, 우리도 이스탄불과 같은 혼란스러움을 낳게 될 것입니다. 우리나라도 진정 인도적인 국가를 지향한다면, 정부는 대안을 마련하고, 교회는 난민 수용 및 다문화, 타문화 아이들을 위한 교육과 센터가 잘 세워져야 함을 절실히 호소하는 바입니다.

3. 내가 본 난민 - 임동우 (독일 쾰른 난민 보호소, 2017)

　EU 국가들 중에서도 독일은 그 중심적인 지위와 역할로 인해 많은 조명을 받고 있는데, 독일이 적극적으로 추진하고 다른 나라에게도 독려하고 있는 정책이 바로 '난민 수용' 정책이다. 우리는 최근에서야 난민에 대한 관심을 가지게 되었지만, 독일이 난민을 수용하기 시작한 것은 벌써 20여 년 전부터 시작된 일이다. 유고 연방의 내전 시기부터 독일에는 만민이 유입되기 시작했기 때문에, 벌써 오래전에 들어와 자리 잡은 동유럽의 난민들로부터 최근 몇 년 동안에 유입된 아랍권의 난민들에 이르기까지 독일의 난민촌은 각기 다른 분위기와 성격을 띠고 있었다.

　쾰른에서 동유럽 난민들이 많은 보호소와 아랍권 난민들이 많은 보호소 두 곳을 방문했다. 먼저 동유럽 난민 보호소의 난민들은, 보호소에서의 생활에 많이 적응한 듯 보였다. 아이들은 밝았고 잘 뛰어놀았다. 어른들도 잘 웃으며 우리 봉사자들을 반갑게 맞아주었다. 보호소 내의 생활이 만족스러운 것 같아 보였다. 오랜 시간 지내온 이유 때문인지, 그곳은 난민 보호소의 느낌보다는 이민자들이 모여 만든 정착촌과 같은 느낌을 많이 받았다. 사람들은 (정신적, 심리적으로) 매우 안정되어 보였고, 독일에서 일하고, 적응하며 살아가기를 원하는 것 같았다.

　그리고 새로운 사람들과의 만남을 꺼리지 않고, 자신들을 이미 독일 사회 내에 들어온 사람들로 인식하는 것 같았다. 보호소의 분위기 때문인지 모르겠으나, 난민들에 대한 독일 정부 차원의 감시나 통제가 많이 없었던 것 같고 자유로운 분위기에서 함께 잘 지내는 것 같이 보였다. 하지만 외부인의 출입에 있어서는 엄격하고, 경계하는 것 같이 보였다.

　다음으로 방문한 난민 보호소는 아랍권 난민들이 많이 생활하는 곳이었다. 그곳의 난민들은 독일에서의 불안정한 생활에 불안과 두려움을 느끼고 있었다. 어떤 사람은 빨리 전쟁이 끝나 모두로 돌아가기를 원했고,

다른 사람은 독일에 정착하여 살기를 원했다. 하지만 난민 지위를 인정받고, 독일 정부로부터의 지원을 받기 위해서는 상당히 오랜 시간이 필요하기 때문에, 많은 시간을 보호소 내에서 아무것도 못 한 채 보내야 하는 것 같았다.

독일의 난민 보호소에 있는 난민들 중 대부분은 정부로부터의 지속적인 지원을 받지 못하고, 보호소 내에서만 생활하는 것 같았다. 상황에 따라 이쪽 보호소에서 저쪽 보호소로 이동하기만 할 뿐, 그들이 독일에 정착하여 생활하기에 필요한 지원을 서둘러 해 주지는 않는 것 같았다.

그리고 독일에 온 지 얼마 되지 않은 아랍권 난민들 사이에는 크고 작은 갈등과 분쟁이 있다고 했다. 그 이유는 다양하겠지만, 아무것도 하지 못하면서 보호소 내에서만 생활해야 하는 자신들의 처지에 대해 비참하다고 생각하는 난민들의 분노와 울분의 표출이 아닐까 생각해본다. 그곳의 난민들은 모국으로 돌아가거나, 독일에서 정착하여 평범하게 살아가기를 원했다. 보호소에서만 시간을 보내는 것을 가장 힘들어하면서, 자신들의 불만을 이야기했다.

아랍권 난민들이 많은 보호소는 외부인에 대해 상당히 경계하면서, 관계자들이 계속 지켜보고 있었다. 난민들에 대해서도 불친절하고 딱딱한 사무적 태도로만 대하는 것 같았다. 독일 정부는 난민 보호소들을 내·외부적으로 철저하게 자신들의 영향 아래서 관리하려고 노력하는 것 같았다. 무조건적인 수용과 지원은 없었던 것 같다. 난민들에 대해 오랜 시간이 걸리더라도 철저하게 검증하고, 지켜보면서 그들이 독일에 정착 하여 살아가기 위한 지원을 최소한으로 하려고 하는 것 같이 보였다.

4. 내가 본 난민 – 박동신(터키·독일·요르단, 2017)

1) 터키

2016년 터키에서의 여름은 공항 테러에서부터 쿠데타까지 참으로 놀라운 시간들의 연속이었다. 이전에도 터키 여행을 다녀왔었기 때문에 터키에 대해 잘 알고 있다고 생각하였지만, 이번 여름에는 전에 볼 수 없었던 광경들을 볼 수 있었다.

이스탄불 주요 관광지에서 조금만 벗어나 터키인들이 주로 이용하는 가게에 가보면 주황색의 구명조끼를 팔고 있는 모습을 흔하게 볼 수 있다. 이 주황색 구명조끼는 난민들이 배편을 이용하여 그리스로, 독일로, 다른 유럽 국가들로 가기 위한 생명줄이었다.

터키에서의 난민들은 하루빨리 그곳에서 벗어나 더 좋은 곳으로 가기 위해 수단과 방법을 가리지 않는 모습이었다.

2) 독일(쾰른)

같은 해 여름 터키에서의 놀라운 광경을 목격하고 독일 쾰른 지역으로 향했다. 오래전 독일에서 자리를 잡은 한 난민 가정은 불안정한 상황 속에서도 화기애애한 분위기였고, 귀한 손님이 왔다며 그들이 받은 보급 식량 중 일부를 아낌없이 내어주었다. 하지만 아랍권 중심의 난민촌은 그야말로 쇠창살 없는 감옥과도 같았다.

그곳에 사는 난민들을 보았을 때 가슴 한 곳이 먹먹해져 왔다. 차오르는 눈물을 감추어야 하는 그 심정은 그곳에 잊지 않았던 사람들은 결코 알 수 없을 것이다. 겉보기에는 똑같은 아랍권 난민이지만 그들 내에서도 서로 다른 민족 간의 갈등과 긴장감이 있었다. 더욱이 그곳에서 만났던 쿠르드족의 한 아이는 티셔츠를 들치어 자신의 몸에 있는 상처 자국에 대해 난민촌 안에서 아랍인들과 쿠르드족 간의 싸움이 벌어졌을 때 다친 것임을 이야기해 주었다.

또 다른 곳의 난민촌은 외부인에 대한 출입이 엄격하게 관리되고 있었는데, 다행히 봉사자의 자격으로 출입할 수 있었다. 우리는 난민들의 머리를 손질해 주기 위해서 그곳에 갔는데 창문 사이로 누군가가 계속 우리를 감시하고 있었다. 그곳에서 오랫동안 봉사 활동을 했던 봉사자가 난민들에게 조금이라도 친하게 대한다 싶을 때면 아니나 다를까 우리를 지켜보던 사람이 다가와서 엄격하게 주의를 주고 갔다.

독일 안에서의 난민은 철저한 감시 속에 자유를 빼앗겨 버린 모습이었다.

3) 요르단(암만)

2017년 겨울, 요르단으로 난민 아이들에게 줄 용품들을 들고 떠났다. 정말 추웠지만 암만에 있는 난민 센터에 도착한 순간 이런 불평들이 한순간 사라졌다. 그 센터에 있던 아이들은 겨우 얇은 옷 몇 장만 겹겹이 걸친 상태로 겨우 추위를 버티고 있었다.

요르단 암만에 온 난민들 중 한 집에 보수공사를 하러 갔다. 그곳에는 아직 암만으로 오지 못한 남편을 기다리는 아내와 어린 자녀들이 살고 있었다. 열악한 상황 속에서 근근이 버티고 있는 그들의 모습을 보면서 우리는 더욱 힘을 낼 수밖에 없었다.

우리들 생각에 '난민들도 요르단 사람들과 같은 아랍 족인데 왜 도와주지 않을까'라고 생각할 수 있겠지만 요르단 사람들은 난민들을 철저하게 차별 대우하고 있었다. 심지어 난민 아이들과 요르단 아이들의 학교 등하교 시간부터가 달랐다. 우리는 난민 아이들과 함께 태권도와 축구 등 운동을 하면서 쉽게 친해질 수 있었고, 난민 아이들은 여느 아이들과 마찬가지로 공놀이와 뛰노는 것을 좋아하는 천진난만한 아이들이었다.

그러나 이 난민 아이들에게서 남자와 여자를 확실히 구별하는 모습들이 보였다. 우리들이 준비해 간 놀이들 중에서 여자아이들이 하는 것이라고 생각한 남자아이들은 하나둘 자리를 이탈하는 모습들이 보였고 심지어 여자아이들만 그 놀이에 참여하는 모습도 볼 수 있었다. 이 아이들의 마음에 어떤 상처가 있는지는 모르겠지만, 남자아이들에게서 다소 다혈질적인 모습을 쉽게 찾아볼 수 있었다. 놀이 상황에서 쉽게 싸움이 번지는 모습들을 볼 수 있었다. 그럼에도 태권도를 할 때면 예절을 최대한 지키고자 노력하는 모습도 볼 수 있었으며, 가르치는 사람에 대한 깍듯한 모습은 놀라웠다.

필자가 바라본 요르단 난민들은 철저히 차별 대우를 받고 있는 모습이었다. 터키·독일·요르단 난민들은 우리와 똑같은 모습들 속에 아픔을 간직하고 그 아픔을 보듬어 주고 같이 아파해 줄 그 누군가를 기다리고 있는 모습이었다.

5. 내가 본 난민 – 이예찬 (그리스 아테네난민센터, 2017)

저는 2017년 7월부터 8월까지 두 달간 그리스에서 아프가니스탄, 이란 난민들을 대상으로 봉사 활동을 다녀왔습니다. 봉사 내용은 한국 KCA(아프가니스탄 선교회)에서 그리스에 세운 Agape교회 보수공사와 교회에 나오고 있는 난민들 음악 교육, 영어 교육 그리고 이발 사역 등을 감당했습니다. 아프가니스탄 선교회에서는 떠돌고 있는 이란, 아프가니스탄 형제들을 위해 쉘터를 확보했으며 제가 갔을 당시 형제들을 위한 쉘터 2곳이 있었고 자매들을 위한 쉘터 한 곳을 준비 중에 있었습니다.

매달같이 많은 돈을 지불해야 함에도 불구하고 쉘터라는 공간을 확보하게 된 이유는 당시 아가페 교회 담당 목사님을 통해 듣게 되었습니다. 목사님께서 그리스에 처음 오셨을 당시 정말 수많은 난민이 길거리에서 노숙을 하며 심지어 용변까지 밖에서 해결하는 모습을 보시고 이들에게 사람답게 쉴 공간이 필요하심을 느끼셨고 쉘터를 확보하셨다고 했습니다. 실제로 수많은 난민들이 노숙하는 것을 목격하였고 그들 주위에서는 굉장히 불쾌한 냄새가 났던 것을 기억합니다.

저는 그 쉘터(방 2개와 거실)에서 난민 형제들과 함께 두 달간 지내게 되었으며 그들이 어떻게 그리스까지 오게 되었는지 듣게 되었습니다. 함께 있었던 형제들 중 한 명은 아프가니스탄인이었고 두 명은 이란인이었는데 세 사람 모두 자발적으로 그리스에 온 형제들이었습니다. 그들은 타지 생활이 처음이 아니었으며 터키 또는 다른 아랍국가들을 돌아다니며 좀 더 나은 환경을 찾아 돌아다녔다고 했습니다. 저와 룸메이트였던 '사이드' 형제는 이곳 그리스 또한 최종 목적지가 아니며 더 좋은 환경이 열린다면 언제든지 떠날 준비가 되어있다고 말했습니다. 마치 그리스는 경유지와 같은 곳이지요.

당시 그리스 내 분위기는 밀려 들어오는 난민들을 도저히 손쓸 수 없다고 판단하여 난민을 수용하는 것에 있어서 많은 제약을 두고 있다고 설명했습니다. 난민들 또한 그리스의 경제가 심각히 침체 되어 있음을 인지했고 그리스 내에서 어떤 일자리도 구할 수 없다는 현실을 맞닥뜨린 후 독일이나 영국 또는 다른 유럽 국가들로 가기를 간절히 원하는 모습이었습니다.

그리스는 기후가 건조하고 상당히 덥긴 하지만 아름다운 유적지와 멋진 풍경이 있는 곳임을 분명히 확인하고 왔습니다. 하지만 수많은 난민들에게는 우리들에게 멋진 것들은 별 의미가 없고 건조하고 더운 환경만이 신경 쓰이는 듯 보였습니다. 대부분의 난민들은 배를 타고 그리스로 건너오는 경우가 많지만 어떤 경우에는 마피아들에게 500-1,000만 원 정도의 거금을 주고 안전하게 그리스로 들어오게 되는 경로 또한 그들과 함께 살면서 듣게 되었습니다. 500-1,000만 원의 거금은 가족 내의 비자금 또는 사유들을 팔아서 만들곤 했다고 들었습니다. 이 수많은 돈을 들여 유럽으로 간다고 한들 그들에게 밝은 미래는 보장되지 않습니다.

6. 내가 본 난민: 구약의 관점에서 바라본 – 어윤선(요르단 나우르센터, 2018)

2015년 9월 2일 전 세계에 큰 충격을 불러일으킨 사건이 보도되었다. 그것은 바로 한 아이의 주검이 터키의 해변에서 발견된 것이었다. 엎드린 자세로 해변의 모래에 얼굴을 묻은 채로 발견된 그 아이는 시리아 북부 코바니 출신의 알란 쿠르디(3세). 그는 가족들과 함께 시리아 내전을 피해 그들의 나라인 시리아를 떠나오다 목숨을 잃었던 것이다. 이 사건으로 인해 나는 시리아 난민들이 처한 상황이 얼마나 절박하며 그들을 향한 도움의 손길이 얼마나 절실한가를 바라보게 되었다.

하지만 방송을 통해 바라본 시리아 난민들의 모습은 내 마음에 단지 이미지로만 남을 뿐 그들을 향한 그 이상의 생각을 품게 하지는 못했다. 그렇게 시간이 흘러 시리아 난민 선교를 위한 교내 해외 봉사프로그램을 통하여 너무나도 추웠던 2018년 1월 요르단 암만의 나우르센터를 직접 방문하게 되었다. 그리고 난민에 대한 나의 생각은 크게 바뀌게 되었다.

나우르센터는 그 지역에 거주하고 있는 시리아 난민들을 대상으로 어린이 교육 사역과 가정들을 대상으로 방문 긍휼 사역을 하고 있었다. 나는 방문했던 기간 동안 센터 담당자들과 KIDS CAMP와 가정 방문 사역을 함께 하면서 시리아 난민들을 직접 만나볼 수 있었다. 그리고 시리아 난민들이 어떻게 요르단 암만의 작은 마을 나우르에 오게 되었는지 알게 되었다.

원래 유엔난민기구에 등록된 시리아 난민들은 지정된 보호소에서 생활을 해야 한다고 한다. 하지만 난민들 가운데 많은 이들이 그곳의 환경이 너무나 열악하고 본국으로 되돌아갈 때가 언제인지 예측하기 어렵기 때문에 스스로 생계 수단을 마련할 방도를 찾고자 그곳을 떠난다는 것이다.

그렇게 보호소를 떠난 난민들은 아무런 보호도 받지 못하는 불법체류자의 신분이 되는데도 불구하고 생계를 위해 일자리를 찾고자 이 지역으로 들어와 머물고 있다는 것이다. 방문했던 가정들 중에 유난히도 반짝이는 눈망울로 수줍게 웃어주었던 한 남자아이의 가정이 있었다. 그 가정은 시리아에서 요르단으로 건너와 당시 캐나다의 이주 심사를 앞두고 허가 통보가 오기를 바라며 하루하루의 삶을 살고 있었다.

자신들의 나라가 있음에도 그들의 삶을 살아갈 나라를 찾고 있는 그들. 전쟁의 피해로 집을 잃고, 가족과 삶의 터전을 잃어버린 채 상처와 고통을 삼키며 하루하루를 살아가고 있는 그들. 이국 땅에서 최소한의 보호도 받지 못한 채 숨죽여 살아가고 있는 그들. 그들에게 필자가 전할 수 있는 현실적인 도움은 따뜻한 마음으로 안아주며 함께 웃으며 쌀 한 주머니를 전하는 것뿐이었다. 그럼에도 그들은 작은 선물에 크게 감사하며 따뜻한 자리와 차를 내어주며 미소를 잃지 않았다.

난민(refugee)이란 UN 난민협약 제1조에 따르면 '인종, 종교, 민족 또는 특정 사회 집단의 구원선 신분 또는 정치적 의견을 이유로 박해를 받을 우려가 있다는 합리적인 근거가 있는 공포로 인하여 국적 국 밖에 있는 자로서 그 국적국의 보호를 받을 수 없거나 또는 그러한 공포로 인하여 그 국적국의 보호를 받는 것을 원하지 아니하는 자'를 말한다. 이러한 난민의 개념이 성경에서도 등장한다. 그 가운데 하나가 '게르'[2]이다. 또한 성경은 당시 사회적 약자들인 그들을 특별히 관심을 갖고 사랑으로 보살필 것을 법으로 재정하여 명령하고 있다.[3]

이는 사회적 약자, 특별히 삶의 터전을 잃고 언어와 문화가 다른 낯선 곳에서 삶을 살아가야만 하는 이들의 처지를 외면하지 말라는 것이다. 나아가 그들의 설움과 어려움을 보다 적극적으로 의로하고 돌보아주라는 것이다. 그것은 하나님께서 '나그네를 사랑하여 그에게 떡과 옷을 주시는' 분이시요(신 10:17-18), 이스라엘 백성들 역시 오랫동안 애굽 땅에서 나그네 된 자들로 나그네의 사정을 알기 때문이다(출 23:9).

성경에서 특별한 관심의 대상으로 언급된 사회적 약자층 게르, 그들은 이 시대 우리 주변 가까이에 있는 시리아 난민들과 견주어 볼 수 있다. 그들은 정부와의 정치적 그리고 종교적 이념의 대립으로 인해 발생한 내전의 피해를 고스란히 받았다. 그 후 그들은 내전과 IS의 위협으로부터 안전한 곳을 찾아 자신들의 나라 시리아를 떠났다. 그리고 그들 가운에 일부의 사람들을 암만의 작은 마을 나우르에서 만나게 된 것이다.

처음 시리아 난민들을 만나러 가기 전, 나는 동양인에 여자라는 신분으로 이슬람 문화권의 요르단에 간다는 것이 걱정이 되었다. 당시 이슬람 극단주의 무장 단체로부터의 위험 또한 배제할 수 없었기에 막연한 두려움과 불안한 마음이 컸다. 그러나 나우르 현지에서 만난 난민들 역시 피해자들이며 따뜻한 위로와 도움이 절실히 필요한 우리의 이웃이자 형제자매임

---

[2] 강성열은 게르에 대하여 "전쟁이나 기근 또는 가난 등의 정치적, 경제적, 사회적인 이유로 이스라엘에 정착하여 살면서 이스라엘 사람으로 동화되길 원하는 외국인 내지는 이주민(immigrant)을 가리킨다"라고 말한다. 강성열, '구약성서의 이주민 신학과 다문화 선교의 실천,' 「종교문화학보」 제15집 (2018):102.

[3] 출 23:9; 레 19:9-10, 33-34, 23:22; 신 10:9, 14:29, 16:11, 14, 24:17, 19-21, 26:11-13, 27:19.

을 보게 되었다.

　시리아 난민들은 지금도 여러 나라의 문을 두드리고 있다. 국가적 차원에서 그 문을 열어주는 것은 여러 사항들을 살펴야 하기에 쉬운 일이 아닐 것이다. 하지만 하나님을 믿는 그리스도인으로서 무조건적으로 그들을 외면하거나 배척하는 것은 분명 성경적이지 않다. 오히려 나그네를 보호하시며 살펴주신 하나님의 긍휼하심을 바라보며 먼저 그들을 향해 마음의 문을 열어야 한다.

　또한 우리 역시 천국 본향을 향해 걸어가는 이 세상의 나그네임(히 11:13-16)을 기억하며 그들이 울 때 함께 울며(롬 12:15) 아파할 때 함께 아파할 수 있기를 바란다. 나아가 난민들(refugees)을 향한 선교 사역에 힘쓰므로 그들의 삶에서 피난처(refuge) 되시는 하나님이 고백되기를 소망해본다.

7. 내가 본 난민 – 조슬기 (요르단나우르센터, 2018)

　저는 2018년 1월에 요르단 나우르 지역의 '호프 스쿨'이라는 시리아 난민 아이들을 위한 학교에 다녀왔습니다. 이곳은 비록 요르단에서 학교라는 정식적인 허가를 받지 못했지만, 시리아 난민 아이들을 위하여 영어 교육과 아랍어 교육 그리고 컴퓨터 교육 등의 프로그램을 하고 있으며, 방학 기간인 1월이나 7-8월에는 캠프를 열어서 이 학교에 다니지 못하는 난민 아이들을 모두 초대하여 다양한 문화 활동을 즐길 수 있게 하는 곳입니다. 제가 갔을 때가 1월이었기에 kids camp에 함께 참여할 수 있었고, 이로 인해 나우르 지역에 사는 4세부터 13세 정도까지의 난민 아이들을 만나게 되었습니다.

　시리아 난민 아이들을 만나기 전에는 '난민'이라는 타이틀 때문에, 아이들의 모습 속에 조금은 힘들고 어두운 모습이 비춰지지 않을까 생각이 들었지만, 처음 마주한 모습은 눈빛이 초롱초롱하여 순수하고 호기심 가득한 눈빛으로 저희 팀을 바라봐 주었습니다. 그 모습을 보니 아이들이 난민이라는 신분으로 인하여 제대로 된 교육을 받지 못하고 있기에 이 캠프를 많이 기다리고 있었음이 느껴졌고, 캠프가 열린다는 소식을 듣고 나우르에 살지 않는 아이들도 먼 길을 찾아온 그 모습이 짠하기도 하면서 아이들을 교육할 수 있는 곳이 많이 부족하다는 것을 느끼게 되었습니다.

예상보다 많이 온 아이들로 인하여 50-60명의 아이들과 캠프를 진행했고, 레크레이션이나 율동, 또 영어 교육과 꿈을 그리는 시간 등 다양한 활동을 하였습니다. 역시 아이들은 아이들이어서 활동적인 프로그램을 할 때 너무나 밝고 신이 나서 즐겁게 참여하는 모습을 볼 수 있었습니다.

특히 율동을 할 땐 아이들이 더욱 재밌어하며 적극적으로 따라하였고, 또 율동이 조금 익숙해졌을 때는 모두 다 무대어 올라가서 자신을 표현하는 모습이 참 즐겁고 자유로워 보였습니다. 비록 언어가 잘 통하지 않았지만 저희 선교팀과 아이들이 함께 춤을 추니 아이들의 마음이 더 활짝 열어짐이 느껴졌고, 저희에게 자신을 안아달라고 달려오던 모습이 참 인상이 깊었습니다. 한 친구를 안아주면 다른 친구도 자신을 안아달라고 줄을 서거나 아니면 모두 다 달려들어서 자신을 안아주길 바랐습니다.

이 모습에 한창 사랑 받으며 자유롭게 자신을 표현해야 할 나이인데 전쟁과 분열로 인해 느꼈을 아픔들과 또 이것을 표현하지 못하는 설움들이 얼마나 클지 생각하게 되면서 마음이 아팠습니다. 그래서 한 명 한 명 아이들을 안아줄 때 마음을 다해 하나님의 사랑으로 꼭 안아주었고, 아이들이 상황과 신분을 떠나 너무나 귀하고 소중한 사람이라는 것을 많이 느끼게 되었습니다.

그리고 영어 교육을 할 때는 아이들이 교육과 문화를 접할 기회가 적기 때문에 가장 쉬운 난이도로 준비하였습니다. 그래도 배우고자 하는 열정이 있으며, 또 나이가 많은 아이들은 영어를 곧잘 따라 하기에 나중에는 조금 업그레이드 시켜서 교육을 해도 충분하였습니다. 그리고 특별 활동으로 꿈을 그려서 비행기를 접고 날려보는 시간을 가졌습니다. 이때 아이들이 꿈으로 그린 공통점은 가족의 안정된 삶과 가족과의 행복을 꿈꾸는 것이었습니다. 이를 통해 아이들의 마음을 조금 더 알게 되었고, 아이들의 가정을 위하여 더욱 기도할 수 있었던 시간이었습니다.

이틀이라는 짧은 시간을 통해 난민 아이들을 만나게 되었지만, 그 시간 속 난민 아이들 한 사람 한 사람이 존귀한 자이며, 마음의 평안과 사랑 그리고 교육이 필요하다는 것을 많이 느끼게 되었습니다. 그래서 말로써 복음을 전하지 못하지만 호프 스쿨과 같은 난민들을 위한 학교가 많이 세워지고 또 기독교 교사들이 그곳에 헌신 되어서, 아이들이 하나님의 사랑으로 교육받아 더욱 밝고 자유롭게 자신의 꿈을 펼쳐나갈 수 있기를 소망합니다.

8. 내가 본 난민 – 강민정(레바논 베카 난민촌, 2018)

레바논은 시리아의 수도 다마스쿠스에서 가장 인접한 국가로 내전이 일어나기 전부터 베카 지역의 과수 농업에 시리아인들의 노동력이 유입되던 곳입니다. 레바논은 시리아 내전 이후 접근성의 이유로 많은 시리아 난민들이 유입되었는데 레바논 국가에서 정식으로 난민을 허용하지 않았기 때문에 요르단이나 여타 국가에 대규모로 조성된 난민 캠프와는 달리 상황이 많이 열악한 가운데 있었습니다.

지난 2017년 10월부터 2018년 9월까지 베카의 한 불법 난민촌의 인근에 위치한 기독교 바탕의 한 센터에서 봉사 활동을 하며 시리아 난민의 상황을 지켜볼 수 있었습니다. 그들 대부분은 불법으로 건설된 난민촌에서 지내고 있었습니다. 정부나 구호 단체의 지원이 거의 없어 불법으로 지은 텐트에서 살고 있었는데 바닥조차 기초 공사가 되어있지 않아서 우천 시에 온 집안이 진흙탕이 되기도 하고 수시로 쥐가 드나들어서 위생상으로도 좋지 않았습니다.

더러는 텐트에 쌓인 눈을 치우지 못해서 압사하는 경우도 있을 정도로 매우 열악한 상황에서 지내고 있습니다. 처음 이 난민 센터가 세워질 때만 해도 이들은 당장 먹을 음식과 입을 옷이 필요했고 센터에서 하는 일도 난방용 기름을 제공한다든지, 설탕, 밀가루 같은 식료품이나 중국과 한국의 기독교 단체들을 통해 기부받은 옷을 나눠주거나 하는 구호물자 제공에 초점이 맞춰져 있었습니다.

레바논 정부에서 난민을 정식으로 허용한 상태가 아니기 때문에 부상자들에 대한 의료 혜택 문제가 큰 문제였습니다. 세 명의 사례가 있는데 한 남성은 시리아에서 넘어오면서 뇌가 깨졌는데 봉합을 하지 않은 채로 생활을 했었고, 뼛조각을 들고 다녔습니다. 제때 치료를 받지 못해서 계속 두통을 호소했었습니다. 인근 병원이 있지만 치료비가 너무 비싸서 엄두를 못 내고 있었고 기독교 센터의 센터장에게 진통제를 요청하는 상황이었습니다. 결국 출처를 알지 못하는 진통제를 스스로 주사로 주입하다가 즉사하는 경우가 있었습니다.

또 한 사례는 아이를 임신을 하고 출산이 임박했는데 출산을 도와줄 병원을 찾지 못해서 찾아와 도움을 요청했었습니다. 간신히 유엔을 통해서 병원비를 감면해주는 병원을 찾고 또 기독교 단체를 통해 비용을 지원받아서 어렵게 출산을 했는데 하루만 입원이 가능해서 하루만에 집으로 돌아와야 하는 상황이 있었습니다. 또 한 사례는 대장에 큰 종양이 발견되어서 수술할 곳을 찾았으나 비용을 감당할 수가 없어서 브로커를 통해 불법으로 산을 넘어서 시리아에 가서 수술하고 돌아온 경우가 있었습니다.

첫 번째는 난민이 유입된 비교적 초기의 상황이었고 두 번째, 세 번째 사례는 비교적 난민으로 생활한 지 5년 이상 지난 어느 정도 정착한 상태의 상황이었는데 여전히 기본적인 혜택을 받지 못하고 있는 실정을 보여주고 있는 사례라고 생각됩니다. 그럼에도 최근의 난민 상황은 처음과는 많이 달라졌습니다.

난민으로 유입된 지 5년이 지난 상황이라 많은 수의 난민이 적은 임금이지만 레바논에서 일자리를 찾아서 고정적인 수입을 가지고 있었고 일을 할 수 있는 젊은 남성이 많은 가정은 그 수입으로 난민촌을 떠나서 집을 임대하는 경우도 있었습니다. 그래서 센터에서도 난민 아이들의 교육이나 여성들을 위한 보건 교육과 같이 삶의 질을 위한 활동으로 초점이 옮겨지고 있었습니다.

이런 사례들을 종합해 볼 때 난민들의 현실을 제대로 파악하고 그에 맞는 정책이나 도움이 필요하다고 생각이 됩니다.

9. 내가 본 난민 - 황진희(레바논 베카 난민촌, 2018)

지난 2018년 1월 20일-25일 5박 6일의 일정으로 레바논 베카(Bekaa) 지역 시리아 난민촌을 방문하였다. 계획과는 달리 레바논으로 가는 여정은 많은 제재와 어려움들이 있었다. 왜냐하면 레바논은 한국과 국교가 맺어 있음에도 불구하고 황색 경보(여행 자제) 지역으로서 여행자 보험 가입 불가 지역이었기 때문이다. 그러나 아이러니한 것은 레바논 현지인들은 오히려 자기 나라보다도 한국이 더 위험한 나라라는 인식을 가지고 있었다. 선교사님이 한국에 다녀온다고 했더니 "그 위험한 곳을 왜 가느냐"라고 만류한 일이 있었다고 한다.

시리아 인접국인 레바논에서도 동부의 베카 지역에는 목숨을 걸고 산을 넘어 온 수많은 난민들로 불법 난민촌이 소규모 형태로 여기저기에 산발적으로 흩어져 있었다. 현지 선교사님과 난민촌을 직접 방문하였는데 겨울임에도 불구하고 얇은 천막으로 겨우 형태를 만들어 놓고 바람만 피할 정도로 사는 집이 다수였고, 난민이라는 신분 때문에 성인 남자들도 일자리를 얻기 힘든 상황에서 내전으로 남편을 잃고 레바논으로 건너온 여성 가장들도 많았다. 부모들이 일을 가고 없는 난민촌에는 병자와 노인, 아이들이 대부분이었다.

난민촌에서 들은 이야기인데 4살 아이가 시궁창에 빠져 죽은 지 이틀 만에 찾았다면서 그곳에는 부모일지라도 자기 자신을 지키는 것조차 버거워 그 어떤 것도 할 수 없는 버려진 사람들이라는 현장의 소리를 쉽게 들을 수 있었다. 전쟁의 상처를 안고 고향으로 돌아갈 수도 없는 집 없는 난민들의 참담한 삶의 모습들을 보면서 그들에게 가장 필요한 것은 과연 무엇일까라는 생각이 머리에서 떠나지 않았다.

시리아 난민들 중에 한 무슬림 여성을 알게 되었는데, 임신한 상태에서 내전으로 남편이 죽고 아이 셋을 데리고 산악지대를 넘어서 베카 지역 난민촌에 오게 된 기구한 여성 가장이었다. 그녀가 힘겹게 얻은 소일거리를 하는 야채 가게에 출근하고 나면 아이들은 허름한 창고 같은 집에 남아서 엄마가 오기를 기다리느라 어둡고 추운 곳에서 하루하루를 보낸다고 한다. 다행히 우리가 방문한 난민촌에는 한 선교사님이 학교를 세워서 방치된 아이들에게 언어, 문화, 스포츠, 자기계발 등의 교육 서비스와 먹을 것부터 입을 것, 학용품 등을 나누며 부모들이 없는 시간을 함께하고 계셨다.

그중 '요한나'(무함마드)라는 3살 아이를 며칠 보살폈는데, 누나들이 수업이 마칠 때를 기다려 천막 언저리에서 자는 아이였다. 추위에 몇 번이고 잠을 깨는 아이를 보면서 입고 간 패딩으로 이불을 만들어 주었더니 따뜻하게 자길래 아예 선물로 주고 왔다. 선교사님을 통해서 최근 아이의 소식을 듣게 되었는데 살길이 막막하여 다른 지역으로 가족 모두가 이주하였다는데 그들은 지속적으로 살 곳을 찾아가기 때문에 한곳에 오래 머무는 일이 없다고 한다. 그렇게 난민들은 삶의 터를 찾아 여러 나라로 방황하는 신세를 면치 못하고 있다. 그 아이가 열악한 환경 속에서도 가족들과 이별하지 않고 상처받지 않고 잘 자라주기를 간절히 기도했다.

그리고 그 학교의 선생님 중에 한 분은 시리아에 살 때 외출하고 집에 왔는데 화학 무기로 집과 가족들이 폭탄에 맞아 모두 죽고, 고아가 되어 레바논으로 건너온 여성이었다. 그 선생님의 눈은 웃고 있었지만 마음에서 피눈물을 흘리고 있는 것만 같았다. 이슬람 사회에서의 고아는 결혼의 장애물이 된다. 난민의 신분으로의 무슬림 여성들은 남성보다 더욱 불이익과 부당한 대우를 받고 살고 있었다.

오랜 기간을 머물지 않았지만, 그곳에는 수많은 난민들의 기구한 사연들이 차고 넘쳤다. 그들의 삶이 하나님의 은혜로 절망에서 소망으로 변화되기를 간절히 바라며 난민들을 찾아 다시 레바논으로 갈 것을 기대해본다.

10. 내가 본 난민 – 전해엽(그리스 레스포스섬, 2019)

그리스 일정을 마치고 귀국하여 만난 지인들과 오갔던 선교에 관한 짤막한 대화는 주로 이러했다. "어디 갔다 왔어?," "그리스요," "에이, 놀러 갔다 왔네!." "하하." 하지만 나의 멋쩍은 웃음 뒤에 이어진 그리스의 내막을 들은 그들은 이내 겸연쩍은 표정으로 수고했다며, 기도하겠다며 위로와 응원의 메시지를 주었다. 그도 그럴 것이 유럽이라는 울타리 안에서 고귀하고 아름다운, 역사적인 명소를 가진 나라라는 사람들의 인식 속에 가려져 모든 유럽연합국가 중 가장 많은 난민이 첫발을 내딛는 곳이 그리스라는 사실을 알기 위해선 직접 가서 보고, 경험하지 않고 서는 알 수 없기 때문이다.

　유럽이라는 꿈을 안고 목숨을 건 탈출을 시도하는 대부분의 이주자들은 중동 지역으로부터 키오스 섬, 코스 섬, 레스보스와 같은 그리스의 섬을 약 6km의 바다를 건너 그리스에 도착한다. 이곳들은 터키와 가까우므로, 유럽연합으로 통하는 국경을 건너기에 용이하다. 그중 나는 레스보스 섬에 위치한 난민 캠프에서 겪은 일들과 그곳에서 만난 난민들의 삶을 나누고자 한다.

　먼저는 캠프를 찾아가는 것부터 난관이었다. 공항에서 내려 택시를 타고 시내에 들어가 버스로 갈아타야 했고 힘들게 도착 한 그곳에서는 사전에 허가받지 않은 민간인이 캠프 내부로 들어가는 것은 제한된다고 하여 캠프 외곽에 머무르고 있는 난민들을 만나야 했다. 주변에는 무장한 경비들이 돌아다니고 있었고, 강한 바람이 불면 금방이라도 무너져 내릴 것 같은 텐트들이 빼곡히 자리 잡고 있었다. 상황이 어찌 되었든 복음을 전하기 위해 미리 준비한 식량과 생필품들을 나누어 주며 난민들과 접촉을 시도했고, 예상보다 긍정적인 반응에 긴장했던 마음이 조금은 누그러졌다.

　거기서 나는 화디(가명)를 만났다. 그는 이란에서 온 난민이었다. 형편없는 영어 실력으로 몇 가지 질문을 던지며 복음이 들어갈 수 있는 틈을 노리던 나는 그의 짧은 답변 몇 마디에 무너졌다.

　현재 무엇이 가장 필요하냐는 나의 질문에 그는 "Just live"라고 답을 했고, 그저 살기를 원하는 이 일반적이지 않은 대답에 거기다 대고 "괜찮아요, 예수님 믿으면 다 잘 될 거에요"라고 말하기가 두려웠다. 그렇다. 그들은 그저 하루라도 평범하게 살고 싶은 것이다. 아침에 일어나 밥을 먹고 학교에 다니거나, 일하고 저녁에 집에 돌아와 잠을 청하는, 어쩌면 나에겐 너무나도 당연하고 이따금 지겹다고 느껴지는 이 반복되는 일상을 그들은 단 하루라도 살아 보기를 간절히 원하고 있는 것이다.

　함께 한 목사님께서도 그저 미안하다고, 당신 자신은 집에 돌아가면 따뜻한 차를 마시며, 언제라도 즐겁게 맞아줄 가족들이 있어 같이 시간을 보낼 텐데 그렇게 사는 것이 미안할 정도로 허름한 텐트에서 울퉁불퉁 튀어나온 바위와 자갈 위에 단지 천 조각 몇 개를 덧씌워 놓고 캠프에서 주는 소량의 식량을 먹으며 끝을 알 수 없는 난민으로의 삶을 살면서 그마저도 잘 안되면 다시 돌아가야 할지도 모를 기약 없는 나날을 보내고 있는 그에게 눈물과 위로의 말을 전해주었다. 그렇게 그와 헤어지고 얼마 지나지 않아 벌어지는 사건은 어쩌면 그와 같이 처절하게 하루하루를 버티며 살아가는 수많은 난민들의 삶의 또 다른 모습일 것이다.

우리와 함께 왔던 다른 팀들은 캠프 주변에서 빵과 주스를 나누어주고 있었는데 처음엔 질서정연하게 줄을 서서 정해진 수량만큼 배급을 받던 난민들이 그중에 어린아이와 임신한 여성이 일명 새치기를 하여 음식을 받아가기 시작하면서 조금씩 흥분에 휩싸였고, 하나둘 늘어나는 새치기족에 의해 조금은 평화로웠던 분위기는 수백 수천 명의 감당할 수 없는 난동으로 순식간에 아수라장이 되었다. 그들은 우리가 가져온 식량을 무력으로 빼앗았고, 심지어는 우리 차량을 점유하려 하였다.

긴박한 상황 속에 동료분들은 패닉에 빠졌고, 신속히 빠져 나와야 했던 그때 먼저 줄 서서 음식을 받아갔던 난민들의 도움으로 겨우 그 자리로부터 빠져나올 수 있었다. 하지만 죽을지도 모른다는 두려움 가운데에서도 우리는 미안함과 안타까운 감정이 들었다. 얼마나 배고팠으면, 얼마나 살고 싶었으면 그랬을까.

비록 길지 않은 시간이었지만 그들의 짧고 굵은 삶의 처절한 몸부림은 여전히 내 마음 한켠에 응어리가 되어 자리 잡고 있다. 언젠가 그들에게 실질적인 필요를 채워주며 함께 복음을 나누고 주님을 찬양하며 예배드릴 그날을 고대하며, 기도하고, 공부하고 싶다.

11. 내가 본 난민 - 이수영 (레바논 베카 난민촌, 2019)

2019년 1월 20일부터 2월 2일의 일정 중에서 6일 정도의 시간을 레바논에서 보내게 되었습니다. 레바논은 산에 둘려싸여 있고 굉장히 지형의 높고 낮음이 드라마틱하게 있었던 나라였습니다. 그런 고불고불한 산길을 오르고 내리며 3-4시간 정도 이동해서 도착한 '베카' 난민촌. 그중에서도 선교사님께서 사역하시는 어린이 학교(사랑의 집)를 방문했습니다.

사실, 레바논에 오기 전 레바논에 간다고 했을 때 주변 사람들의 반응은 "거기 위험하지 않아?" 혹은 "레바논은 여행 금지 지역 아니야?," "IS 있으면 어떻게 해? 조심해" 등의 반응이었습니다. 그러나 도착해서 직접 본 레바논은 약간의 이국적인 분위기가 있지만 흡사 우리나라의 강원도를 보는 것만 같았습니다. 그렇게 제가 느껴서 그랬는지 '베카' 난민촌을 와보니 더욱이 사람 사는 곳은 다 똑같았습니다. 왠지 어색하지 않은 자연 환경에, 웃음 가득 너무나 해맑고 행복해 보이는 어린 친구들이 있었습니다.

추운 레바논의 날씨였지만 그 아이들을 보니 첫 만남부터 제 마음은 사르르 녹았습니다. 아이들이 참 맑고 사랑이 많았습니다. 그러나 점점 아이들과 지내보니 그들의 여건은 마냥 웃으며 행복하게 지낼 수 있는 여건은 아니었습니다.

레바논은 날씨가 너무 추운데, 아이들은 양말도 없고 따뜻한 패딩, 모자 등도 없는 아이들이 굉장히 많으며, 있다고 해드 구멍이 나거나 고장 났는데도 그것이 추운 날씨에 너무 소중하기 때문이 야무지게 입고 이른 아침부터 학교에 오는 것이 예쁘기도 하면서도 마음이 시렸습니다. 몸, 치아도 부들부들 떨리고 입술이 파랗게 되었으면서도 그저 해맑고 웃는 아이들의 모습이 많은 감정을 교차하게 만들었습니다.

이날은 주일이었습니다. 나무 바닥이었던 어떤 방 안에서 아이들, 선생님이 함께 예배를 드리고 있었습니다. 저는 양말에 수면 양말까지 신고 있었는데도 불구하고 발이 너무 시려워서 꽁꽁 얼어있었습니다. 그런데 한 아이는 그냥 양말도 모자라 그 양말이 구멍이 송송 나 있었습니다. 그래도 예수님이 좋다며 춤을 추며 찬양을 부르고 있었습니다.

예배가 끝나고 앉아있는 그 친구 옆에 다가가 제 양말을 벗어 신겨주었는데, 그 친구는 양말을 주지 않아도 된다며 다시 저에게 신겨주었습니다. 그래도 너무 추워서 안 된다고 나의 마음이니까 받아도 된다고 몇 차례 얘기하니까 그때서야 그 마음 너무 고맙다며 양말을 신고서는 기분이 좋았는지 방방 뛰어다녔던 것이 기억이 납니다. 누군가 들으면 "그 아이 참 착하구나"라고 생각할 수도 있겠지만 저는 마음이 아팠습니다. 보통 7세 정도 되는 아이들은 좋다고 양말을 바로 신을 텐데, 이 아이를 필자가 나를 책임지고 알아서 할 것들을 해야 하는 '난민'이라는 환경이 이렇게 어른스럽고 성숙하게 만든 것이 아닐까 하면서 말입니다.

또 저에게는 운이 좋게도 아이들뿐만 아니라 그 아이들의 가정도 방문할 수 있는 기회가 주어졌었습니다. 얼굴 및 몸의 마사지를 할 수 있고 미용 케어를 할 수 있다는 이유로 말입니다.

총 여섯 가정 정도 볼 수 있었는데, 거의 집이 천막을 쳐 놓고 안에 난로 한 개를 때며 살아가는 형식이었습니다. 추운 겨울을 그렇게 보낸다고 하니 얼마나 열악한지 알 수 있었을 찰나, 한 가정의 엄마이자 아내인 그녀들의 얼굴과 몸, 손을 만져봤을 때 그 열악함을 더 인지할 수 있었습니다. 사포보다 더 까칠까칠한 피부에 너무 딱딱해서 웬만한 지압으로 들어가지 않는 근육. 그리고 마사지를 하다 보면 근육이 어느 곳에 뭉쳐있고, 그 정도가 어느 정도인지를 보면 완벽하지는 않더라도 개인의 삶이 어떠했는지 예상할 수 있기 때문입니다.

얼굴부터 손, 목, 어깨, 등, 허리, 다리, 발 서서히 마사지를 하며 잠잠히 있는데 그녀들의 몸 뿐만 아니라 마음 또한 고장 났었던 것을 알 수 있었습니다. 몸을 만져주는데 그녀들의 눈에 눈물이 맺히고 한 여성은 펑펑

울기까지 했었습니다. 혹은 강성 이슬람이여서 부르카를 입고 있는데도 다른 방에서 문을 걸어 잠그고 홀딱 벗으며 해달라고 하기 때문이죠. '마사지도 좋겠지만, 그것만으로 좋아서가 아니라 몸을 만져주고 또 그녀들의 몸 상태를 통하여 현실을 알아주고 공감해 주었을 때 마음의 통함이 있구나'라고 생각했습니다.

가장 생각나는 가정은, 방문했을 때 남편이 아내의 마사지를 거부하며 계속 못하게 했던 곳이었습니다. 이유는 아내가 지금도 충분히 예뻐서 마사지를 하지 않아도 되고 또 너무 건강해서 괜찮다는 것이었습니다. 결국 마사지를 허락해주어서 그 여성의 얼굴과 몸을 만지게 되었는데 충격을 받아서 제 눈에 눈물이 핑 돌았었습니다. 왜냐하면 아이를 어린 나이부터 많이 낳았는데 관리가 전혀 되지 않고 평생 일을 하며 살아가서 다리가 전혀 벌려지지 않는 것이었습니다.

좌, 우뿐만 아니라 위, 아래로도 꿈쩍할 수 없는 그녀의 건강 상태를 보며 도대체 몇 살이냐고 묻게 되었는데 돌아오는 대답은 "나도 내가 몇 살인지 모른다"였습니다.

'그렇게 마음이 아프고 몸이 아프고 삶이 고단하면 좀 쉬면 안 돼?'

이렇게 한국인들은 생각하겠지만, 이 엄마들은 그럴 수가 없습니다. 왜냐하면 생계를 책임져야 하기 때문이죠. 제가 너무 답답한 마음에 교수님께 아빠가(남편이) 좀 도와주면 덜 힘들지 않겠냐고 여쭤보았습니다. 그러나 이들은 그럴 수 없습니다. 사람, 난민이기 이전에 이들의 문화 배경은 이슬람 종교의 가르침을 따르고 있기 때문입니다.

이슬람 종교에서는 남성과 여성의 차별이 있고 남성이 '왕'처럼 대우를 받고 있기 때문입니다. 그렇기에 모든 일은 다 여성이 짊어지고 육아까지 병행합니다. 몸이 성치 않을 수 없고(성할 수 없고) 가정을 이끌고 나아가려면 쉴 수 없는 것입니다. 또 이슬람 종교의 가르침 중 하나는 '일부다처제'입니다. 저 또한 말로만 '일부다처제'를 들었지, 실제로 본 적은 없었는데 가정을 방문하면서 한 번 보게 되었습니다.

이 가정은 말 그대로 일부다처제, 아빠가 한 명이고 엄마가 두 명입니다. 그래서 아이들도 많습니다. 손님을 맞이하는 거실인 방 하나, 잠을 자는 방 하나, 첫째 부인의 방 하나입니다. 또 그 가정을 봤을 때 아이들의 인권에 대해서 생각하게 했습니다. 아이들은 부모의 성관계를 목격할 수밖에 없는 상황에 놓여있었고 그것이 너무나 당연한 구조였습니다. 이 아이들은 특히 그 누구의 보호를 받지 못하는 난민이기 때문에 우리나라처럼 성교육이 잘 되어있거나, 아이들 교육이 잘되고 있는 것이 아닙니다.

부모가 보호를 해줄 수 있는 상황이면 너무 좋겠으나 그 부모들도 보호를 받지 못하고 있는 난민입니다. 이러한 환경에서 자란 아이들은 이후에 어떤 영향을 미칠까요?

제가 목격한 난민들의 상황은 어쩌면 살아가기 힘들어서 목숨을 내놓고 싶은 상황일 수도 있겠습니다. 그러나 이들은 마음에 사랑과 정이 많고 밝게 웃으며 살아갑니다. 베카 난민촌을 적은 시간이었지만 경험했을 때, 이후에도 가장 많이 들었던 생각은 "아이는 아이다워야 하고 또 아이로서 충분히 보호받을 권리가 있고, 여성은 여성으로서의 보호를 받아야 하며 남성은 남성으로서의 의무를 지켜야 한다"였습니다.

그저 남편의 사랑에 목말라 있는데 아이는 양육해야 하고 가정은 이끌고 나가야 하기 때문에 몸을 불사르며 살아가는 제가 만났던 베카 난민촌 여성들은 웃습니다. 하지만 몸이 아프다고 말하지 않고 마음이 상한다고 이야기하지 않고 이 상황이 너무 힘들다고 이야기하지 않으며 꿋꿋하게 가정을 지키며 생계를 이어나갑니다. 아이들도 마찬가지로 "저 추워요"라고 말했던 아이가 단 한 명도 없었습니다. 이들이 안전한 터전에서 합법적인 보호를 받고 자유롭게 본인의 여러 가지의 표현을 하며 살아갈 그 날을 위해 기도합니다.

12. 내가 본 난민 – 박요섭(레바논 베카 난민촌, 사랑의하우스, 2020년 1월)

서울로부터 7,881km. 아랍에미리트(UAE)를 거쳐 필자가 도착한 곳은 예로부터 중동의 진주라 불리며 '불멸'이란 꽃말을 지닌 아름다운 백향목의 나라 '루브난(嗽힐涯헉; Lubnān),' 레바논이다. 남북으로 뻗은 해발 3,000m의 레바논산맥, 이 산맥과 나란히 뻗은 175km의 기름진 알비카 계곡, 동쪽 국경을 이루며 남쪽 헤르몬산까지 이어진 안티레바논산맥의 풍경은 그야말로 절경이라 감히 표현할 수 있겠다.

모세는 죽기 전 아름다운 땅, 아름다운 산과 러 바논을 보게 해달라고 여호와께 구했고(신 3:25), 이스라엘 백성들은 안식일의 찬송 시로 "의인은 종려나무같이 번성하며 레바논의 백향목같이 성장하리로다(시 92:12)"라는 어구로 찬양해왔다.

또 다윗은 "여호와의 나무에는 물이 흡족함이여 곧 그가 심으신 레바논 백향목들이로다(시 104:16)"라는 말로 레바논 백향목을 비유로 들었으며, 솔로몬은 아가서를 통해 순수한 사랑의 대상인 여인의 아름다움을 극찬할 때 레바논의 것들을 비유로 들 정도였다(아 4:8, 11, 15; 5:15; 7:4).

이처럼 레바논은 하나님의 복이 충만한 땅이다. 적어도 아름다움을 들어 비교할 때엔 타의 추종을 불허할 것이다. 그렇기에 가슴이 시리다. 그곳에서 처절하게 고통 받고 있는 사람들을 보고 있노라면 레바논의 영광(사 35:2)은 이제 더는 없고, 메마른 황무지와 같은 상황만이 그곳에 남겨 있는 것처럼 보인다.

레바논은 현재 숨 막히는 국제 정세 속 경제난과 부패, 공공 서비스의 악화에 항의하는 대규모 반정부 시위가 펼쳐지고 있으며, 이에 따라 1월 19일 레바논 의회 과반을 차지하고 있는 친이란 시아파 무장 정파인 헤즈볼라와 그 동맹 세력의 지지를 얻어 '무당파 기술 관료'(technocrats)로 분류되는 하산 디아브가 총리로 지명, 레바논 새 정부가 출범된 상황이다.

이들은 "정실주의와 청탁을 용납하지 않겠다"라는 말을 남겼지만, 여전히 불안정한 환경과 상황은 레바논 국민의 숨통을 조이고 있다. 중동 제1의 기독교 국가의 위치를 차지하고 있지만,[4] 최근 레바논으로 들어왔던 대부분은 무슬림 소속 시리아 난민과 팔레스타인 난민인데, 약 150만여 명이 유입되는 형편으로 인하여 갈수록 이슬람 세력이 커지고 있는 실정이다.

레바논의 가장 심각한 문제 중 하나는 역시 난민 문제일 것이다. 그렇기에 필자도 이번 단기 선교의 주요 목적과 대상을 '난민과 그들을 향한 선교'로 정하고 다녀왔다. 그곳의 상황은 간접적으로 듣는 형편보다 더 안 좋은 상황이었다. 눈 앞에 펼쳐진 광활하고 압도적으로 아름다운 풍경과는 대조적으로 최소한의 권리도 없이 처절하고, 힘겹게 살아가는 그들의 모습은 소망이 없어 보인다. 필자는 이곳이야말로 이 시대 영적 전쟁의 본거지처럼 보였다.

과연 누가 이런 곳에 소망이 있다고 말할 수 있겠는가?

필자는 단기 선교 일정 중 한 아이의 집을 심방할 기회를 얻게 되어 방문했었다. 시리아 내전 때 시리아 난민의 신분으로 레바논에 망명 온 이 가정은 난민들이 모여 사는 지역에 허름한 판자로 이루어진 집을 지어 살고 있었다. 흡사 쓰레기 마을과 비슷한 외관을 가진 그곳에서 그들은 한겨울 중에도 나무를 때워 불을 피우는 난로 하나로 추위를 버티고 있었다.

허름한 옷을 입고 하루하루를 연명하고 있는 그들에겐 국가도, 시민의 권리도, 존재감도 없다. 세상으로부터 철저하게 버림받은 그들에게 소망

---

[4] 1932년 이후 실시되지 않고 있으며 복잡한 종파 구성과 통계 산출의 어려움에도 불구하고 추정되는 바에 따르면 무슬림 인구수가 54%로 과반을 차지하며, 기독교도 역시 40%를 넘어 비율상 중동 지역에서 가장 많은 기독교인을 보유한 나라로 볼 수 있겠다.

은 없다. 그들은 언제 나아질지 모르는 상황 속에서 오히려 상황이 더 악화되지 않기만을 기도할 뿐이다. 심지어 그들 안에서도 대다수의 무슬림 구성원들로부터 예수 그리스도를 믿는 이들은 핍박받고 있다.

과연 이들에게 소망이 보이는가?

나는 그들과 이 아이의 심정을 느껴보고 싶었다. 그러나 한국에서 깨끗하고 좋은 환경과 정당한 권리를 가지고 살아갔던 나에게 이들의 고통을 공감하기란 불가능에 가까웠다. 간접적으로 느끼기만 할 뿐이다. 이 아이들이 무슨 잘못을 했는가, 난민의 자녀로 태어나 교육도, 문화도, 제대로 된 권리도 받지 못하는 이 아이들이 무엇을 잘못했는가, 이 나라가 이들에게 무엇을 해주고 있느냐는 질문에 대한 답을 찾는다면 없다.

불법체류자의 신분인 이들은 오히려 국가 입장에서 골칫거리다. 가령 형편 좋은, 혹 정당한 자격이 주어진 또 다른 '계층'의 난민은 그나마 형편이 나아 보인다. 하지만 시리아 난민, 적어도 이곳의 아이들은 너무도 이른 나이에 광야와도 같은 혹독한 환경에 놓여 하루 밥벌이를 부모에게 등 떠밀려 구하는 등의 처절한 삶을 살아가고 있다. 더 마음이 아픈 것은 이 아이들에게 이러한 삶은 당연한 삶의 형태로 받아들여지고 있다는 사실이다. 객관적으로 볼 때도 가혹한 환경에 놓인 이들에게 과연 소망이 있는가?

그렇다. 세상의 기준으로 볼 때는 소망이 없어 보이지만, 하나님의 기준으로 볼 때 이들에게 아직 희망이, 소망이 있다. 왜냐하면, 그들에게 '진짜 복음'이 들어가고 있기 때문이다. 사랑의하우스를 통해, 아트 미션(Art Mission)팀을 통해, ACTS 라흐마니노프(Rachmaninoff) 클래식 동아리를 통해, 그 외에 여러 선교 사역자, 건강한 기독교 봉사 단체들을 통해 본질은 같지만, 다양한 방식으로 분명히 복음이 들어가고 있음을 필자는 보았다. 하나님은 살아계신다.

하나님은 자신에게 소망을 둔 자들을 통해 일하시려 작정하신 분이다.

그렇기에 우리가 하나님께 소망을 두고 기도하며 간절히 바란다면 하나님께선 자신의 때에, 자신의 방식으로 우리를 사용하시어 일하실 것이다. 필자는 그것을 이번 단기 선교 일정을 통해 강력하게 체험하였다. 하나님은 소망이 없는 곳에 기적을 통하여 역사를 만들고 계신다.

  필자의 소망은 단 하나이다. 이들이 하나님께 소망을 두고 꿈(vision)을 갖길 원한다. 그리고 우리의 소망이 난민들에게 또 다른 소망으로 분명히 전달되고 있음을 필자는 믿는다. 필자는 이들이 복음을 온전히 받아들여 하나님의 권세를 입은 자녀가 되길 원한다. 세상이 외면한 그들이 '어떻게 살아야 할지,' '어떤 소망을 품어야 하는지'를 알게 되어 오히려 세상을 부끄럽게 하고, 복음과 정의를 외치며 이 나라를 하나님께로 돌이키는 데 가장 큰 공헌을 하게 될 것이라 믿는다. 그렇기에 우리의 기도가 더욱 절실히 필요하다. 그들이 주 예수 그리스도 안에서 인내하며 소망을 품을 수 있게 우리의 기도가 필요하다. 그들의 '영문 밖'[5]의 삶이 현장 그 자체라면, 우리는 기도의 자리일 것이다(히 13:13). 이 시대에 하나님의 전신 갑주(엡 6:11-17)를 입고 영적 전쟁에서 승리할 수 있는 빛의 자녀들이 더욱 많아지길 소망하며 간절히 기도한다.

  끝으로 난민들의 형편이 나아지길 기도한다. 레바논의 정세가 좋아지며 하루빨리 분쟁이 멈추길 기도한다. 그곳이, 그들이 하나님께로 돌아오길 기도한다. 레바논의 백향목과 같은 아름다운 웃음이 그곳에 넘쳐나길 소망한다.

---

5 필자가 '영문 밖'이란 표현을 쓴 이유는 히브리서 13장의 문맥을 살펴보았을 때 '영문 밖'이란 중심부를 추구하던 삶에서 벗어나서, 그리스도를 믿는 신앙으로 인하여 삶이 주변화되는 것을 두려워하지 않는 삶을 의미하기 때문이다. 세속적 가치 기준에서 벗어나 그리스도를 믿는 신앙으로 인하여 얻게 될 수치와 주변화 되는 상황을 받아들이란 의미가 내포된다. 그래서 히브리서 저자가 의도한 바와 같이 '영문 밖'에 나아가는 우리는 예수 그리스도의 십자가에 동참함으로 인하여 세속적 수치를 짊어지겠지만, 이것은 오히려 천상의 시온으로 나아가는 통로, 즉 감당할 수 없는 영광을 얻게 되는 과정이다.

13. 내가 본 난민 - 이에스더 (레바논 베카 난민촌, 사랑의하우스, 2020년 1월)

　대략 18살 때 본 시리아 국경을 넘다가 죽어 바다에 떠밀려 온 아이(쿠르디)의 사진은 내 기억에 선명하다. 이로부터 대략 5-6년이 흐른 요즘 사람들의 기억 속에는 시리아와 시리아 난민은 잊혔다. 나 역시 시리아 난민들의 근황에 대해서 전혀 관심도 없었고 잊고 살았다. 이번에 기회가 생겨 시리아 난민 아이들에게 음악을 통해 희망을 전할 수 있게 되어서 레바논에 가게 되었다. 레바논에 도착했을 때가 2020년 1월 초였다. 날씨는 눈이 계속 오고 몹시 추웠다. 레바논은 현재 국정 상태가 좋지 않다. 다행히 필자가 갔을 무렵은 잠시 시위를 하지 않는 상태였지만 그곳은 반정부 시위를 계속하고 있는 나라이다.

　필자가 간 곳은 '베카'라는 난민촌이었다. 이곳에서 선교사님은 난민들을 위한 사랑의 학교를 만들었고, 아이들을 위해 글과 성경을 가르치고, 그 외에도 다양한 교육 활동을 한다. 여기에 오는 아이들은 다른 학교에서 못 받아준, 아주 가난한 아이들이다.

　난민 아이들은 경제력이 없는 아버지에 의해 가정 폭력을 당하고, 제대로 된 교육 환경과 가정교육을 받지 못하기 때문에 아이들의 지능이 또래에 비해 2-3살 정도 어리다고 한다. 이런 아이들에게 가장 좋은 치료 방법이 예술이라고 한다. 그래서 이번 선교팀은 난민 학교에 한 대의 피아노를 기증하였고, 난민 아이들에게 음악을 들려주며 그 아이들에게 새로운 것을 경험하고 꿈꾸기를 희망하는 마음으로 갔다.

　공연을 하기 전에 수많은 아이들이 수업이 끝나고 바깥 마당에 앉아있었고, 아이들에게 음악을 들려주기 전에 선교사님이 아이들에게 물어봤다. "이 악기는 피아노야, 이 악기는 바이올린이야 본 적 있니?" 아이들은 모두 처음 보았다고 한다. 가장 큰 아이가 14살 정도 되는데 이 아이들은 살면서 바이올린을 처음으로 보고 처음으로 들어본 것이다. 아이들이 문화적으로 어떠한 경험도 할 수 없음을 다시 한번 경험했다.

선교사님이 하시는 아픈 아이의 심방을 돕기 위해 텐트로 만들어진 난민촌을 따라갔다. 여기 난민촌은 매우 가난한 곳이라고 한다. 집은 대략 두 개 정도의 방에서 대가족이 살아야 한다. 방 안에 들어가 보니 퀴퀴한 공기가 코를 찔렀다. 난민 할머니께서 방안에서 담배를 피우셨던 것이다. 방안에 아이들이 있고, 집의 구조상 통풍이 잘되지 않았다. 부엌은 두 명이 들어가기도 좁을 만큼 작았다. 집은 전체적으로 어두웠고 답답한 구조였다.

겨울에 비가 계속 오면 집안에 물이 들어온다고 한다. 화장실은 난민촌 전체의 공용이다. 매우 청결하지 못하였다. 난민촌의 텐트에서는 아이들이 교육을 받을 수 있는 환경을 바라는 것은 사치로 보였다. 이렇게 난민으로 자란 아이들이 가지는 꿈은 무엇일까? 이 아이들이 이 난민이라는 신분을 벗어나서 자유롭게 세상을 살 수 있을까?

이 난민 아이들은 14살 정도가 되면 여자아이들은 또래 혹은 나이가 많은 남자에게 시집을 가게 된다. 그러면 아랍 문화의 전통으로 여자 집은 결혼 지참금도 받고 식솔을 줄일 수 있다. 남자아이들은 노동을 하며 생계를 유지해야 한다. 순수하고 맑은 아이들에게 어떻게 해야 희망을 주고 꿈을 줄 수 있을까? 어떻게 해야 평등한 교육을 받아 난민이라는 신분을 벗어나게 할 수 있을까? 그리고 기독교인들은 그들을 향해 어떤 선교적 방향으로 나아가야 할까? 나라뿐만 아니라 종교, 문화, 소통에서 난민이 되어버린 그들에게 복음을 어떻게 전하고 그들에게 실질적 도움을 줄 수 있을지 기독교에 큰 과제가 남아있다고 생각한다.

14. 내가 본 난민 - 정지혜 (터키 한국문화센터, 안디옥 개신교회, 2020년)

나는 2020년 1월에 열흘이라는 시간 동안 터키로 비전 트립을 갔다. 처음 밟는 중동 땅이었기 때문에 여러 가지 복잡한 생각을 가지고서 터키로 떠나게 되었다. 하지만, 나의 걱정은 터키에 도착한 지 하루만에 사라지게 되었다. 터키는 이슬람 국가 중에서도 '수니파'에 속하기 때문에 '시아파' 보다는 좀 더 개방적이고, 순한 사람들이라고 볼 수 있다. 그래서인지 거리를 돌아다니는 사람 중 70%는 히잡을 쓰지 않았고, 쓰더라도 몸 전체가 아닌 얼굴에만 쓰고 있었다. 처음 밟는 중동이었지만, 전혀 거부감이 없었다. 오히려 그들의 외적인 모습은 백인보다 더 친근하게 느껴질 정도였다.

나는 아다나 한국 문화 센터에 다니는 터키인 집에서 홈스테이를 했는데, 그 친구와 여러 터키인 친구들에게 터키 내에 들어와 있는 시리아 난민에 대해서 물어봤다. 모두의 대답은 난민으로 인해 불편하다는 것으로 동일했다. 자신들은 열심히 공부하고 일하는데, 난민들은 쉽게 학교에 갈 수 있고, 일을 할 수 있기 때문에 그들이 싫다고 답했다. 아다나 지역을 걸어가다가 짓궂은 남자아이 무리를 마주쳤는데. 시리아 난민 아이들이었다. 그들을 바라보는 터키 사람들의 표정만 보더라도 얼마나 불편해하고, 거부감을 느끼는지 알 수 있었다.

필자가 생각해 왔던 것과 너무나 달랐던 난민들의 상황과 현지인들의 거부감을 마주한 채 안디옥 개신 교회로 가게 되었다. 그 교회는 시리아 난민 부부가 리더로 섬기고, 시리아 난민 어린이들이 출석하는 곳이다. 교회에 들어가고 얼마 뒤에 들어오는 시리아 난민 아이들은 하나같이 너무나 사랑스러웠다. 아다나 길거리에서 보던 아이들과는 다르게 깨끗하고, 차분한 분위기를 가진 아이들이었다. 나중에 들어보니 이 아이들은 그래도 형편이 조금 나은 축에 속한다고 들었다. 얼마 떨어지지 않은 거리에 있는 난민촌의 아이들은 훨씬 상황이 좋지 않다고 했다.

한국에서와 마찬가지로 터키에서도 그리고 세계 각지에서 난민을 수용하고 있는 나라에서 불만이 쏟아져 나오고 있다. 자신의 터전을 어지럽히는 외부인을 받아들이기 싫고, 심지어 돈과 같이 현실적인 부분이 부딪힐 땐 그들을 쫓아내려고 하는 움직임도 보인다. 그래서 많은 사람들이 난민에 대한 부정적인 말들을 쏟아내며, 난민 수용은 막아야 한다고 주장하고 있다. 더 나아가서 중동에 대한 막연한 공포감까지 심어주고 있다. 하지만, 필자가 경험한 중동은 전혀 그렇지 않았다. 사람들은 친절했고, 위협적인 일은 일어나지 않았다.

안디옥교회의 리더로서 섬기고 있는 시리아 난민 부부 중 남편은 원래 시리아에서 회계사였다고 한다. 하루아침에 모든 것을 잃어버린 채 도망치듯 이곳으로 왔다가 주님을 영접하게 된 것이다. 어느 목사님은 "난민이 생기게 된 것은 하나님의 계획으로서 지금 그들에게 주님을 전해야 한다"라고 말씀하셨다. 하루아침에 직장, 집, 평범한 매일의 삶을 잃어버린 그들을 향해 막연한 두려움과 불편함, 거부감을 갖기보다는 하나님의 선교적 마음을 품고 그들을 대하는 것은 어떨까. 그래서 그들이 주님을 영접하고, 그 나라에서 정착해 그 나라 발전에도 쓰임 받을 수 있도록 돕는 것이 우리들이 할 일이 아닐까 생각하게 되는 비전 트립이었다.